Max Lucado

UND ES SCHWIEGEN DIE ENGEL

W0236317

Max Lucado

Und es schwiegen die Engel

Ins Deutsche übertragen
von Andrea Gleiß

ONE WAY VERLAG WUPPERTAL UND WITTENBERG

Die Deutsche Bibliothek – CIP-Einheitsaufnahme

Lucado, Max:

Und es schwiegen die Engel / Max Lucado.
[Übers. aus dem Amerikan. von Andrea Gleiss]. –
Wuppertal; Wittenberg: One-Way-Verl., 1994
(Reihe: geistliches Leben und Glaubenspraxis; 1008)
ISBN 3-927772-54-2

Titel der Originalausgabe: **AND THE ANGELS WERE SILENT**
© 1992 by Max Lucado
Published by Multnomah Press
Portland, Oregon
All rights reserved.

© 1994 der deutschsprachigen Ausgabe:
One Way Verlag, Wuppertal und Wittenberg

Übersetzt aus dem Amerikanischen von Andrea Gleiß
Umschlaggestaltung: Brigitte Neumeister und Ulrike Stute
Gesamtherstellung: Schönbach-Druck GmbH, Erzhausen

Die Bibelzitate sind in der Regel der Hoffnung für alle, NT und Psalmen,
der Lutherbibel 84 und der Revidierten Elberfelder Bibel entnommen.
Reihe: Geistliches Leben und Glaubenspraxis 1008

Printed in Germany

ISBN 3-927772-54-2

Dieses Buch wurde auf chlor- und säurefreiem Papier gedruckt.

*Für meinen Schwiegervater
und meine Schwiegermutter Charles und Romadene Preston,
die mir so viel Freude machen.*

INHALT

Donnerstag

Freitag

Sonntag

DANK

An dieser Stelle möchte ich einigen sehr lieben Menschen danken, die dieses Projekt ermöglicht und zu einer freudigen Sache gemacht haben.

Mein Dank gilt Liz Heaney. Sie sind mehr als nur ein Herausgeber; Sie sind ein Freund.

Ich danke John Van Diest. Sie haben das höchtste Ziel christlicher Literatur niemals aus den Augen verloren: Gottes Wort in das Herz von Menschen zu legen.

Mein Dank gilt Brenda Josee. Sie besitzt Energie ohne Ende und grenzenlose Kreativität.

Ebenso danke ich allen anderen Mitarbeitern des Verlages. Ich ziehe meinen Hut vor Ihnen.

Besondere Erwähnung verdient meine Sekretärin Mary Stain. Sie sind im gleichen Monat in den Ruhestand gegangen, in dem auch dieses Buch beendet wurde. Ich war im selben Maße traurig, daß Sie gehen mußten, wie ich glücklich war, daß das Buch fertig wurde. Vielen Dank für Ihre unermüdliche Hilfe.

Dank an Joseph Shulam aus Jerusalem. Ein Freund, ein Bruder und ein Zelot, dessen Eifer ansteckend wirkt.

Dank an die Netivyah-Gemeinde in Jerusalem. Der einzig traurige Teil unserer Reise in Eure Stadt war der Abschied.

Dank an Steve Green. Für zwanzig Jahre der Freundschaft und noch viel mehr Jahre der Zusammenarbeit.

Dank an die „Oak Hills Church". Ihr bringt mir mehr bei, als ich Euch je beibringen könnte.

Dank an meine Töchter Jenna, Andrea und Sara. Wenn ich nur Eure Unschuld und Euren Glauben haben könnte!

Dank an meine Frau Denalyn. Wenn ich spät abends nach Hause komme, dann beklagst Du Dich nicht. Wenn ich auf Reisen gehe, jammerst Du nicht. Wenn ich mitten in der Nacht schreibe, stört es Dich nicht. Hat jeder Schriftsteller einen Engel zur Frau, oder habe ich den letzten bekommen?

Und mein letzter Dank gilt Ihnen, dem Leser. Wenn es das erste Buch von mir ist, das Sie lesen, so fühle ich mich geehrt, mit Ihnen zusammenzusein. Sie schenken mir einen Teil Ihrer Zeit und Ihres Herzens. Ich verpflichte mich, mit beidem als ein guter Haushalter umzugehen.

Wenn wir schon früher, durch andere Bücher, Zeit miteinander verbracht haben, so ist es schön, Ihnen wieder zu begegnen. Mein Ziel in diesem Buch ist dasselbe wie in den anderen Büchern: daß Sie Ihn sehen, Ihn allein.

Darf ich eine Bitte an Sie äußern? Bitte denken Sie in Ihren Gebeten an unsere Arbeit. Sprechen Sie das Gebet aus Kolosser 4:3,4: „... damit Gott uns eine Möglichkeit gibt, die Botschaft von Christus zu verkündigen ... Und betet, daß ich frei und offen von dem reden kann, was mir aufgetragen wurde."

EIN WORT ZUVOR

Die letzte Woche hat gerade begonnen. Die Requisiten und Schauspieler für das Drama am Freitag stehen bereit. Fünfzehn Zentimeter lange Nägel liegen im Behälter. Ein Querbalken lehnt gegen einen Schuppen. Dornige Äste winden sich um ein Spalier und warten darauf, von Soldatenfingern geflochten zu werden.

Die Schauspieler nahen sich der Bühne. Pilatus macht sich Gedanken wegen der großen Zahl der Pilger, die zum Passahfest gekommen sind. Hannas und Kaiphas sind wegen des Störenfrieds aus Nazareth beunruhigt. Judas wirft verstohlene Blicke auf seinen Meister. Ein Hauptmann steht bereit und wartet auf die nächsten Kreuzigungen.

Schauspieler und Requisiten. Nur handelt es sich hier nicht um ein Schauspiel, sondern um einen göttlichen Plan; um einen Plan, der begann, noch bevor Adam den Atem des Himmels spürte, und nun hält der ganze Himmel den Atem an und beobachtet die Szene. Alle Augen sind auf eine Person gerichtet – auf den Nazarener.

Gekleidet ist er wie ein gewöhnlicher Mensch. Doch seine Aufmerksamkeit ist auf ungewöhnliche Dinge gerichtet. Er verläßt Jericho und wandert Richtung Jerusalem. Er plaudert nicht auf dem Weg. Er hält nicht an. Er ist unterwegs. Es ist sein letzter Weg.

Selbst die Engel schweigen. Sie wissen, daß es sich nicht um einen gewöhnlichen Weg handelt; sie wissen, daß es sich nicht um eine gewöhnliche Woche handelt. Denn in den Angeln dieser Woche hängt die Tür der Ewigkeit.

Wir wollen mit ihm gehen.

Wir wollen sehen, wie Jesus seine letzten Tage zubrachte.

Wir wollen sehen, was Gott wichtig war.

Wenn ein Mensch weiß, daß das Ende nahe ist – dann steht ihm nur noch das Wichtige vor Augen. Der drohende Tod kristallisiert das Lebensnotwendige heraus. Das Triviale wird beiseite gelassen. Über das Unnötige wird hinweggesehen. Was lebensnotwendig ist, bleibt bestehen. Deshalb, wenn Sie Christus erkennen wollen, denken Sie über seine letzten Tage nach.

Er wußte, daß das Ende nahe war. Er kannte die Endgültigkeit des Freitags. Er las das letzte Kapitel, bevor es geschrieben, und hörte das Schlußlied, bevor es gesungen wurde. Als Folge davon wurde das Wesentliche wie mit einer Zentrifuge vom Unwesentlichen getrennt. Destillierte Wahrheit war die Lehre. Jede Handlung wohlüberlegt. Jeder Schritt berechnet. Jedes Geschehen im voraus durchdacht.

Was lehrte Jesus die Jünger in dem Wissen, daß er nur noch eine Woche mit ihnen zusammen war? Wie verhielt sich Jesus im Tempel in dem Wissen, daß er zum letzten Mal dort stand? Was war wichtig angesichts des Bewußtseins, daß der letzte Sand durch das Stundenglas rann?[1]

Treten Sie herzu, schauen Sie sich an, was in der heiligen Woche geschah.

Fühlen Sie seine Leidenschaft. Er lacht, weil die Kinder singen. Er weint, weil Jerusalem sein Heil unbeachtet läßt. Er weist die Anklagen der Pharisäer zurück. Er fleht, als die Jünger schlafen. Er ist traurig, als Pilatus sich abwendet.

Spüren Sie seine Kraft. Blinde Augen ... sehen. Ein Baum ohne Früchte ... verdorrt. Geldwechsler ... werden fortgejagt. Geistliche Leiter ... ducken sich. Ein Grab ... öffnet sich.

Hören Sie seine Verheißung. Der Tod hat keine Macht. Das Versagen hält niemanden gefangen. Angst kann nicht herrschen. Denn Gott ist gekommen, Gott ist in Ihre Welt gekommen ... um Sie nach Hause zu bringen.

Wir wollen Jesus auf seinem letzten Weg folgen. Denn, wenn wir seinen letzten Weg betrachten, lernen wir vielleicht, wie wir unseren Weg gehen können.

Freitag

Kapitel 1

Zu klein,
zu alt,
zu gut für diese Welt

„Ebenso werden die Letzten einmal die Ersten sein,
und die Ersten die Letzten."
Matthäus 20:16

Bens Gang war schon sehr langsam, aber die Art, wie er redete, übertraf alles.

„Aaalso, mein Junge", zog er die Worte in die Länge und machte zwischen den einzelnen Satzteilen stundenlange Pausen, „es sieht schon wieder so aus, als blieben nur wir beide übrig."

Schneeweißes Haar quoll unter seiner Baseballmütze hervor. Seine Schultern waren gebeugt. Siebzig Winter im Westen von Texas hatten sein Gesicht wie Leder gegerbt.

Am besten kann ich mich an die Augenbrauen erinnern. Zottelige Büschel, die am unteren Ende der Stirn hervorsprangen. Wie behaarte Raupen, die sich mit den Augen hin und her bewegten.

Wenn Ben sprach, sah er meistens zu Boden. Er war sowieso schon klein. Doch diese Angewohnheit ließ ihn noch kleiner erscheinen. Wenn er etwas betonen wollte, dann schaute er auf und warf einem durch seine buschigen Augenbrauen einen feurigen Blick zu. Mit diesem Blick funkelte er jeden an, der seine Fähigkeit, auf den Ölfeldern zu arbeiten, in Frage stellte. Doch leider stellte fast jeder diese Fähigkeit in Frage.

Meine Bekanntschaft mit Ben verdanke ich meinem Vater, der der Überzeugung war, die Schulferien seien allein zum Geldverdienen eingerichtet. Ob es uns gefiel oder nicht, ob Weihnachten war, Sommer oder Thanksgiving-Day, mein Vater weckte meinen Bruder und mich schon vor Sonnenaufgang und brachte uns zu einer Firma, die Hilfskräfte einstellte. Dort mußten wir warten, ob man uns als Tagelöhner benötigte.

Die Arbeit auf dem Ölfeld ähnelte der Bewegung eines Bohrturms, es gab ein ständiges Auf und Ab. Wenn man nicht selbst eine Firma besaß oder zu einem festen Arbeitstrupp gehörte, hatte man keine Garantie, Arbeit zu bekommen. Die Hilfsarbeiter stellten sich morgens schon sehr früh ein, viel früher als der Chef. Es spielte keine Rolle, wer als erstes eintraf, es kam allein darauf an, ob man einen starken Rücken und Erfahrung aufzuweisen hatte.

An diesen beiden Punkten mangelte es Ben und mir. Ich hatte zwar einen starken Rücken, aber keine Erfahrung. Ben hatte Schwielen an den Händen, aber keine Kraft. Deshalb wurden Ben und ich normalerweise übersehen, es sei denn, es gab einen besonders großen Auftrag, bei dem es auf Quantität und nicht auf Qualität ankam.

Der Verlauf eines solchen Morgens war bis in die Einzelheiten immer wieder gleich, so daß ich mich bis heute noch genau an alles erinnern kann.

Ich spüre noch den eisigen Wind, der mir in der Dunkelheit des frühen Morgens in die Ohren biß. Ich fühle den gefrorenen Türgriff der schweren Metalltür, die zum Werksschuppen gehörte. Ich höre immer noch Bens rauhe Stimme, die vom Ofen her ertönte. Er hatte bereits ein Feuer angezündet und sich neben den Ofen gesetzt. „Mach die Tür zu, Junge. Sonst wird's kälter, bevor's wärmer wird."

Ich folgte dem goldenen Licht, das der Ofen in den dunklen Schuppen warf, stellte mich mit dem Rücken ans Feuer und sah Ben an. Er saß rauchend auf einer großen Öltonne. Seine Füße baumelten ein Stück über der Erde, den Mantelkragen hatte er hochgeschlagen.

„Mensch, Junge, heute brauch ich wirklich Arbeit. Brauch wirklich Arbeit."

Langsam trafen auch andere Arbeiter ein. Mit jedem Neuankömmling wurde die Chance, Arbeit zu bekommen, für Ben und mich geringer. Schon bald ließ sich die Luft schneiden, sie war angefüllt mit Rauch, schlechten Witzen und Klagen darüber, daß man bei diesem kalten Wetter, wo nicht einmal die Kaninchen ihren Bau verließen, draußen arbeiten müßte.

Ben sprach nie viel.

Nach einer Weile erschien der Vorarbeiter. Es klingt vielleicht komisch, aber ich wurde immer ein wenig nervös, wenn der Boss den Schuppen betrat, um die Liste vorzulesen. Wie ein Armeeoffizier brüllte er, was er benötigte und wen er wollte. „Brauche sechs Hände, um eine Batterie zu reinigen", oder „Neue Leitung im Südfeld verlegen, brauche acht Hände". Dann las er seine Liste vor: „Buck, Tom, Happy und Jack – mitkommen."

Es war eine gewisse Ehre, ausgewählt zu werden … es war etwas Besonderes, wenn die Wahl auf einen fiel, selbst wenn es nur darum ging, Gräben auszuheben. Doch genauso, wie es eine Ehre war, ausgewählt zu werden, war es eine gewisse Schande, zurückzubleiben. Schon wieder.

Die einzige Gruppe im Kastensystem des Ölfelds, die noch unter der Gruppe der Hilfsarbeiter stand, war die Gruppe der Arbeitslosen. Wenn man nicht schweißen konnte, dann konnte man bei den Bohrungen helfen. Wenn man nicht bei den Bohrungen helfen konnte, dann half man bei der Wartung der Ölquellen. Wenn man keine Ölquellen warten konnte, dann arbeitete man als Hilfsarbeiter. Aber wenn man als Hilfsarbeiter keine Arbeit fand …

Meistens bekamen Ben und ich keine Hilfsarbeit. Wir und die anderen, die nicht ausgewählt worden waren, scharten uns noch ein paar Minuten um den Ofen und redeten uns dann selbst ein, daß wir sowieso nicht in die Kälte gehen wollten. Dann schlenderte einer nach dem andern zur Tür und verschwand. Ben und ich blieben allein im Werks-

17

schuppen zurück. Wir hatten keinen besseren Platz. Außerdem konnte man ja nie wissen, ob nicht doch noch irgendeine Arbeit anfiel. Darum warteten wir.

Das war der Augenblick, in dem Ben zu reden begann. Wirklichkeit und Phantasie verwoben sich miteinander, wenn er erzählte, wie er mit Hilfe von Wünschelrute und Maulesel Wildkatzen gefangen hatte. Die Dämmerung wich dem Tageslicht, während wir beide auf Reifenfelgen oder Farbtöpfen saßen und die staubigen Straßen von Bens Erinnerung entlangschlenderten.

Wir stellten schon ein ungewöhliches Paar dar. In vielerlei Hinsicht waren wir das genaue Gegenteil voneinander: ich war gerade erst fünfzehn Jahre auf dieser Welt, Ben erlebte bereits seinen siebzigsten Winter. Ich – noch jung und frisch und davon überzeugt, daß das Beste erst noch kommen würde. Ben – wettergegerbt und knochig; er lebte von den Auszeichnungen der Vergangenheit.

Aber wir wurden Freunde. Denn auf dem Ölfeld waren wir beide Ausgestoßene, beide Versager. Wir gehörten zu denen, die unter die Kategorie „zu klein und zu alt" fielen.

Verstehen Sie, wovon ich spreche? Gehören Sie auch dazu?

Sherri gehört dazu. Als sie drei Kinder hatte und zwölf Jahre verheiratet war, suchte sich ihr Mann eine andere Frau, die ein bißchen jünger war. Ein neueres Modell. Sherri wurde zurückgelassen.

Herr Robinson gehört auch dazu. Nach drei Jahrzehnten bei derselben Firma war er der zweite Mann nach dem Chef. Als der Manager in den Ruhestand ging, wußte er, daß es nur noch eine Frage der Zeit war, um die Nummer eins zu werden. Aber der Vorstand hatte andere Vorstellungen. Er wollte einen jungen Manager. Doch Jugend war das einzige, was Robinson nicht aufzuweisen hatte. Er wurde bei der Wahl nicht berücksichtigt.

Auch Manuel hat eine Geschichte zu erzählen. Zumindest täte er es, wenn er es könnte. Es ist hart, als eines von neun Kindern in einer vaterlosen Familie im Tal von Rio

Grande aufzuwachsen. Für Manuel war es noch härter. Er war taubstumm. Selbst wenn es eine Gehörlosenschule in der Gegend gäbe, wäre nicht genug Geld da, so daß er sie besuchen könnte.

„Ein Ball, der im tiefen Gras verloren gegangen ist."

„Ein Tag zu spät, ein Dollar zu wenig."

„Ein kleiner Kerl in einer großen Welt."

„Ein Stein zu wenig, um die Ladung vollzumachen."

Es ist egal, welches Bild man benutzt – das Ergebnis ist immer dasselbe. Wenn einem oft genug gesagt wird, daß nur die faulen Früchte in die Mülltonne kommen, dann fängt man irgendwann an, es zu glauben. Schließlich glaubt man: „Ich bin zu klein, ich bin zu alt."

Wenn diese Beschreibung auf Sie zutrifft, dann ist dies das richtige Buch für Sie, und auch der richtige Zeitpunkt, es zu lesen. Wissen Sie, daß Gott eine eigentümliche Leidenschaft für die Verlorenen besitzt? Haben Sie das schon bemerkt?

Erkennen Sie seine Hand auf der eiternden Haut des Aussätzigen?

Sehen Sie, wie seine Hände das Gesicht der Prostituierten umschließen?

Haben Sie gemerkt, wie er auf die Berührung der Frau mit dem Blutfluß reagiert?

Sehen Sie ihn, wie er seinen Arm um Zachäus legt?

Gott versucht immer wieder, uns diese eine Botschaft deutlich zu machen: Er hat eine besondere Liebe für die Verlorenen. Wer in der Gesellschaft nichts gilt, den lädt Gott zu sich ein. Wen die Welt abschreibt, den erwählt Gott. Das ist wahrscheinlich der Grund, warum Jesus die Geschichte von den Arbeitern im Weinberg erzählte. Es ist die erste Geschichte seiner letzten Woche. Es ist die letzte Geschichte, bevor er die Stadt Jerusalem betritt. Sobald er innerhalb der Stadtmauern ist, steht er auf der schwarzen Liste. Die Sanduhr wird umgedreht, der letzte Countdown läuft, und das Chaos beginnt.

Aber noch ist er nicht in Jerusalem. Und er spricht nicht

zu seinen Feinden. Wir befinden uns in Jericho auf dem Lande, und Jesus ist mit seinen Freunden zusammen. Für sie erzählt er nachstehendes Gleichnis der Gnade.

Ein gewisser Grundbesitzer benötigt Arbeiter. Um sechs Uhr früh stellt er sich eine Mannschaft zusammen, sie werden über den Lohn einig, und er schickt sie an die Arbeit. Um neun Uhr taucht er wieder bei der Arbeitsvermittlung auf und winkt ein paar Arbeitswillige herbei. Mittags um zwölf ist er wieder da, und ebenso um drei Uhr nachmittags. Und um fünf Uhr – Sie haben richtig geraten. Er taucht noch einmal auf.

Die Aussage im Gleichnis ist klar: Es geht darum, daß die Arbeiter, die zwölf Stunden gearbeitet haben, sich ärgern, als die anderen genau denselben Lohn erhalten wie sie. Das ist eine wunderbare Botschaft. Aber die heben wir uns für ein anderes Buch auf.

Ich will unsere Aufmerksamkeit auf eine häufig vergessene Tatsache in diesem Gleichnis lenken: das Auswählen. Verstehen Sie? Um neun Uhr wurde ausgewählt. Ebenso mittags um zwölf. Und um drei Uhr. Aber um fünf Uhr war dieses Auswählen etwas ganz Besonders.

Fünf Uhr nachmittags. Sagen Sie, was macht ein Arbeiter um fünf Uhr nachmittags noch im Hof? Die besten sind schon längst fort. Die mittelmäßigen Arbeiter sind mittags gegangen. Die letzte Gruppe verschwand um drei Uhr. Welche Arbeiter sind um fünf Uhr noch übrig?

Den ganzen Tag lang sind sie nicht beachtet worden. Sie sind unbegabt; keine Erfahrung, keine Ausbildung. Sie hängen nur noch mit einer Hand an der Leiter. Sie sind absolut davon abhängig, daß ihnen ein gnädiger Boss eine Chance gibt, die sie nicht verdienen.

Übrigens, nebenbei bemerkt, so waren wir auch. Damit wir uns nichts einbilden, sollten wir uns Paulus' Rat zu Herzen nehmen und uns daran erinnern, wer wir waren, als Gott uns rief.[1] Erinnern Sie sich?

Einige waren brillant und schlau, aber dünn wie Pappe. Andere haben nicht einmal versucht, ihre Verzweiflung zu verbergen; wir tranken sie, wir rochen sie, wir schossen damit um uns, wir verkauften sie. Das Leben war eine leidenschaftliche Jagd. Wir befanden uns auf der Schatzsuche und suchten in einem Tal, aus dem kein Weg mehr herausführte, nach einer leeren Schatzkiste.

Wissen Sie noch, wie Sie sich fühlten? Erinnern Sie sich noch an den Schweiß auf der Stirn, an den Riß in der Seele? Erinnern Sie sich noch daran, wie Sie versuchten, Ihre Einsamkeit zu verbergen, bis die Einsamkeit schließlich übermächtig wurde und Sie nur noch ums Überleben kämpften?

Halten Sie dieses Bild einen Moment lang fest. Und jetzt beantworten Sie die Frage: Warum hat er Sie ausgewählt? Warum hat er mich ausgewählt? Ehrlich. Warum? Was haben wir, das er gebrauchen könnte?

Klugheit? Glauben wir wirklich auch nur eine Sekunde, daß wir einen Gedanken haben – oder je haben werden –, den er noch nicht gehabt hat?

Willenskraft? Das kann ich stehenlassen. Einige von uns sind so stur, daß sie auf dem Wasser gehen, wenn sie den Eindruck haben, sie sollten es tun ... aber zu denken, daß das Reich Gottes ohne unsere Entschlossenheit eine Bauchlandung gemacht hätte?

Wie steht es mit Geld? Wir haben unseren Notgroschen mit in das Reich Gottes gebracht. Vielleicht wurden wir deshalb ausgewählt. Vielleicht brauchte der Schöpfer des Himmels und der Erde ein bißchen Bargeld von uns. Vielleicht hatte der Eigentümer allen Lebens und jeder Person und der Urheber der Geschichte Geldprobleme, und dann sah er uns und unser Plus auf dem Konto ...

Verstehen Sie?

Wir wurden aus demselben Grund ausgewählt wie die Fünf-Uhr-Arbeiter. Sie und ich? Ja, wir sind die Fünf-Uhr-Arbeiter.

So sind wir – Arbeiter, die sich an den Zaun der Obstwiese lehnen, an ihrer Zigarette ziehen, obwohl sie sich gar keine Zigarette leisten können, und beim Knobeln um eine Flasche Bier wetten, obwohl sie nie eine kaufen werden.

Gastarbeiter ohne Arbeit und ohne Zukunft. Mit tätowierten Armen, auf denen „Betty" geschrieben steht. Die Dame auf meinem Arm hat keinen Namen, aber sie wackelt mit den Hüften, wenn ich die Muskeln spielen lasse. Wir hätten schon längst aufgegeben und nach dem Sirenenzeichen, das die Mittagspause ankündigte, nach Hause gehen sollen, aber das Zuhause besteht aus einem Einbettzimmer in einem Motel. Und dort empfängt uns unsere Frau, die als erstes die Frage stellt: „Hast du endlich Arbeit, oder nicht?"

Deshalb warten wir. Wir, die wir zu klein und zu alt sind.

Und Jesus? Also, Jesus ist die Person in dem schwarzen Transporter, der die Felder am Hügel gehören. Er ist der Mann, der uns im Vorbeifahren sah und uns in einer Staubwolke zurückließ. Er ist es, der den Wagen anhielt, den Rückwärtsgang einschaltete und bis dorthin zurückfuhr, wo wir standen.

Von ihm werden Sie heute abend Ihrer Frau erzählen, wenn Sie zum Lebensmittelladen gehen und mit dem Geld in der Tasche klimpern. „Den hab' ich noch nie vorher gesehen. Er hat einfach angehalten, das Fenster 'runtergekurbelt und uns gefragt, ob wir Arbeit suchen. Es war schon fast Arbeitsschluß, aber er sagte, er habe noch Arbeit, die getan werden müßte. Ich versichere dir, Martha, ich habe nur eine Stunde gearbeitet, und trotzdem hat er mich für den ganzen Tag bezahlt."

„Nein, ich weiß nicht, wie er heißt."

„Natürlich werde ich das herausfinden. Einfach zu gut für diese Welt, dieser Mann."

Warum hat er Sie ausgewählt? Er wollte es so. Schließlich gehören Sie ihm. Er hat Sie gemacht. Er hat Sie nach Hause gebracht. Sie gehören ihm. Und damals hat er Sie an die Schulter gefaßt und Sie an diese Tatsache erinnert. Ganz egal, wie lange Sie gewartet oder wieviel Zeit Sie vergeudet haben, Sie gehören ihm, und er hat einen Platz für Sie.

„Hey, sucht ihr Kerle noch Arbeit?"

Ben sprang von der Tonne und antwortete für uns beide: „Jawohl!"

„Los, nehmt eure Hüte, euer Essen und springt auf den Wagen."

Das mußte man uns nicht zweimal sagen. Ich hatte mein Mittagessen zwar schon gegessen, aber ich griff trotzdem nach meinem Henkelmann. Wir sprangen hinten auf die Ladefläche und lehnten uns an die Fahrerkabine. Der alte Ben steckte sich eine Zigarette in den Mund und hielt die Hand vor das Streichholz, um die Flamme vor dem Wind zu schützen. Als der Lieferwagen losrumpelte, begann Ben zu sprechen. Obwohl es schon zwanzig Jahre her ist, sehe ich immer noch seine Augen unter den buschigen Brauen funkeln.

„Mensch, Junge, fühlt sich doch ganz gut an, ausgewählt zu werden, oder?"

Ja, Ben, du hast recht. Das stimmt.

Kapitel 2

Von Jericho
nach Jerusalem

„Man wird ihn ... den Römern übergeben.
Die werden ihn verspotten, auspeitschen und ans Kreuz schlagen.
Aber drei Tage später wird er vom Tod auferstehen."
Matthäus 20:19

Nach allem, was Vater Alexander Borisov wußte, würde er nicht lebend zurückkehren. Die schwarze russische Nacht barg keinerlei Garantie für Sicherheit. Vater Borisov hoffte, daß die Polizei von seinem langen, fließenden, schwarz-goldenen Ornat eingeschüchtert würde, aber es gab keine Gewähr.

Moskau war belagert, der russische Bär aus seinem Winterschlaf erwacht und hatte Hunger. Das Volk hatte im Lauf der Geschichte genug erlebt, um zu wissen, daß erneut Unterdrückung bevorstand.

Aber Borisov wagte es, der militärischen Macht zu trotzen. Am 20. August 1991 pirschte er sich zusammen mit einigen Mitarbeitern der erst seit einem Jahr bestehenden sowjetischen Bibelgesellschaft an die Panzer heran, bepackt mit Bündeln Neuer Testamente. Wenn die Besatzung eines Panzers persönliche Gespräche ablehnte, kletterte der Priester am Panzer hoch und warf die Bibeln durch die Luke hinein.

„Ich war in meinem Herzen fest davon überzeugt, daß Soldaten, die das Neue Testament in der Tasche haben, nicht auf ihre Brüder und Schwestern schießen würden", erklärte er später.

Der Mann besaß Einsicht. Besser mit Gottes Wort im Herzen in den Kampf ziehen als mit einer mächtigen Waffe in der Hand.

Aber es ist durchaus nicht so, daß sich diese Wahrheit zum ersten Mal in Moskau gezeigt hätte. Es gibt noch mehr Geschichten von Menschen, die mit Gottes Wahrheit in den Kampf gezogen sind, und eine der ergreifendsten Geschichten spielt nicht in Rußland. Wir müssen dafür weder die „Associated Press" lesen noch die Acht-Uhr-Nachrichten hören, sondern uns der Bibel zuwenden und unsere Aufmerksamkeit auf einen Abschnitt richten, den wir vielleicht noch nie beachtet haben.

Man übersieht ihn leicht. Nur drei Verse. Nur sechsundfünfzig Worte. Nichts hebt ihn in besonderer Weise hervor; kein außergewöhnliches Beispiel, nicht fett gedruckt. Keine markante Überschrift. So nüchtern ist die Aussage, daß ein Leser bei flüchtiger Lektüre diese Verse als Überleitung abtun könnte. Doch wer sie überliest, verläßt den Steinbruch, ohne den Edelstein entdeckt zu haben.

Nur ein kleines Ereignis. Keine Atmosphäre wie bei der Totenauferweckung des Lazarus. Und schon gar nicht die großen Zahlen wie bei der Speisung der Fünftausend. Keine Stimmung wie an der Krippe. Kein dramatisches Schauspiel wie bei der Stillung des Sturms. Es wird einen Moment lang still in der Bibel. Doch lassen wir uns nicht täuschen. Denn in diesem Moment wagten nicht einmal die Engel zu singen.

Nur eine Straße. Nur zwölf Kilometer. Eine Wanderung von einem halben Tag durch ein gefährliches Tal. Aber unsere Aufmerksamkeit sollte sich nicht auf die Straße richten. Staubige Straßen waren damals nichts Ungewöhnliches. Nein, es geht nicht um die Straße, sondern um das Ziel, wohin sie führt – und es geht um den Mann, der auf der Straße geht.

Er ist an der Spitze seines Trupps. An keiner anderen Stelle in der Bibel wird uns davon berichtet, daß Jesus voneweg geht. Weder als er nach der Bergpredigt den Berg hinunterstieg noch nachdem er Kapernaum verließ. Und auch nicht, als er das Dorf Nain betrat. Ihm war es normalerweise lieber, von den Menschen umgeben zu werden, als vorneweg zu gehen.

Doch diesmal ist es anders. Markus sagt uns, daß Jesus voranging.[1] Ein Mann allein. Ein junger Soldat, der in den Kampf zieht.

Wenn wir das Herz eines Menschen kennenlernen wollen, dann müssen wir seinen letzten Weg betrachten.

In der Woche, als ich dieses Kapitel schrieb, landete die Geschichte des jungen Matthew Huffman auf meinem Schreibtisch. Er war sechs Jahre alt und der Sohn einer Missionarsfamilie in Salvador, Brasilien. Eines Morgens klagte er über Fieber. Das Fieber stieg unentwegt, und sein Sehvermögen ließ nach. Seine Eltern trugen ihn ins Auto und fuhren ihn eilends ins Krankenhaus.

Auf der Fahrt, als er im Schoß der Mutter lag, tat er etwas, was seine Eltern nie vergessen werden. Er streckte seine Hand in die Luft. Seine Mutter griff nach der Hand, doch er zog sie fort und streckte sie erneut aus. Die Mutter griff erneut danach, er zog sie wieder fort und streckte sie in die Luft. Schließlich fragte die Mutter den Sohn verwirrt: „Matthew, wonach greifst du?"

„Ich greife nach der Hand von Jesus", antwortete er. Und mit diesen Worten fiel er in ein Koma, aus dem er nie mehr erwachen sollte. Zwei Tage später starb er. Er war einer bakteriellen Hirnhautentzündung zum Opfer gefallen.

Viele Dinge hatte er in seinem kurzen Leben nicht lernen können, aber das Wichtigste hatte er gelernt: Er wußte, nach wem man in der Stunde des Todes greifen konnte.

Die Art, wie ein Mensch stirbt, sagt viel über ihn aus. Hören Sie das Beispiel von Jim Bonham.

Keiner der Helden von Alamo ist bekannter als Jim Bonham, der feurige junge Rechtsanwalt aus Süd-Carolina. Er war erst seit drei Monaten in Texas, aber sein Verlangen nach Freiheit ließ ihm keine andere Wahl, als im Freiheitskampf der Texaner an ihrer Seite zu marschieren. Er meldete sich freiwillig zum Dienst in Alamo, einem kleinen Fort am Guadalupe-River.

Als die mexikanische Armee am Horizont auftauchte und die kleine Bastion sich kampfbereit machte, durchbrach Bonham die feindlichen Späher und gallopierte nach Goliad, um Hilfe zu holen.

In seinem Buch *Texas* malt James Michener aus, wie der Aufruf des jungen Bonham gelautet haben mag: „Draußen lagen einhundertundfünfzig Männer. In Santa Anna haben sich bereits fast zweitausend gesammelt, und es sind noch mehr auf dem Weg ... Jeder kampftüchtige Texaner wird in Alamo gebraucht. Stärkt unsere Grenzen! Helft uns! Marschiert sofort los!"

Doch ihm wurde keine Zusage gegeben. Colonel Fannin sicherte Bonham nur zu, daß er die Bitte überdenken wolle. Der junge Mann aus Carolina wußte, was das bedeutete, schluckte seinen Zorn hinunter, gab seinem Pferd die Sporen und ritt zurück nach Victoria.

Michener erfindet ein Gespräch zwischen Bonham und einem Jungen.

„Wohin reiten Sie jetzt?" fragt der Junge.

„Nach Alamo", erwidert Bonham ohne Zögern.

„Sie reiten ganz allein zurück?"

„Ich bin allein gekommen."

Als Bonham verschwunden ist, fragt der Junge seinen Vater: „Wenn die Dinge so schlecht stehen, warum geht er dann zurück?"

Woraufhin der Vater antwortet: „Ich bezweifle, ob er irgendeine andere Möglichkeit in Erwägung gezogen hat." [2]

Wir wissen nicht, ob diese Worte gesprochen wurden, aber wir wissen, daß Bonham diesen Weg einschlug. Er zog in den Kampf, wohl wissend, daß es sein letzter sein würde.

Dasselbe tat Jesus. Er kannte den Auftrag, der vor ihm lag, es war sein letzter. Und er hielt an und erklärte den Jüngern zum dritten Mal, daß nun die endgültige Begegnung mit dem Feind bevorstand. „Wir gehen jetzt nach Jerusalem.

Dort wird der Menschensohn den Hohenpriestern und Schriftgelehrten ausgeliefert werden. Man wird ihn zum Tode verurteilen und den Römern übergeben. Die werden ihn verspotten, auspeitschen und ans Kreuz schlagen. Aber drei Tage später wird er vom Tod auferstehen."[3]

Erstaunlich, wie detailliert er weiß, was geschehen wird. Er kennt die Personen – „die Hohenpriester und Schriftgelehrten". Er kennt das Geschehen – „Man wir ihn ... den Römern übergeben. Die werden ihn verspotten, auspeitschen und ans Kreuz schlagen". Er kennt den Zeitpunkt – „Aber drei Tage später wird er vom Tod auferstehen".

Vergessen wir alle Vorstellungen, Jesus wäre in eine Falle geraten. Wir müssen Abstand von jeder Theorie nehmen, Jesus hätte sich verrechnet. Wir müssen jede Spekulation ignorieren, das Kreuz wäre ein Versuch gewesen, in letzter Minute eine sterbende Mission zu retten.

Wenn diese Worte irgend etwas zu sagen haben, dann sagen sie uns, daß Jesus – planmäßig – starb. Keine Überraschung. Kein Zögern. Kein Stocken.

Die Art, wie ein Mensch stirbt, sagt viel über ihn aus. Und die Art, wie Jesus in den Tod marschierte, läßt keinen Zweifel daran: Für diesen Moment war er auf die Erde gekommen. Lesen wir die Worte von Petrus: „Aber Jesus wurde durch Verrat an euch ausgeliefert, und ihr habt ihn mit Hilfe der ungläubigen Römer ans Kreuz genagelt und umgebracht. Doch genau so war es von Gott vorausbestimmt."[4]

Nein, der Weg nach Jerusalem begann nicht in Jericho. Er begann nicht in Galiläa. Er begann nicht in Nazareth. Er begann nicht einmal in Bethlehem.

Der Weg ans Kreuz begann lange vorher. Gerade war der erste Biß von der Frucht genommen, das knackende Geräusch hallte noch im Garten Eden wider, da machte sich Jesus bereits auf den Weg nach Golgatha.

Und so, wie Vater Alexander Borisov mit dem Wort Gottes in der Hand in den Kampf zog, schritt Jesus mit der Verheißung Gottes im Herzen nach Jerusalem. Die Göttlichkeit Christi war die Garantie für das Menschsein Christi, und Jesus sprach so laut, daß die Hölle davon erzitterte: „Aber drei Tage später wird er vom Tod auferstehen."

Befindet sich an Ihrem Horizont ein Jerusalem? Stehen Ihnen in Kürze schmerzliche Begegnungen bevor? Sind Sie nur noch ein paar Schritte von den Mauern Ihres eigenen Kummers entfernt?

Lernen Sie von Ihrem Meister. Marschieren Sie nicht in den Kampf gegen den Feind, ohne zuvor aus Gottes Verheißungen Mut gewonnen zu haben. Darf ich Ihnen ein paar Beispiele nennen?

Wenn Sie verwirrt sind: „Denn ich weiß wohl, was ich für Gedanken über euch habe, spricht der Herr: Gedanken des Friedens und nicht des Leides."[5]

Wenn sich das Versagen der Vergangenheit wie eine Last auf Sie legen will: „So gibt es nun keine Verdammnis für die, die in Christus Jesus sind."[6]

Für jene Nächte, in denen Sie sich fragen, wo Gott ist: „Denn Gott bin ich, ... heilig in deiner Mitte."[7]

Wenn Sie denken, Sie könnten aus Gottes Liebe herausfallen: „Nur so könnt ihr ... das ganze Ausmaß dieser Liebe [der Liebe Christi] erfahren, die wir doch mit unserem Verstand niemals fassen können."[8]

Wenn Sie sich wieder einmal auf einer Straße von Jericho nach Jerusalem befinden, dann füllen Sie Ihre Lippen mit den Verheißungen Gottes. Wenn sich die Finsternis der Unterdrückung auf Ihre Stadt legt, dann erinnern Sie sich an den Glauben von Vater Borisov.

Übrigens, die Mitarbeiter der Bibelgesellschaft in Moskau werden sich noch lange an einen der Soldaten erinnern, in dessen Verhalten sich jene Wahrheit widerspiegelte. Früh am Morgen des 20. August boten sie ihm eine bunte Kinderbibel an; die kleineren Neuen Testamente waren ihnen schon ausgegangen. Dem Soldaten war klar, daß er die Bibel vor seinen Vorgesetzten würde verstecken müssen, wenn er sie mit nach Hause nehmen wollte. Doch an seiner Uniform gab es nur eine Tasche, die groß genug für die Bibel war.

Der Soldat zögerte, dann entleerte er seine Munitionsta-
sche. Er erklomm die Barrikaden mit einer Bibel statt mit
Kugeln.

Es ist weise, mit der Verheißung Gottes im Herzen nach
Jerusalem einzuziehen. Es war weise für Alexander Borisov. Es war weise für Matthew Huffman. Und es ist auch
weise für Sie.

Kapitel 3

Der General,
der sich opfert

„Auch der Menschensohn ist nicht gekommen,
um sich dienen zu lassen.
Er kam, um selbst zu dienen und mit seinem Leben
dafür zu bezahlen,
daß viele Menschen aus der Gewalt des Bösen
befreit werden.“
Matthäus 20:28

Die Entscheidung war gefallen. Die Truppen waren aufgestellt, und die Kriegsschiffe befanden sich auf dem Weg. Fast drei Millionen Soldaten bereiteten sich darauf vor, Hitlers Atlantikwall in Frankreich zu zerstören. Die Operation D-Day begann. Die Verantwortung für die Invasion lag auf den Schultern des Vier-Sterne-Generals Dwight D. Eisenhower.

Der General verbrachte die Nacht vor dem Angriff mit den Männern der 101. Luftlandedivision. Sie nannten sich „The Screaming Eagles“ (Die schreienden Adler). Während seine Männer die letzten Vorbereitungen trafen und ihre Ausrüstung kontrollierten, ging Eisenhower von einem Soldaten zum andern und sprach ihm Mut zu. Viele Flieger waren so jung, daß sie seine Söhne hätten sein können. Und Eisenhower verhielt sich ihnen gegenüber wie ein Vater. Ein Korrespondent schrieb, daß Eisenhower Tränen in den Augen standen, als er, die Hände tief in den Taschen vergraben, beobachtete, wie die C-47er starteten und in der Dunkelheit verschwanden.

Dann ging der General in sein Quartier und setzte sich an den Schreibtisch. Er griff nach Stift und Papier und schrieb eine Nachricht – eine Nachricht, die dem Weißen Haus im Falle einer Niederlage übermittelt werden sollte.

Die Botschaft war in gleicher Weise kurz und mutig. „Die Landung ... ist mißlungen ... die Truppen, die Luftwaffe und die Marine taten alles, was die Tapferkeit und das Pflichtbewußtsein erfordern. Wenn im Zusammenhang mit unserem Angriff irgendeine Schuld besteht oder ein Fehler begangen wurde, so ist dies auf mich zurückzuführen." [1]

Man könnte behaupten, die tapferste Tat an jenem Tag sei nicht von einem Cockpit oder Schützengraben aus unternommen worden, sondern von einem Schreibtisch aus, als der Mann an der Spitze die Verantwortung für seine Untergebenen übernahm. Als derjenige, der zu bestimmen hatte, die Schuld auf sich nahm – noch bevor überhaupt irgend jemand eine Schuld zugesprochen werden konnte.

Ein besonderer Leiter, dieser General. Ungewöhnlich, diese mutige Tat. Er legte eine Qualität an den Tag, die in unserer Gesellschaft der Gerichtsprozesse, Entlassungen und Scheidungen nur selten zu finden ist. Die meisten von uns lassen sich für das Gute, das sie getan haben, ohne weiteres ehren. Manche sind bereit, die Schuld für das Schlechte, das sie getan haben, auf sich zu nehmen. Aber nur wenige übernehmen die Verantwortung für die Fehler anderer Menschen. Und die allerwenigsten nehmen die Schuld für Fehler auf sich, die noch gar nicht begangen wurden.

Eisenhower tat dies. Als Folge davon wurde er zum Helden.

Jesus tat dies. Als Folge davon ist er unser Retter.

Bevor der Kampf begann, vergab er bereits. Noch bevor ein Fehler begangen werden konnte, wurde Vergebung angeboten. Bevor Schuld zugesprochen werden konnte, wurde Gnade geschenkt.

Der Mann, der an der Spitze stand, übernahm die Verantwortung für die, die ganz unten standen. Lesen Sie, wie Jesus den Grund seines Kommens beschreibt.

„Der Menschensohn ist nicht gekommen, um sich dienen zu lassen. Er kam, um selbst zu dienen und mit seinem Leben dafür zu bezahlen, daß viele Menschen aus der Gewalt des Bösen befreit werden."[2]

Der Ausdruck „Menschensohn" rief bei den Juden zur Zeit Christi dieselben Assoziationen hervor wie bei uns der Titel „General". Es war ein Begriff, der Autorität und Macht vermittelte.

Wir müssen nur einmal alle Titel aufzählen, die Jesus ebenso hätte wählen können, um sich und seinen Auftrag hier auf der Erde zu beschreiben: König der Könige, der große ICH BIN, Anfang und Ende, Herr der Herren, Jahwe, der Höchste und Heilige. Alle diese Titel und ein Dutzend mehr wären angemessen gewesen.

Aber Jesus benutzte sie nicht.

Statt dessen nannte er sich Menschensohn. Dieser Titel erscheint insgesamt zweiundachtzigmal im Neuen Testament. Einundachtzigmal wird er in den Evangelien erwähnt. Achtzigmal stammt er direkt aus dem Munde Jesu.

Um Jesus zu verstehen, müssen wir begreifen, was dieser Titel bedeutet. Wenn Jesus ihn für so wichtig hielt, daß er ihn achtzigmal benutzte, dann ist er ohne Frage wichtig genug, daß wir uns mit ihm befassen.

Es gibt wohl kaum jemanden, der bestreiten würde, daß der Titel aus Daniel Kapitel 7 stammt, einem Text, den man als eine Szene aus einem Meisterstück der Filmkunst bezeichnen könnte. Dem Seher wird ein Platz in einem Theater angeboten, und auf der Bühne vor seinen Augen darf er einen kurzen Blick auf die zukünftigen Mächte der Welt werfen. Die Königreiche werden als wilde Tiere dargestellt: wütend, hungrig und böse. Der Löwe mit den Adlerflügeln[3] steht für Babylon, der Bär mit den drei Rippen im Maul[4] symbolisiert die Meder und Perser, Alexander der Große wird von einem Panther mit vier Flügeln und vier Köpfen[5] dargestellt, und das vierte Tier mit den eisernen Zähnen[6] symbolisiert Rom.

Doch während sich die Szene entfaltet, verschwindet ein

Imperium nach dem anderen. Die Weltmächte fallen. Zum Schluß empfängt der siegreiche Gott, der alt war an Tagen, den Menschensohn vor seinem Thron. Ihm wird Macht, Ehre und Reich gegeben[7]. Wir können ihn uns in blendendem Weiß vorstellen. Auf einem prächtigen Roß. Ein Schwert in der Hand.

Für die Juden war der Menschensohn ein Symbol des Sieges, der Eroberer. Der, der den endgültigen Schlag ausführt. Der, der das entscheidende Tor schießt. Der, der die Feinde erzittern läßt. Der rechte Arm des Höchsten und Heiligen. Der König, der donnernd mit einem feurigen Wagen zur Erde herabfährt, um Rache zu üben und in seinem Zorn die zu schlagen, die Gottes heiliges Volk unterdrückt haben.[8]

Der Menschensohn war der Vier-Sterne-General, der seine Armee zusammenrief, um ins feindliche Land einzufallen, und seine Truppen zum Sieg führte.

Daher jubelten die Menschen, wenn Jesus von dem Menschensohn und seiner Macht sprach.

Als er von einer neuen Welt sprach, in welcher der Menschensohn auf dem Thron der Herrlichkeit sitzen würde[9], verstand ihn das Volk.

Als er davon sprach, daß der Menschensohn auf den Wolken des Himmels mit großer Macht und Herrlichkeit kommen würde[10], konnten sich die Leute das Geschehen vorstellen.

Als er davon sprach, daß der Menschensohn zur Rechten Gottes sitzen würde[11], konnte sich jeder dieses Bild ausmalen.

Doch als er sagte, daß der Menschensohn leiden würde ... da schwieg das Volk. Das paßte nicht in ihr Bild ... das war nicht das, was sie erwarteten.

Versetzen wir uns einmal in ihre Lage. Wir werden seit Jahren von den römischen Herrschern unterdrückt. Von Kindheit an sind wir gelehrt worden, daß der Menschensohn uns befreien wird. Jetzt ist er da. Jesus nennt sich Menschensohn. Er beweist, daß er der Menschensohn ist. Er kann die Toten auferwecken und einen Sturm stillen. Die

Menge, die ihm folgt, wächst ständig. Wir sind begeistert. Endlich werden die Kinder Abrahams befreit werden.

Aber was sagt er da? „Der Menschensohn ist nicht gekommen, um sich dienen zu lassen. Er kam, um selbst zu dienen." Und vorher hatte er gesagt: „Der Menschensohn wird bald in der Gewalt der Menschen sein. Sie werden ihn töten. Aber wenn sie ihn umgebracht haben, wird er nach drei Tagen wieder auferstehen."[12]

Moment mal! Das ist doch ein unmöglicher, unglaublicher, unerträglicher Widerspruch. Kein Wunder, daß die „Jünger ... nichts von dem verstanden, was er sagte, aber sie wagten auch nicht, ihn zu fragen."[13]

Der König, der kam, um zu dienen? Der Menschensohn, der verraten wurde? Der Eroberer – getötet? Der Botschafter des Höchsten, der alt ist an Tagen – verspottet? Angespuckt?

Doch dieser Gegensatz umkleidet Jesus, der den Titel „Menschensohn" trägt. Es ist auch der Gegensatz des Kreuzes. Golgatha ist ein Zusammenspiel der erhabenen Größe Gottes und seiner tiefen Hingabe. Es ist der widerhallende Donnerschlag, als Gottes Souveränität mit seiner Liebe zusammenprallte. Die Vermählung des himmlischen Königtums mit der himmlischen Barmherzigkeit.[14] Ja selbst das Werkzeug des Kreuzes ist symbolisch, der vertikale Stamm der Heiligkeit kreuzt den horizontalen Stamm der Liebe.

Jesus trägt die Krone eines Herrschers, doch in seiner Brust schlägt das Herz eines Vaters.

Er ist ein General, der die Verantwortung für die Fehler seiner Soldaten übernimmt.

Aber Jesus schrieb keine Nachricht, sondern er bezahlte den Preis. Er nahm nicht nur die Schuld auf sich, er ergriff die Sünde. Er selbst wurde zum Lösegeld. Er ist der General, der für den Gefreiten stirbt, der König, der für den Bauern leidet, der Meister, der sich für den Knecht opfert.

Als Junge las ich einmal eine russische Erzählung, die von einem Herrn und seinem Knecht handelte, die sich auf dem Weg zu einer großen Stadt befanden. Die meisten Einzelheiten habe ich vergessen, aber an den Schluß erinnere ich mich noch genau. Bevor die beiden Männer ihr Ziel erreichten, wurden sie von einem Schneesturm überrascht. Sie verirrten sich, und die Nacht brach herein, bevor sie die Stadt erreichten.

Freunde, die sich um die beiden Männer Sorgen gemacht hatten, brachen am nächsten Morgen auf, um nach ihnen zu suchen. Schließlich fanden sie den Herrn, mit dem Gesicht nach unten, erfroren im Schnee liegen. Als sie ihn hochhoben, lag unter ihm der Knecht – kalt, aber lebendig. Er hatte überlebt und erzählte, wie sein Herr sich freiwillig auf ihn gelegt hatte, um ihm das Leben zu retten.

Ich habe jahrelang nicht mehr an diese Geschichte gedacht. Aber als ich las, was Christus über sich selbst und sein Opfer sagte, tauchte diese Erzählung mit einem Mal in meinen Gedanken wieder auf – denn Jesus ist der Herr, der für die Knechte starb.

Er ist der General, der Vorsorge für die Fehler seiner Soldaten traf.

Er ist der Menschensohn, der kam, um zu dienen und mit seinem Leben zu bezahlen ... für Sie.

Kapitel 4

Häßliche Religion

„Voll mitleidender Liebe berührte Jesus ihre Augen.
Sofort konnten sie sehen, und sie gingen mit ihm."
Matthäus 20:34

Es geschieht im Wirtschaftsleben, wenn Produkte herge-
stellt werden, die niemand kauft.

Es geschieht in der Regierung, wenn man Ressorts auf-
rechterhält, die nicht gebraucht werden.

Es geschieht in der Medizin, wenn die Ergebnisse der
Forschung das Labor nie verlassen.

Es geschieht im Erziehungswesen, wenn die Noten das
Ziel sind und nicht der Lernstoff.

Und es geschah auf der Straße nach Jerusalem, als die
Jünger Jesu den blinden Männern verboten, zu Christus zu
kommen.

„Als Jesus und seine Jünger die Stadt Jericho verließen,
zog eine große Menschenmenge mit ihnen. Zwei blinde
Männer saßen an der Straße. Als sie hörten, daß Jesus vor-
überkam, riefen sie: ‚Herr, du Sohn Davids, hab Erbarmen
mit uns!'[1]

Die Leute fuhren sie an und befahlen ihnen zu schweigen, aber die Blinden schrien nur noch lauter: ‚Herr, du
Sohn Davids, hab Erbarmen mit uns!'

Da hielt Jesus an und fragte die Blinden: ‚Was soll ich
für euch tun?'

Sie antworteten: ‚Herr, wir wollen sehen!'

Jesus berührte ihre Augen. Sofort konnten sie sehen,
und sie gingen mit ihm."[2]

37

Matthäus erklärt nicht, warum sich die Leute dagegen wehrten, daß die blinden Männer in die Nähe Jesu kamen – aber man kann es sich leicht ausmalen. Sie wollen ihn schützen. Er ist unterwegs, weil er einen Auftrag zu erfüllen hat, einen entscheidenden Auftrag. Die Zukunft Israels steht auf dem Spiel. Er ist ein bedeutender Mann mit einer sehr wichtigen Aufgabe. Er hat keine Zeit für arme Leute am Straßenrand.

Außerdem müssen wir sie uns nur einmal ansehen. Dreckig. Laut. Widerwärtig. Anstoß erregend. Haben sie kein Gefühl für anständiges Benehmen? Haben sie keine Würde? Man sollte sich an die korrekte Vorgehensweise halten. Zunächst muß man bei Nathanael vorsprechen, der redet dann mit Johannes, der wiederum mit Petrus, und der entscheidet schließlich, ob die Sache wichtig genug ist, um den Meister damit zu belästigen.

Doch trotz all ihrer Ernsthaftigkeit waren die Jünger im Unrecht.

Und, nebenbei gesagt, auch wir sind im Unrecht, wenn wir denken, Gott sei zu beschäftigt, als daß kleine Leute zu ihm kommen dürften, oder er lege so viel Wert auf Umgangsformen, daß wir uns ihm nicht nahen könnten, wenn uns diese Formen nicht geläufig sind. Wenn die Menschen, die Christus am nächsten stehen, anderen Leuten den Zugang zu ihm verwehren, so ist das Ergebnis leere, unechte Religion. Eine häßliche Religion.

Ein eindrucksvolles Beispiel liefert uns ein Vorfall in einem Krankenhaus in San Antonio.

Paul Loetz stürzte so unglücklich, daß er Rippenbrüche und innere Quetschungen erlitt und eine perforierte Lunge davontrug. Halb bewußtlos lag er in der Amublanz und dachte wahrscheinlich, daß es kaum noch schlimmer kommen könnte.

Aber es kam noch schlimmer.

Als er von seinem Krankenhausbett aufblickte, sah er die beiden Ärzte, die sich um ihn kümmerten, in einen Streit darüber verwickelt, wer von ihnen den Schlauch in den gequetschten Brustkorb einführen sollte. Der Streit artete zu einem Kampf um den Arbeitsplatz aus, und der eine Arzt drohte dem anderen mit der Sicherheitspolizei.

„Bitte, kann mir nicht jemand das Leben retten?" flehte Loetz, während die Ärzte ihren Streit fortsetzten.[3]

Die beiden Ärzte zankten sich über die Vorgehensweise. Als ihr Wortgefecht kein Ende nahm, übernahmen zwei andere Ärzte die Verantwortung und retteten dem Patienten das Leben.

Kaum zu glauben, nicht wahr? Die Nöte werden übersehen, während über verschiedene Standpunkte gestritten wird. Und trotzdem geschieht es – selbst in der Gemeinde Jesu. Ich erhielt diese Woche den Anruf von einem Mann, der regelmäßig mein Radioprogramm hört. Er ist in einem nicht-christlichen Elternhaus aufgewachsen. An seinem Arbeitsplatz gibt es zwei Christen, die aus unterschiedlichen Denominationen stammen. Ich wunderte mich, daß er mich anrief, obwohl er doch christliche Arbeitskollegen hat. Doch er erklärte mir: „Der eine sagt dies, der andere das. Aber ich suche doch nur Jesus."

Es geschieht heute.

Es geschieht, wenn eine Gemeinde mehr Zeit dafür verwendet, über den Baustil ihrer Kirche zu diskutieren als über die Nöte der Hungernden. Es geschieht, wenn sich die hellsten Köpfe der Kirche mit unwesentlichen, kontroversen Themen beschäftigen, statt mit großartigen Wahrheiten. Es geschieht, wenn eine Gemeinde für ihre Haltung zu einer bestimmten Frage bekannt ist, nicht jedoch für ihr Vertrauen zu Gott.

Es geschieht heute. Und es geschah damals.

In den Augen jener, die Jesus am nächsten waren, hatten diese blinden Männer nicht das Recht, den Meister zu stören. Schließlich befand er sich auf dem Weg nach Jerusalem. Der Menschensohn wird sein Königreich errichten. Er hat keine Zeit, sich die Sorgen von ein paar Blinden am Wegesrand anzuhören.

Darum fuhren die Leute die Blinden an, still zu sein.

Diese Bettler sind einfach ein Ärgernis. Wie sie schon angezogen sind. Und wie sie sich benehmen. Und wie sie um Hilfe schreien. Jesus hat Wichtigeres zu tun, als sich von diesen unwichtigen Leuten stören zu lassen.

Christus dachte anders. „Voll mitleidiger Liebe berührte Jesus ihre Augen. Sofort konnten sie sehen."

Jesus hört sie trotz des Lärms. Nicht die Menge, sondern die Blinden sehen, wer Jesus wirklich ist.

Irgendwie wußten diese beiden Bettler, daß Gott die richtige Herzenshaltung wichtiger ist als die richtige Kleidung oder Vorgehensweise. Irgendwie wußten sie, daß das, was ihnen an Methode fehlte, durch ihre Motive wieder wettgemacht werden konnte. Deshalb riefen sie mit ganzer Kraft. Und sie wurden gehört.

Gott hört, die ihn suchen, und zwar immer. Darf ich noch von einem weiteren Fall berichten? Wir wollen ein paar Jahrhunderte zurückgehen.

Der König Hiskia von Israel, der eine Erweckung im Land ausgelöst hat, ruft das Volk auf, sich von den falschen Göttern abzuwenden und zu dem wahren Gott zurückzukehren. Er fordert das Volk auf, nach Jerusalem zu kommen, um dort das Passahfest zu feiern. Allerdings gibt es zwei Probleme.

Erstens ist es so lange her, daß die Israeliten Passah gefeiert haben, daß niemand die vorgeschriebene Reinheit besitzt. Niemand ist darauf vorbereitet, das Passahmahl zu essen. Selbst die Priester haben Götzen angebetet und sich nicht mehr um die für die Reinheit nötigen Rituale gekümmert.

Zweitens hatte Gott geboten, daß das Passahfest am vierzehnten Tag des ersten Monats gefeiert werden sollte. Doch als es Hiskia schließlich gelingt, das Volk zu versammeln, ist bereits der zweite Monat angebrochen.

Das Passahfest wurde einen Monat zu spät gefeiert, und dazu noch von unreinen Teilnehmern.

Hiskia betete für sie: „Der Herr, der gütig ist, wolle gnädig sein allen ..., auch wenn sie nicht die für das Heiligtum nötige Reinheit haben."[4]

Sehen Sie das Dilemma?

Was tut Gott, wenn die Motive rein sind, die Methode jedoch zu wünschen übrigläßt?

„Und der Herr erhörte Hiskia und vergab dem Volk."[5]

Die richtige Herzenshaltung mit dem falschen Ritual ist besser als die falsche Herzenshaltung mit dem richtigen Ritual.

Vor einiger Zeit befand ich mich auf einer Konferenz in Atlanta, Georgia. Ich rief zu Hause an und sprach mit meiner Frau Denalyn und meinen Töchtern. Jenna war damals fünf Jahre alt und meinte, sie habe eine Überraschung für mich. Sie nahm das Telefon mit ans Klavier und spielte mir eine eigene Komposition vor.

Aus musikalischer Sicht bestand das Lied nur aus Fehlern. Jenna hämmerte das Lied mehr, als daß sie es spielte. Das Stück bestand mehr aus Zufällen als aus Rhythmus. Die Verse reimten sich nicht. Die Syntax war kriminell. Technisch gesehen war das Lied eine Katastrophe.

Aber für mich war es ein Meisterstück. Warum? Weil Jenna es für mich geschrieben hatte.

Du bist ein toller Papa.
Ich vermisse dich sehr.
Wenn du nicht da bist,
bin ich ganz traurig und weine.
Bitte, komm schnell zurück.

Welcher Vater würde sich darüber nicht freuen? Welcher Vater würde sich nicht in einer solchen Verherrlichung sonnen, selbst wenn sie völlig schief ist?

Ich höre, daß einige unzufrieden einwenden: „Moment mal, Max. Meinst du wirklich, es sei nebensächlich, welche Methode wir wählen, um uns Gott zu nahen? Willst du wirklich sagen, daß es nur darauf ankommt, warum wir zu Gott gehen, und daß es für die Art, wie wir zu ihm gehen, keine festen Vorschriften gibt?"

Nein, das sage ich nicht (aber ich finde die Frage gut). Im Idealfall nahen wir uns Gott sowohl mit dem richtigen

41

Motiv als auch mit der richtigen Methode. Das kommt tatsächlich manchmal vor. Gelegentlich sind die Worte unseres Gebets genauso schön wie das Motiv, das hinter dem Gebet steht. Manchmal ist die Art, wie wir singen, genauso überzeugend wie der Grund, warum wir singen.

Manchmal ist unsere Anbetung genauso ansprechend wie aufrichtig.

Aber sehr oft ist dies nicht der Fall. Oft gehen uns die Worte aus. Oft ist unsere Musik erbärmlich. Oft drückt unser Lobpreis nicht das aus, was wir gern sagen möchten. Oft ist unser Flehen nach Gottes Gegenwart nicht schöner als das Schreien der blinden Männer am Straßenrand.

„Herr, hilf!"

Und manchmal, selbst heute in unserer Zeit, fordern uns ernsthafte Jünger auf, still zu sein, bis wir die richtige Methode beherrschen.

Jesus sagte den Blinden nicht, sie sollten stillschweigen. Gott forderte Hiskia nicht auf, er solle das Fest abbrechen. Ich sagte Jenna nicht, sie solle erst noch ein bißchen üben und mich wieder anrufen, wenn sie es besser könnte.

Die blinden Männer, Hiskia und Jenna, alle taten ihr Bestes mit dem, was sie hatten – und das war genug.

„Ihr werdet mich suchen und finden", erklärt Gott. „Denn wenn ihr mich von ganzem Herzen suchen werdet, so will ich mich von euch finden lassen."[6]

Was für eine Verheißung! Und bei den blinden Bettlern hat Gott es bewiesen.

Es lohnt, sich die letzte Szene der Geschichte vor Augen zu malen. Die beiden Bettler, zwar schäbig gekleidet und stinkend, gingen – ja sprangen – mit leuchtenden Augen auf der Straße Richtung Jerusalem hinter Jesus her. Sie zeigten auf Blumen, die sie immer gerochen, aber nie hatten anschauen können. Sie schauten zur Sonne auf, die sie immer gefühlt, aber nie hatten sehen können. Paradox. Es zeigte sich, daß unter all den vielen Menschen, die sich an jenem Tag auf der Straße befanden, diese beiden die klarste Vision hatten – sogar noch bevor sie sehen konnten.

Samstag

Kapitel 5

Sei nicht nur aktiv –
halte an

„Sechs Tage sollst du arbeiten
und alle deine Arbeit tun, aber der siebte Tag ist Sabbat
für den Herrn, deinen Gott."
Exodus 20:9–10

Vor einiger Zeit unternahm ich mit meiner Tochter Andrea einen Spaziergang. Sie war vier Jahre alt und neugierig, deshalb machten wir uns auf, die Gegend in der Nähe unseres Hauses zu erforschen. „Komm, wir gehen dahin, wo du noch nie warst", schlug ich vor. Und auf ging's, wir schritten zuversichtlich aus dem sicheren Hafen unserer Sackgasse heraus und setzten unseren Fuß auf unbekanntes Territorium.

Kapitän Kirk von Raumschiff *Enterprise* wäre stolz gewesen.

Für Andrea war die Gegend völlig neu. Wir gingen Straßen entlang, die sie nie zuvor gesehen, und streichelten Hunde, die sie nie vorher angefaßt hatte. Neuland. Wanderung durch die Wüste. Die Vorgärten waren anders. Die Kinder sahen älter aus. Die Häuser wirkten größer.

Ich machte mir Gedanken, ob das Neue Andrea beunruhigen könnte. Ich überlegte mir, ob sie vielleicht Angst hätte, weil sie vieles zum ersten Mal sah und hörte.

„Geht es dir gut?" fragte ich.

„Ja, klar."

„Weißt du, wo wir sind?"

„Nein."

„Weißt du, wo es nach Hause geht?"

„Nein."

„Und das macht dir keine Angst?"

Ohne den Schritt zu verlangsamen, griff sie nach meiner Hand und sagte: „Ich muß doch gar nicht wissen, wie ich nach Hause komme. Das weißt du doch."

Vor langer Zeit unternahm Gott mit seinen Kindern etwas Ähnliches wie ich mit Andrea. Er führte sie in ein fremdes Land, geleitete sie durch ein Meer hindurch und führte sie in unerforschtes Territorium.

Sie wußten nicht, wo sie waren. Die Wüste war fremd. Die Geräusche waren neu, und die Umgebung war ungewohnt. Aber eine Sache war damals anders: Sie hatten nicht dasselbe Vertrauen wie Andrea.

„Bring uns nach Ägypten zurück", forderten sie.

Aber der Vater wollte, daß seine Kinder ihm vertrauten. Der Vater wollte, daß seine Kinder seine Hand ergriffen und sich entspannten. Der Vater wollte, daß sich seine Kinder nicht um das *Wie* sorgten, sondern damit zufrieden waren, daß sie wußten, *wer* sich um sie kümmerte.

Er befreite sie aus der Sklaverei und bahnte ihnen einen Weg durch das Meer. Er gab ihnen eine Wolke, der sie bei Tag folgen, und ein Feuer, das sie in der Nacht sehen konnten. Und er gab ihnen Nahrung. Er kümmerte sich um ihr Grundbedürfnis: Er füllte ihre Bäuche.

Täglich regnete es Manna. Täglich erschienen die Wachteln. „Vertraut mir. Vertraut mir, und ich werde euch geben, was ihr braucht." Gott wies das Volk an, nur so viel zu sammeln, wie es für den jeweiligen Tag benötigte. Er würde sich jeden Tag neu um ihre Bedürfnisse kümmern. Obwohl Gott treu war und sein Versprechen hielt, fiel es den Israeliten schwer, zu glauben, daß Gott ihre Versorgung übernommen hatte. Es widersprach ihrer Logik, Nahrung zu sehen und nicht aufzubewahren.

„Was ist, wenn er uns morgen vergißt? Was ist, wenn er morgen nicht mehr zu uns kommt?" Und darum sammelten sie mehr, als sie für den einen Tag benötigten. Über Nacht verdarb das Essen.

„Nehmt nur so viel, wie ihr für heute braucht", war Gottes Botschaft. „Laßt mich für morgen sorgen."

Der Vater wollte, daß das Volk ihm vertraute.

Am Freitag wurde den Isaeliten gesagt, heute sollten sie so viel sammeln, daß es für zwei Tage reichte, denn der nächste Tag sei der Sabbat – der Tag, den Gott ausgesondert hatte, damit sich die Menschen Zeit nehmen konnten, um ihrem Schöpfer zu begegnen. Am Sabbat würde das Essen, das am Tag zuvor gesammelt worden war, nicht schlecht werden.

Aber es fiel den Israeliten sehr schwer, am Sabbat stillzusitzen. Anhalten und zuhören, wo man doch genausogut aufstehen und arbeiten könnte, widersprach dem gesunden Menschenverstand. Deshalb begaben sich die Israeliten entgegen dem ausdrücklichen Gebot Gottes trotzdem hinaus und sammelten Manna.

(Seltsam, daß es ausgerechnet den Müdesten am schwersten fällt, sich auszuruhen.)

Beachten wir Gottes Weisheit. Wir benötigen einen Tag, an dem die Arbeit mit einer Vollbremsung zum Stillstand kommt. Wir benötigen einen Zeitabschnitt von vierundzwanzig Stunden, in dem die Räder stillstehen und der Motor zu laufen aufhört. Wir müssen anhalten.

Der Sabbat ist der Tag, an dem Gottes Kinder in einem fremden Land die Hand ihres Vaters fest drücken und sagen: „Ich weiß nicht, wo ich bin. Ich weiß auch nicht, wie ich nach Hause komme. Aber du weißt es, und das ist genug."

Vor ein paar Wochen haben Andrea und ich ein weiteres Abenteuer miteinander unternommen – diesmal auf Fahrrädern. Andrea hatte gerade gelernt, ohne Stützräder das Gleichgewicht zu halten und war bereit, die Sicherheit der Straße vor unserem Haus zu verlassen und es einmal mit dem Hügel hinter unserem Haus zu versuchen. Sie war bisher noch nie einen Berg hinuntergefahren.

Wir saßen oben auf dem Hügel auf unseren Rädern und schauten hinunter. Für Andrea war es der Mount Everest. „Bist du sicher, daß du es probieren willst?" fragte ich.

„Ich denke schon", meinte sie und schluckte einmal heftig.

„Du mußt einfach nur die Bremse ziehen, wenn du anhalten willst. Vergiß die Bremse nicht."

„Gut."

Ich fuhr die Hälfte des Strecke vor und wartete. Und schon kam sie. Die Räder drehten sich immer schneller. Die Lenkstange begann zu zittern. Andreas Augen wurden immer größer. Die Pedale drehten sich so schnell, daß man sie nur noch verschwommen erkennen konnte. Als Andrea an mir vorbeiraste, schrie sie: „Ich weiß nicht mehr, wie man bremst!"

In der Kurve stürzte sie.

Wenn man nicht weiß, wie man bremst, sind die Folgen oft schmerzlich. Das gilt beim Fahrradfahren. Das gilt auch im Leben.

Wissen Sie noch, wie man anhält?

Haben Sie manchmal das Gefühl, auf einem Fahrrad, über das Sie die Kontrolle verloren haben, einen Berg hinunterzurasen und nicht mehr zu wissen, wie man bremst? Haben Sie manchmal das Gefühl, daß sich die Räder Ihres Lebens immer schneller drehen und Sie an den Menschen, die Sie lieben, vorbeisausen? Würde es Ihnen helfen, wenn Ihnen jemand sagt, wie man die Geschwindigkeit drosselt?

Dann lesen Sie einmal, was Jesus am letzten Sabbat seines Lebens tat. Fangen Sie im Matthäusevangelium an. Sie haben nichts gefunden? Dann versuchen Sie es einmal mit Markus. Lesen Sie, was Markus darüber berichtet, wie Jesus den Sabbat verbrachte. Dort steht auch nichts? Seltsam. Was ist mit Lukas? Was sagt er? Kein Hinweis auf den Sabbat? Er verliert kein einziges Wort darüber? Nun gut, dann versuchen Sie es einmal mit Johannes. Sicherlich erwähnt Johannes den Sabbat. Wie bitte? Er tut es auch nicht? Kein Hinweis? Hm – sieht ja fast so aus, als hätte sich Jesus an diesem Tag ruhig verhalten.

„Moment mal. Das soll die Antwort sein?" Ja, das ist die Antwort.

„Du willst sagen, daß Jesus die Sabbatruhe einhielt, obwohl er nur noch eine Woche zu leben hatte?" Soweit wir erkennen können, ja.

„Meinst du wirklich, daß er sich einen Tag lang Zeit nahm, um auszuruhen und Gott anzubeten, obwohl ihn die Apostel umringten und das Volk nach Gottes Wort verlangte?" Es sieht so aus.

„Und du willst mir sagen, daß Jesus Anbetung für wichtiger hielt als Arbeit?" Ja, genau das will ich sagen.

Denn das ist der Zweck des Sabbats. Und Jesus verhielt sich dementsprechend. „Am Sabbat ging er *wie gewohnt* in die Synagoge."[1] Sollten wir uns anders verhalten?

Wenn Jesus trotz eines äußerst vollen Programms Zeit fand, anzuhalten und sich zur Stille hinzusetzen, meinen Sie nicht, daß wir das dann auch tun können?

Ah, ich weiß, was Sie denken. Ich kann es an Ihrem Gesicht ablesen. Da haben wir's. Ich sehe, wie Sie mich von meinem Monitor aus mit zweifelnden Augen und gerunzelter Stirn anblicken. „Aber Max, Sonntag ist der einzige Tag, an dem ich endlich mal die liegengebliebene Arbeit im Büro aufarbeiten kann." Oder: „Gute Idee, Max, aber hast du schon mal unserem Pastor zugehört? Der sorgt sehr gut für Ruhe – ich schlafe immer ein! Wie ist das mit dem Gottesdienst?" Oder: „Du hast leicht reden, Max. Du bist Pastor. Wenn du Hausfrau wärst und vier Kinder hättest, die so sind wie meine ..." Es ist nicht leicht, das Tempo zu drosseln.

Es scheint fast so, als wäre ein Leben voller Aktivitäten ein Zeichen für Reife. Gibt es nicht auch eine entsprechende Seligpreisung: „Selig sind die Geschäftigen?" Nein, es gibt sie nicht. Aber es gibt einen Vers, der das Leben vieler Menschen zusammenfaßt: „Sie gehen daher wie ein Schatten und machen sich viel vergebliche Unruhe; sie sammeln und wissen nicht, wer es einbringen wird."[2]

Kommt Ihnen Ihr Leben ähnlich vor? Tauchen Sie an manchen Stellen nur so selten auf, daß Ihre Freunde Sie schon für einen Schatten halten? Sind Sie so viel unterwegs, daß Ihre Familie bereits anfängt, Ihre Existenz in Frage zu stellen? Sind Sie stolz auf das rasende Tempo Ihres Lebens, das jedoch auf Kosten Ihres Glaubens geht?

Treffen Andreas Worte auch auf Sie zu? „Ich weiß nicht mehr, wie man bremst." Wenn es so ist, dann wird es nicht mehr lange dauern, bis Sie stürzen.

Bremsen Sie. Wenn Gott es geboten hat, dann müssen Sie es tun. Wenn Jesus in seinem Leben diesem Gebot folgte, dann müssen Sie es auch tun. Gott sorgt immer noch für das Manna. Vertrauen Sie ihm. Nehmen Sie sich diesen einen Tag Zeit und sagen Sie nein zur Arbeit und ja zur Anbetung.

Ein letzter Gedanke.

Eines der Wahrzeichen von London ist das „Charing Cross". Es befindet sich fast in der Mitte der Stadt und dient denen, die sich in der Stadt verirrt haben, als Orientierungspunkt.

Ein kleines Mädchen hatte sich in der Großstadt verlaufen und wurde von einem Polizisten gefunden. Unter Schluchzen und Tränen erklärte sie, daß sie nicht wüßte, wie sie nach Hause finden sollte. Der Polizist fragte sie, ob sie ihre Anschrift kennen würde. Sie verneinte. Er fragte sie nach ihrer Telefonnummer. Auch diese kannte sie nicht. Doch als er sie fragte, ob sie denn sonst irgendeinen Punkt in der Stadt kennen würde, hellte sich ihr Gesicht plötzlich auf.

„Ich kenne das Kreuz (Charing Cross)", erklärte sie, „wenn Sie mir das Kreuz zeigen, kann ich von da aus den Weg nach Hause finden."

Das gilt auch für Sie. Behalten Sie das Kreuz immer im Blick, dann finden Sie den Weg nach Hause. Das ist der Sinn des Ruhetags: Unser Körper soll sich entspannen, aber vor allem sollen wir unseren Blick neu ausrichten. Ein Tag, an dem Sie sich neu orientieren, damit Sie den Weg nach Hause finden.

Tun Sie sich selbst einen Gefallen. Greifen Sie nach der Hand Ihres Vaters und sagen Sie, was Andrea zu mir sagte:

„Ich weiß nicht genau, wo ich bin. Ich weiß nicht genau, welche Straße nach Hause führt. Aber du weißt es, und das ist genug."

Kapitel 6

Risikobereite Liebe

„Da nahm Maria ein Gefäß mit kostbarem Salböl,
goß es über die Füße Jesu und trocknete sie mit ihrem Haar.
Der Duft des Öls erfüllte das ganze Haus."
Johannes 12:3

Dem raffinierten Eddie fehlte es an nichts.

Er war der Cleverste von allen. Wenn die zwanziger Jahre schon wild waren, so gehörte er bestimmt zu den Wildesten. Er war ein Freund von Al Capone und organisierte die Hunderennen des Gangsters. Er beherrschte die einfache Technik, das Rennen dadurch zu manipulieren, daß er sieben Hunde überfütterte und dann beim Wetten auf den achten setzte.

Reichtum. Status. Stil. Dem raffinierten Eddie fehlte es an nichts.

Warum hat er sich dann selber angezeigt? Warum hat er angeboten, Capone zu verpfeiffen? Was war sein Motiv? Wußte Eddie nicht, welche todsicheren Folgen es haben würde, wenn er die Bande verriet?

Eddie wußte es, aber sein Entschluß stand fest.

Was konnte er gewinnen? Was konnte die Gesellschaft ihm bieten, das er nicht schon hatte? Er besaß Geld, Macht, Ansehen. Wo saß der Haken?

Eddie wußte, wo der Haken saß. Es war sein Sohn. Eddie hatte sein Leben in der Gesellschaft verabscheuenswerter Menschen verbracht. Er hatte den Gestank des Untergrunds lange genug gerochen. Seinem Sohn wünschte er etwas anderes. Er wollte seinem Sohn einen Namen geben.

Und um seinem Sohn einen Namen zu geben, mußte er seinen eigenen Ruf in Ordnung bringen.

Eddie war bereit, den Preis zu zahlen, damit sein Sohn mit einer reinen Weste leben konnte. Der raffinierte Eddie erlebte nicht mehr, wie sich sein Traum erfüllte. Nachdem er Anzeige erstattet hatte, stand er auf der schwarzen Liste der Gang. Zwei Schüsse brachten ihn für immer zum Schweigen.

Hatte sich die Sache gelohnt?

Für den Sohn, ja. Der Junge des raffinierten Eddie zeigte sich des Opfers würdig. Heute gehört er zu den bekanntesten Männern der Welt.

Doch bevor wir weiter über den Sohn sprechen, wollen wir über das Prinzip reden: risikobereite Liebe. Liebe, die es darauf ankommen läßt. Liebe, die sich in eine heikle Lage begibt. Liebe, die ein Zeichen setzt und ein Vermächtnis hinterläßt. Opferbereite Liebe.

Liebe, die unerwartet und überraschend ist, die aufwühlt. Taten der Liebe, die das Herz gewinnen und in der Seele einen tiefen Eindruck hinterlassen. Taten der Liebe, die man niemals vergißt.

Eine solche Tat der Liebe geschah in der letzten Woche Jesu. Ein Zeichen der Hingabe, das die Welt nie mehr vergessen wird. Ein Akt verschwenderischer Zärtlichkeit, bei dem Jesus nicht der Geber, sondern der Empfänger war.

Eine Menschentraube umringt Jesus, es sind seine Freunde. Sie sitzen zu Tisch. Der Ort ist Bethanien, das Haus gehört Simon.

Früher nannte man ihn Simon, den Aussätzigen. Doch jetzt nicht mehr. Jetzt heißt er einfach Simon. Wir wissen nicht, wann Jesus ihn heilte. Aber wir wissen, wie er aussah, bevor Jesus ihn heilte. Gebeugte Schultern, Hände ohne Finger, die verschorften Arme und der entzündete Rücken steckten in Lumpen. Ein zerfetztes Umschlagtuch verbarg das ganze Gesicht, nur zwei hilfesuchende weiße Augen leuchteten hervor.

Doch das war, bevor Jesus ihn anrührte. War Simon derjenige, den Jesus nach der Bergpredigt heilte? War er derjenige von den zehn Aussätzigen, der umkehrte, um danke zu sagen? War er einer von den Viertausend, denen Jesus in Betsaida half? Oder gehörte er zu den namenlosen Tausenden, die die Evangelienschreiber einfach aus Zeitmangel nicht erwähnten?

Wir wissen es nicht. Aber wir wissen, daß er Jesus und seine Jünger zum Abendessen eingeladen hatte.

Eine einfache Geste, aber für Jesus muß sie viel bedeutet haben. Schließlich bereiten die Pharisäer schon die Todeszelle für ihn vor. Es wird nicht lange dauern, dann werden sie als seinem Komplizen auch Hand an Lazarus legen. Es könnte sein, daß die ganze Gruppe schon am Ende der Woche unter der leuchtenden Schlagzeile „Gesucht!" aushängen wird. Man braucht schon gute Nerven, um einen von den Behörden gesuchten Mann in seinem Haus aufzunehmen.

Aber man braucht noch bessere Nerven, um seine Hand auf die Wunden eines Aussätzigen zu legen.

Simon vergaß nicht, was Jesus getan hatte. Er konnte es nicht vergessen. Da, wo vorher nur ein Stumpen gewesen war, befand sich jetzt ein Finger, an dem sich seine Tochter festhalten konnte. Dort, wo eiternde Geschwüre gewesen waren, befand sich jetzt glatte Haut, die seine Frau streicheln konnte. Und an Stelle der einsamen Stunden in Quarantäne gab es nun glückliche Stunden, so wie diese – ein Haus voller Freunde, ein Tisch voll mit Speisen.

Nein, Simon vergaß es nicht. Simon wußte, wie es ist, wenn man dem Tod ins Angesicht sieht. Er wußte, was es bedeutet, kein Heim sein eigen zu nennen, und er wußte, was es heißt, mißverstanden zu werden. Und Jesus sollte wissen, daß es in Bethanien ein Haus gab, in das er gehen konnte, wenn er Hunger hatte, und wenn er einen Platz benötigte, wohin er sein Haupt legen konnte.

Es gibt andere Häuser, in denen er nicht dieselbe Gastfreundschaft genießen wird. Noch vor Ende der Woche wird

Jesus im Haus des Hohenpriesters einkehren, dem schönsten Haus in ganz Jerusalem. Nach hinten gerichtet drei Innenhöfe und ein wunderbarer Blick ins Tal. Aber Jesus wird diesen Blick nicht genießen, er wird nur die falschen Zeugen sehen, die Lügen hören und fühlen, wie sie ihm ins Gesicht schlagen.

Im Haus des Hohenpriesters wird er keine Gastfreundschaft erfahren.

Noch vor Ende der Woche wird Jesus die Räume des Herodes betreten. Vornehme Räume. Viele Diener. Vielleicht stehen Obst und Wein auf dem Tisch. Aber Herodes wird Jesus nichts anbieten. Herodes will einen Trick sehen. Eine Sondervorstellung. „Hey, zeig mir ein Wunder, du Bauer", wird er hervorstoßen. Die Wachsoldaten werden lachen.

Noch vor Ende der Woche wird Jesus im Haus des Pilatus sein. Eine seltene Gelegenheit, vor der Couch des Prokurators von ganz Israel zu stehen. Das sollte eine Ehre sein. Das sollte ein Moment sein, den man immer in Erinnerung behält, aber er war es nicht. Es ist ein Moment, den die Welt lieber vergißt. Pilatus hat die Chance, den größten Akt der Barmherzigkeit, den es je gegeben hat, zu vollziehen – aber er tut es nicht. Gott ist in seinem Haus, und Pilatus sieht ihn nicht.

Immer wieder kommt uns die Frage: *Was wäre gewesen, wenn?* Was wäre gewesen, wenn Pilatus den Unschuldigen verteidigt hätte? Was wäre gewesen, wenn Herodes um Hilfe und nicht um Unterhaltung gebeten hätte? Was wäre gewesen, wenn der Hohepriester genauso um die Wahrheit besorgt gewesen wäre, wie er es um seinen Posten war? Was wäre gewesen, wenn einer von ihnen der Menge den Rücken gekehrt, Christus das Gesicht zugewandt und Widerstand geleistet hätte?

Doch sie taten es nicht. Der Berg von Prestige und Ansehen war zu hoch. Der Fall wäre zu gewaltig gewesen.

Aber Simon tat es. Risikobereite Liebe ergreift den Augenblick. Simon nahm die Gelegenheit wahr. Er versorgte

Jesus mit einer guten Mahlzeit. Nicht viel, aber mehr, als die meisten taten. Vielleicht erinnerte sich Jesus an das, was Simon getan hatte, als er von den Priestern angeklagt und von den Soldaten geschlagen wurde, und fühlte sich dadurch gestärkt.

Und als er sich an Simons Mahl erinnerte, fiel ihm vielleicht auch Marias Geste ein. Vielleicht konnte er das Salböl noch riechen.

Das ist nicht ganz unwahrscheinlich. Schließlich war es dreihundert Silberstücke wert. Importiert. Konzentriert. Süß. Stark genug, um die Kleider eines Mannes tagelang mit seinem Duft zu durchdringen.

Ich frage mich, ob Jesus zwischen den Peitschenhieben jenen Moment in Gedanken noch einmal erlebte? Während er den römischen Pfahl mit seinen Armen umschlang und sich innerlich auf den nächsten Hieb vorbereitete, der ihm den Rücken weiter aufreißen würde, erinnerte er sich da an das Öl, das in seine Haut eingezogen war? Konnte er angesichts der Frauen, die ihn nun angafften, das kleine, zarte Gesicht Marias sehen, die liebevoll um ihn besorgt gewesen war?

Sie war die einzige, die an ihn glaubte. Immer wenn er von seinem Tod sprach, zuckten die anderen lediglich mit den Schultern und zweifelten, doch Maria glaubte. Maria glaubte, weil er mit einer Festigkeit in der Stimme sprach, die sie schon einmal gehört hatte.

„Lazarus, komm heraus!" hatte er geboten, und ihr Bruder war herausgekommen. Nach vier Tagen in einem Grab, das mit einem Stein versiegelt war, kam er heraus.

Und als Maria die jetzt wieder warmen Hände ihres gerade noch toten Bruders küßt, dreht sie sich um und sieht. Sie sieht, wie Jesus lächelt.

Die Spuren, die die Tränen hinterlassen haben, sind getrocknet, seine Zähne leuchten aus dem Bart hervor. Er lächelt.

In ihrem Herzen wußte sie, daß sie seine Worte nie wieder anzweifeln würde.

Deshalb glaubte sie, als er von seinem Tod sprach.

Und als sie die drei zusammen sah, konnte sie einfach nicht widerstehen. Simon, der geheilte Aussätzige, den Kopf lachend nach hinten geworfen. Lazarus, der auferstandene Leichnam, der sich nach vorn beugte, um mitzubekommen, was Jesus sagte. Und Jesus, die Quelle des Lebens für beide, der den Witz noch einmal erzählte.

„Jetzt ist der richtige Augenblick", sagte sie sich.

Es war keine Handlung, die einem plötzlichen Impuls entsprang. Maria hatte das große Ölgefäß von zu Hause mitgenommen. Es war keine spontane Geste. Aber es war eine verschwenderische Geste. Das Salböl war einen Jahreslohn wert. Vielleicht das einzig Wertvolle, das Maria besaß. Es entsprach nicht der Logik, so zu handeln, aber seit wann wird Liebe von Logik geleitet?

Simon war nicht von der Logik angerührt worden.

Nicht aufgrund von gesundem Menschenverstand wurde am Grab von Lazarus geweint.

Wodurch war die Menge gespeist, waren die Kinder geliebt worden? Durch praktische Überlegungen? Nein, sondern die Liebe tat es. Verschwenderische, risikobereite Liebe, die die Gelegenheit ergreift, die sich ihr bietet.

Und jetzt ist der Zeitpunkt gekommen, wo jemand dem Geber dieser Liebe dasselbe erweisen kann.

Deshalb handelte Maria. Sie trat hinter Jesus und stand dort mit dem Gefäß in der Hand. Innerhalb weniger Sekunden verstummten alle Gespräche, und alle Augen richteten sich auf Maria und beobachteten, wie sie mit nervösen Fingern den verzierten Deckel abnahm.

Nur Jesus wußte nicht, daß sie aufgestanden war. Gerade als er sich wunderte, warum alle über ihn hinwegblickten, begann Maria, das Öl auszugießen. Über seinen Kopf. Über seine Schultern. Den Rücken hinunter. Sie würde sich am liebsten selbst für ihn ausgießen, wenn sie nur könnte.

Der Duft verbreitete sich sofort im ganzen Raum. Der Geruch von gekochtem Lamm und Kräutern wurde von dem Aroma des Salböls verdrängt.

„Wo immer du auch hingehst, atme diesen Duft ein und denke an den Menschen, der sich dir liebevoll zugewandt hat", sagte diese Geste.

Auf seiner Haut der Duft des Vertrauens. In seinen Kleidern das Öl des Glaubens. Selbst als die Soldaten sein Gewand zerrissen, war Marias Geste noch gegenwärtig, ein Blumenstrauß auf einem Friedhof.

Die anderen Jünger hatten diese Verschwendung getadelt. Sie fanden es töricht. Es ist schon ironisch. Jesus hatte sie auf dem sturmgepeitschten See aus einem sinkenden Boot gerettet. Er hatte ihnen die Macht gegeben, zu heilen und zu predigen. Er hatte ihrem ungeordneten Leben eine Richtung gegeben. Sie, die Empfänger einer maßlosen Liebe, rügten Marias Großzügigkeit.

„Warum verschwendest du das Öl? Man hätte es für viel Geld verkaufen und dieses den Armen geben können", sagen sie herablassend.

Achten Sie darauf, wie Jesus Maria sofort verteidigt. „Warum kränkt ihr die Frau durch eure Vorwürfe? Sie hat etwas Gutes für mich getan."[1]

Jesu Botschaft trifft heute noch genauso ins Schwarze wie damals. Hören Sie, was er sagt: „Es gibt eine Zeit für risikobereite Liebe. Es gibt eine Zeit für verschwenderische Gesten. Es gibt eine Zeit, wo man die Person, die man liebt, mit seiner Liebe überschütten kann. Und wenn diese Zeit gekommen ist – dann ergreif sie und verpasse sie nicht."

Der junge Ehemann packt die Habseligkeiten seiner Frau zusammen. Eine feierliche, ernste Aufgabe. Sein Herz ist schwer. Er hatte sich nie träumen lassen, daß sie so jung sterben würde. Aber der Krebs schlug unbarmherzig zu, griff rasend um sich. Unten in der Schublade findet er eine Schachtel, einen Halsschmuck. Nie getragen. Immer noch in Seidenpapier eingewickelt. „Sie hat immer auf eine besondere Gelegenheit gewartet", sagt er zu sich selbst, „immer gewartet ..."

Als der Junge auf dem Fahrrad sieht, wie die anderen Schüler spotten, bricht ein Sturm in ihm los. Schließlich ist

58

es sein kleiner Bruder, über den sie da lachen. Er weiß, daß er dazwischentreten und seinen Bruder verteidigen sollte, aber ... die, die den Kleinen verspotten, sind seine Freunde. Was werden sie denken? Und weil es ihm nicht egal ist, was sie denken, dreht er sich um und fährt davon.

Während der Ehemann in die Schmuckvitrine schaut, wägt er innerlich ab: „Sie würde sich bestimmt die Uhr wünschen, aber die ist zu teuer. Sie ist ja eine praktische Frau, das wird sie schon verstehen. Ich kaufe ihr diesmal nur die Kette. Die Uhr kaufe ich irgendwann ... später."

Später. Der Feind der risikobereiten Liebe ist eine Schlange, die die Sprache der Täuschung meisterhaft beherrscht. „Später", zischt sie.

„Später lade ich sie einmal zu einer Kreuzfahrt ein."

„Später habe ich Zeit, anzurufen und zu plaudern."

„Später werden die Kinder verstehen, warum ich immer so viel zu tun hatte."

Aber Sie kennen die Wahrheit, nicht wahr? Sie kennen sie, noch bevor ich sie niederschreibe. Sie könnten es besser ausdrücken als ich.

Später gibt es nicht.

Und der Preis des praktischen Handelns ist manchmal höher als die Verschwendung.

Aber der Lohn der risikobereiten Liebe ist immer größer als der Preis, den sie kostet.

Machen Sie sich die Mühe. Nehmen Sie sich die Zeit. Schreiben Sie den Brief. Gehen Sie hin und entschuldigen Sie sich. Machen Sie die Reise. Kaufen Sie das Geschenk. Tun Sie es. Wenn Sie die Gelegenheit ergreifen, werden Sie froh sein. Wenn Sie die Gelegenheit verpassen, werden Sie es bedauern.

Der Lohn für Simon war groß. Er hatte das Vorrecht, dem, der die Erde geschaffen hat, einen Platz zum Ausruhen anbieten zu können. Simons Geste wird nie vergessen werden.

Und ebensowenig Marias Tat. Jesus versprach: „Überall da, wo man in der Welt Gottes Heilsbotschaft verkünden wird, wird man auch von ihr sprechen und von dem, was sie an mir getan hat."[2]

Simon und Maria: Beispiele für die risikobereite Liebe, die zum richtigen Zeitpunkt erwiesen wird.

Das bringt uns zum raffinierten Eddie zurück, dem Gangster von Chikago, der Al Capone verpfiff, damit sein Sohn eine Chance im Leben besaß. Wenn Eddie am Leben geblieben und gesehen hätte, was aus seinem Sohn Butch wurde, wäre er stolz gewesen. An dem Namen haftete kein Makel mehr. Die „Congregational Medal of Honor", die Butch verliehen wurde, war der Beweis.

Wenn Leute in Chikago den Namen O'Hare erwähnen, denkt keiner mehr an den Gangster – sondern an den Helden. Und wenn Sie jetzt diesen Namen aussprechen, werden Sie noch an etwas anderes zu denken haben. Denken Sie daran, wenn Sie den Namen hören. Denken Sie daran, wenn Sie das nächste Mal auf dem Flughafen landen, der nach dem Sohn eines Gangsters benannt ist, der sich dem Guten zuwandte.

Nach dem Sohn von Eddie O'Hare.

Sonntag

Kapitel 7

Der Mann mit dem Esel

„Sollte euch jemand fragen, was ihr vorhabt,
dann sagt einfach: ‚Der Herr braucht sie.'
Man wird euch keine Schwierigkeiten machen."
Matthäus 21:3

Wenn wir alle nach Hause zurückkehren, weiß ich, was ich machen werde. Es gibt da jemanden, den ich kennenlernen möchte. Gehen Sie ruhig vor und plaudern Sie mit Maria über die alten Geschichten oder unterhalten Sie sich mit Paulus über Theologie. Ich bin gleich wieder da. Aber ich muß zuerst den Mann mit dem Esel finden.

Ich kenne weder seinen Namen, noch weiß ich, wie er aussieht. Ich weiß nur eins. Ich weiß, was er gegeben hat. Er gab Jesus an jenem Sonntag, als er nach Jerusalem einzog, einen Esel.

„Wenn ihr in das Dorf kommt, werdet ihr dort eine Eselin mit ihrem Fohlen finden. Bindet sie los und bringt sie zu mir. Sollte euch jemand fragen, was ihr vorhabt, dann sagt einfach: ‚Der Herr braucht sie.' Man wird euch keine Schwierigkeiten machen." [1]

Wenn wir einst alle im Himmel sind, dann möchte ich mich mit diesem Mann treffen. Ich habe ein paar Fragen an ihn.

Woher wußtest du das? Woher wußtest du, daß es Jesus war, der den Esel brauchte? Hattest du eine Vision? Bekamst du ein Telegramm? Ist dir ein Engel erschienen?

Ist es dir schwergefallen, zu geben? War es schwer, Jesus etwas zu geben, was er gebrauchen wollte? Ich frage das, weil es mir nämlich manchmal schwerfällt. Manchmal möchte ich meine Tiere lieber behalten. Manchmal, wenn Gott etwas haben will, tue ich so, als wüßte ich nicht, daß er es braucht.

Was für Gefühle hattest du dabei? Was hast du gefühlt, als du Jesus auf dem Rücken des Esels sahst, der vorher in deinem Stall stand? Warst du stolz? Warst du überrascht? Hast du dich geärgert?

Hast du es gewußt? Hast du geahnt, daß deine Freigebigkeit einem so edlen Zweck dienen würde? Ist dir der Gedanke gekommen, daß Gott auf deinem Esel reiten würde? Warst du dir bewußt, daß alle vier Evangelienschreiber von deiner Geschichte berichten würden? Ist dir je der Gedanke durch den Kopf geschossen, daß zwei Jahrtausende später ein sonderbarer Pastor in Südtexas spät in der Nacht über deine schwierige Lage nachdenken würde?

Und während ich darüber nachsinne, denke ich auch über mein Leben nach. Manchmal habe ich den Eindruck, Gott möchte, daß ich ihm etwas Bestimmtes geben soll, und manchmal gebe ich es nicht, weil ich mir nicht sicher bin. Und dann fühle ich mich schlecht, weil ich die Gelegenheit verpaßt habe. Es gibt auch Fälle, wo ich weiß, daß er etwas von mir will, aber ich gebe es nicht, weil ich zu selbstsüchtig bin. Und manchmal, leider zu selten, höre ich ihn, und ich gehorche und fühle mich geehrt, daß das, was ich gebe, dazu dient, daß Jesus an einen anderen Ort gebracht werden kann. Und wieder in anderen Fällen frage ich mich, ob meine kleinen Taten, die ich heute vollführe, auf lange Sicht überhaupt etwas verändern.

Vielleicht haben Sie ähnliche Fragen. Jeder von uns besitzt einen Esel. Sie und ich, jeder hat etwas in seinem Leben, das Jesus und seine Geschichte – wie der Esel – ein Stück Wegs weiterbringen kann, wenn wir es Gott nur zurückgeben. Vielleicht besteht Ihre Gabe darin, zu singen oder jemanden in den Arm zu schließen oder einen Computer zu programmieren oder Suaheli zu sprechen oder einen Scheck auszuschreiben.

Wie dem auch sei, das ist Ihr Esel.

Wie dem auch sei, Ihr Esel gehört Gott.

Er gehört ihm wirklich. Ihre Gaben gehören ihm, und der Esel gehörte auch ihm. Der ursprüngliche Wortlaut der Anweisungen, die Jesus den Jüngern gab, ist der Beweis: „Wenn jemand fragt, warum ihr die Esel nehmt, dann sollt ihr sagen: ‚Ihr Herr braucht sie.‘“

Die Sprache, die Jesus benutzte, ist die Sprache eines königlichen Abgesandten, der Abgaben eintreibt. Ein altes Gesetz besagte, daß die Bürger dem König jeden Gegenstand oder Dienst geben mußten, die er oder einer seiner Abgesandten von ihnen forderte.[2] Indem Jesus jene Forderung stellt, erhebt er den Anspruch, König zu sein. Er spricht als jemand, der Autorität besitzt. Er erklärt, daß er als König Anspruch auf jeglichen Besitz seiner Untertanen hat.

Es könnte sein, daß Gott den Rücken Ihres Esels besteigen und in die Tore einer nächsten Stadt, einer neuen Nation, eines weiteren Herzens einziehen möchte. Ermöglichen Sie ihm dies Tun? Geben Sie ihm Ihren Esel? Oder zögern Sie?

Jener Mann, der Jesus den Esel gab, steht in einer langen Reihe von Menschen, die dem großen Gott kleine Dinge gaben. Die Bibel hat eine ganze Galerie von Eselspendern aufzuweisen. Vielleicht gibt es im Himmel ein besonderes Heiligtum, in dem Gott dafür geehrt wird, daß er das Gewöhnliche auf ungewöhnliche Weise gebraucht.

Dieses Heiligtum müssen Sie sich unbedingt ansehen. Gehen Sie dorthin und betrachten Sie Rahabs Seil, Paulus’ Korb, Davids Schleuder und Simsons Eselskinnbacken. Umfassen Sie mit Ihrer Hand den Stab, der das Meer teilte und der den Felsen zerschlug. Riechen Sie den Duft des Salböls, das in Jesu Haut einzog und sein Herz froh machte. Legen Sie Ihren Kopf auf dasselbe Kissen, auf das auch Jesus seinen Kopf legte, als er im Boot schlief, und streichen Sie mit Ihrer Hand über die Krippe, die so glatt ist wie die Haut eines Säuglings. Oder lehnen Sie sich mit Ihrer Schulter an den schweren römischen Balken, der so rauh ist wie der Kuß des Verräters.

Ich weiß nicht, ob diese Gegenstände dort sein werden. Aber eins glaube ich ganz fest – die Menschen, die diese Gegenstände benutzt haben, die werden dort sein.

Menschen, die ein Risiko eingingen: Rahab, die die Spione aufnahm. Die Brüder, die Paulus aus der Stadt schmuggelten

Die Eroberer: David, der einen Stein schleuderte. Simson, der einen Kinnbacken schwang. Mose, der einen Stab erhob.

Menschen, die für andere sorgten: Maria zu Jesu Füßen. Was sie gab, kostete viel, aber irgendwie wußte sie, daß das, was er geben würde, noch viel mehr kosten würde.

Der anonyme Jünger im Boot. Er machte aus dem Boot ein Bett, damit Gott sich ausruhen konnte.

Und der neugierige Pilger am Straßenrand der Via Dolorosa. Nach allem, was wir wissen, wußte er sehr wenig. Er wußte nur, daß der blutig geschlagene Rücken Jesu schwach und daß sein eigener Rücken stark war. Deshalb war er willig, als die Soldaten ihn heranwinkten.

Eine ungewöhnliche Gemeinschaft, nicht wahr? Gute Haushalter, die das, was ihnen gehört, als ihm gehörend ansehen und es zur Verfügung stellen, sobald er es benötigt. Pächter des Weinbergs, die nicht vergessen haben, wem das Land gehört. Treue Schüler, die daran denken, wer den Unterricht bezahlt.

Noch ein weiteres Beispiel: Ein Sonntagsschullehrer im neunzehnten Jahrhundert, der einen Schuhverkäufer in Boston zu Christus führte. Den Namen des Lehrers haben Sie sicherlich noch nie gehört: Kimball. Der Name des Schuhverkäufers, den er zum Glauben führte: Dwight Moody.

Moody wurde Evangelist und hatte großen Einfluß auf einen jungen Prediger mit Namen Frederik B. Meyer. Meyer begann, an Universitäten zu predigen, und dabei bekehrte sich J. Wilbur Chapman. Chapman wurde Mitarbeiter beim CVJM und sorgte dafür, daß der frühere Baseballspieler

Billy Sunday nach Charlotte, North Carolina, kam und dort bei einer Evangelisation predigte. Eine Gruppe Verantwortlicher aus Charlotte war nach der Veranstaltung so begeistert, daß sie eine weitere Evangelisation planten und Mordecai Hamm als Gastsprecher einluden. Bei dieser Evangelisation gab ein junger Mann namens Billy Graham Christus sein Leben.

Ahnte der Lehrer aus Boston, welche Folgen es haben würde, daß er einen Schuhverkäufer zu Christus führte? Nein, sondern er hatte die Gelegenheit, wie der Besitzer des Esels, Jesus dabei zu helfen, in ein weiteres Herz einzuziehen, und diese Gelegenheit nahm er wahr.

Vor einigen Jahren half ich bei einer Evangelisation in Hawai. (Hey, irgend jemand muß ja in diese abgelegenen Gegenden gehen!) Meine Aufgabe bestand darin, von Tür zu Tür zu ziehen und die Leute zu den Abendveranstaltungen einzuladen. Die meisten waren freundlich, aber nicht übermäßig interessiert. Es reagierte zwar keiner schroff, aber es lud uns auch niemand ein, hereinzukommen. Doch dann begegneten wir einer Frau der Gnade, die nur deshalb nicht in der Bibel erwähnt wird, weil sie zweitausend Jahre zu spät geboren wurde.

Ich weiß nicht, wie sie hieß, aber ich erinnere mich noch genau an unseren Besuch bei ihr – und an ihre Geschenke.

Sie war ein zartes Persönchen, klein, orientalisch. Die Schultern waren durch die Jahre gekrümmt. Sie hatte nur bescheidene Mittel und arbeitete als Bedienstete in einem der vielen Hotels, die den Strand übersäten. Als sie hörte, daß wir von Christus erzählten, bat sie uns herein und fragte, ob wir uns ansehen wollten, wie sie versuchte, die Angestellten im Hotel zu gewinnen. Wir folgten ihr in eines der hinteren Zimmer. Dort stand ein großer Tisch, der mit Bastelmaterial bedeckt war. Kleber. Farbe. Hölzerne Rahmen.

Doch den größten Platz nahmen lauter geschnitzte Holzstücke ein, die geöffnete Bücher darstellten.

Die Frau erklärte, daß sie nicht lesen könnte. Deshalb

würde es ihr schwerfallen, andere Menschen zu unterweisen. Sie erzählte, daß sie nur ein geringes Einkommen hätte, weshalb es ihr nicht möglich sei, Geld zu geben. Doch irgendwann einmal hatte sie die Kunst des Schnitzens erlernt und setzte nun diese Gabe ein, um den Freunden ihren Glauben weiterzugeben. Ihre Idee war einfach. Sie nahm eins von den hölzernen Büchern und klebte auf die eine Buchseite ein Polaroid-Foto des Menschen, dem sie das Buch schenken wollte. Auf die andere Seite klebte sie einen Bibelvers.

Wie sie darauf kam? Jeder betrachtet gern Fotos von sich selbst. Die meisten ihrer Freunde waren einfache Menschen, die nur wenig Schmuck an den Wänden hängen hatten. Und dies war eine Möglichkeit, ihnen einen Bibelvers zu schenken, den sie sich an die Wand hängen und jeden Tag lesen würden. Welche Auswirkungen dies haben wird? Man kann es nicht wissen.

Aber Gott weiß es. Gott gebraucht kleine Samenkörner und bringt zum Schluß eine große Ernte ein. Er reitet auf dem Rücken eines Esels – kein Pferd, kein Wagen – nur ein Esel.

Wenn ich der kleinen Frau aus Hawai meine Frage gestellt hätte, würde sie geantwortet haben: „Er braucht uns immer. Wir sind sein Mund. Wir sind seine Hände." Ich kann sehen, wie sie rot wird, sie fühlt sich geehrt, daß ein König beschließt, ihre Gaben zu gebrauchen.

Ich hätte sie nicht fragen müssen: „Fällt es Ihnen schwer? Ist es schwer, zu geben?" Ihr Lächeln war Antwort genug.

Und auch die letzte Frage – nein, auch die müßte ich nicht stellen. „Glauben Sie, daß heute in zweitausend Jahren . . ." Sie hat keine Ahnung. Auch der Mann mit dem Esel wußte es nicht. Mose und Rahab wußten es nicht. Der Schuhverkäufer wußte es nicht, und ebenso wissen auch wir es nicht. Keiner, der kleine Samen sät, kann wissen, wie groß seine Ernte sein wird.

Aber seien Sie nicht überrascht, wenn Sie im Himmel

neben Davids Schleuder, neben Moses Stab und dem Strick des Esels ein geschnitztes Buch mit einem Foto und einem Bibelvers entdecken.

Montag

Kapitel 8

Händler und Heuchler

„Gott sagt: ‚Mein Haus soll ein Ort des Gebets sein',
ihr aber habt eine Räuberhöhle daraus gemacht!"
Matthäus 21:13

Speedy Morris ist der Basketball-Trainer der „LaSalle University". Er rasierte sich gerade, als seine Frau ihm sagte, er werde am Telefon verlangt, die *Sports Illustrated* wollte ihn sprechen. Er wurde so aufgeregt bei dem Gedanken, möglicherweise überall im Land bekannt zu werden, daß er sich vor lauter Eile beim Rasieren schnitt. Weil er den Anrufer nicht warten lassen wollte, stürzte er aus dem Badezimmer, verlor das Gleichgewicht und polterte die Treppe hinunter. Humpelnd, mit blut- und schaumverschmiertem Gesicht, griff er nach dem Telefonhörer.

„*Sports Illustrated?"* fragte er, nach Luft ringend.

Stellen Sie sich Morris' Enttäuschung vor, als die Stimme am anderen Ende monoton herunterleierte: „Ja, am Apparat, und für nur siebenundfünfzig Cent pro Ausgabe können Sie ein Jahresabonnement bestellen ..."[1]

Es ist hart, ernüchtert zu werden. Es ist enttäuschend, wenn wir glauben, jemand wäre an uns interessiert, und dann herausfinden, daß er nur an unserem Geld interessiert ist. Wenn sich Geschäftsleute so verhalten, ist dies ärgerlich – aber wenn sich Leute des Glaubens so verhalten, kann dies zerstörerische Folgen haben. Es ist eine traurige, aber wahre Tatsache: Der Glaube wird dazu mißbraucht, Profit zu machen und Prestige zu gewinnen. Das hat zweierlei zur Folge: Menschen werden ausgebeutet, und Gott wird wütend.

Es gibt kein besseres Beispiel dafür, als das, was sich im Tempel abspielte. Nachdem Jesus auf dem Rücken eines Esels in die Stadt eingezogen war, ging er „in den Tempel und beobachtete aufmerksam das geschäftige Treiben. Am Abend kehrte er mit seinen Jüngern nach Bethanien zurück."[2]

Ist Ihnen etwas aufgefallen? Kaum war Jesus in Jerusalem eingetroffen, da ging er als erstes in den Tempel. Unter dem Beifall der Menge war er durch die Straßen geritten und wie ein König geehrt worden. Es war Sonntag, der erste Tag der Passahwoche. Hunderttausende von Menschen drängten sich auf dem Steinpflaster der engen Gassen. Ganze Ströme von Pilgern überfluteten den Marktplatz. Jesus mußte sich mit den Ellbogen Platz verschaffen, um durch das Meer der Menschen hindurchzudringen. Der Einbruch der Nacht stand kurz bevor. Jesus betrat den Tempelbezirk, sah sich um und ging wieder hinaus.

Sie wollen wissen, was er sah? Dann lesen Sie, was er am Montag tat, dem nächsten Morgen, als er zurückkehrte. „Dann ging Jesus in den Tempel, jagte alle Händler und Käufer hinaus, stieß die Tische der Geldwechsler und die Stände der Taubenhändler um und rief: ‚Gott sagt: Mein Haus soll ein Ort des Gebets sein, ihr aber habt eine Räuberhöhle daraus gemacht!'"[3]

Was sah er? Händler. Glaubens-Hausierer. Was brachte „das Faß" bei Jesus „zum Überlaufen"? Was war sein erster Gedanke am Montag morgen? Menschen, die im Tempel mit dem Glauben Handel trieben.

Es war die Woche des Passahfestes. Das Passahfest war der Höhepunkt im jüdischen Kalender. Die Leute kamen aus allen Teilen des Landes und aus vielen Ländern angereist, um bei dem Fest dabeizusein. Die Festteilnehmer in Jerusalem mußten zwei Forderungen erfüllen.

Erstens mußten sie ein Tieropfer darbringen, normalerweise eine Taube. Die Taube mußte makellos sein, ohne Fehler. Eigentlich konnte jeder sein eigenes Tier mit in den Tempel bringen, doch leider beurteilten die Tempelaufseher alle Tiere als fehlerhaft, die nicht im Tempel gekauft waren. Deshalb verkauften die Taubenhändler ihre Tauben im Tempel – unter dem Vorwand, das Opfer rein zu halten – und zwar zu ihrem Preis.

Zweitens mußten die Leute Steuern zahlen, die Tempelsteuer. Sie war einmal im Jahr fällig. Während des Passahfestes mußte sie in einheimischer Währung bezahlt werden. Da die Geldwechsler wußten, daß viele Ausländer nach Jerusalem kommen würden, um diese Steuer zu entrichten, bauten sie zur Erleichterung für alle ihre Tische im Tempel auf und boten ihre Dienste an, ausländische Währung in einheimische umzutauschen – natürlich für einen bescheidenen Aufpreis.

Es ist nicht schwer zu verstehen, was Jesus zornig machte. Die Pilger waren tagelang unterwegs. Sie hatten nur ein Ziel: Gott zu sehen, das heilige Fest mitzuerleben, Gottes Majestät anzubeten. Doch bevor sie in die Gegenwart Gottes treten durften, mußten sie sich einer Reinigung unterziehen. Das, was ihnen verheißen war, und das, was ihnen in der Realität angeboten wurde, klaffte weit auseinander.

Wollen Sie Gott erzürnen? Dann stellen Sie sich Menschen in den Weg, die ihn sehen wollen. Wollen Sie seinen Zorn spüren? Dann beuten Sie die Menschen im Namen Gottes aus.

Halten Sie fest: Religiöse Händler schüren das Feuer des göttlichen Zorns.

„Jetzt reicht's mir", war auf dem Gesicht des Messias zu lesen. Und schon stürmte er in den Tempel. Tauben flatterten umher, und Tische flogen um. Menschen flüchteten, und die Händler zerstreuten sich.

Es war keine spontane Handlung. Es war kein Ausbruch von Jähzorn. Es handelte sich um eine wohlüberlegte Tat, die eine klare Botschaft vermittelte. Jesus hatte die Geldwechsler schon am Vortag gesehen. Er ging zu Bett mit dem Bild eines Jahrmarkts und seinen Marktschreiern vor Augen. Und als er am nächsten Tag aufwachte, beschloß er, in dem Wissen, daß sich seine Tage dem Ende zuneigten, die Sache klarzustellen: „Ihr nutzt mein Volk aus, und ich kann nicht dazu schweigen." Gott läßt Menschen, die aus dem Vorrecht der Anbetung ein Geschäft machen, nicht ungestraft.

Vor einigen Jahren befand ich mich auf dem Flughafen von Miami, um einen Freund abzuholen. Als ich durch die Flughalle ging, fiel mein Blick auf eine Frau, die offensichtlich Anhängerin einer östlichen Religion war.

Sie wissen bestimmt, wovon ich spreche: lange Perlenkette, Sandalen, ein starres Lächeln und einen Rucksack voll mit Literatur.

„Entschuldigen Sie", sprach sie mich an. (Ich hätte weitergehen sollen.)

„Entschuldigen Sie, einen Moment, bitte." Nun gut, ich hatte einen Moment Zeit. Ich war früh eingetroffen, und das Flugzeug hatte Verspätung, was machte es da schon. (Ich hätte weitergehen sollen.)

Ich blieb stehen, und sie leierte ihren Sermon herunter. Sie erklärte, Lehrerin zu sein, und ihre Schule würde Jubiläum feiern. Aus Anlaß dieses Ereignisses würden sie ein Buch verteilen, das ihre Philosophie erklärte. Sie drückte mir ein Exemplar in die Hand. Es war ein dickes, gebundenes Buch mit einem mystisch aussehenden Titelbild, auf dem ein Guru-ähnlicher Mann mit gekreuzten Beinen und gefalteten Händen abgebildet war.

Ich dankte ihr für das Buch und ging weiter.

„Entschuldigung!" Ich blieb stehen. Ich wußte schon, was jetzt kam.

„Würden Sie gern eine Spende für unsere Schule geben?"

„Nein", antwortete ich, „aber vielen Dank für das Buch."

Ich ging weiter. Sie folgte mir und tippte auf meine Schulter.

„Entschuldigung, jeder hat bisher als Dank für das Geschenk eine Spende gegeben."

„Das ist ja schön", erwiderte ich, „aber ich werde das nicht tun. Vielen Dank für das Buch." Ich drehte mich um und ging weiter. Doch ich hatte nicht einmal einen Schritt gemacht, als sie mich erneut ansprach. Diesmal war sie gereizt.

„Entschuldigen Sie", und öffnete mit diesen Worten ihr Portemonnaie, damit ich einen Blick auf die Scheine und Münzen werfen konnte, die sie bereits eingenommen hatte. „Wenn es Ihnen mit Ihrem Dank ernst wäre, würden Sie dies mit einer Spende beweisen."

Das war ein Schlag unter die Gürtellinie. Das war raffiniert. Eine Beleidigung. Es ist normalerweise nicht meine Art, kühl und abweisend zu reagieren, aber diesmal konnte ich nicht widerstehen. „Das mag sein", antwortete ich, „aber wenn es Ihnen ernst wäre, würden Sie mir nicht ein Geschenk machen und dann darum bitten, daß ich dafür zahle."

Sie griff nach dem Buch, aber ich klemmte es unter den Arm und schritt davon.

Ein kleiner Sieg über den Riesen des Händlertums.

Leider gewinnen die Händler in der Mehrheit der Fälle. Und noch viel bedauerlicher ist, daß sich die Händler, genauso, wie sie sich in östliche Gewänder kleiden, auch christliche Kostüme umhängen.

Sie sind Ihnen mit Sicherheit schon begegnet. Ihre Rede ist glatt. Sie sind wortgewandt. Das Auftreten ist natürlich. Man sieht sie im Fernsehen. Man hört sie im Radio. Vielleicht stehen sie sogar auf der Kanzel Ihrer Gemeinde.

Darf ich offen sprechen?

Die Zeit ist gekommen, wo wir die religiösen Händler nicht mehr dulden dürfen. Die Menschen, die nach „heiligem Geld" trachten, haben den Ruf der Christenheit befleckt. Sie haben die Altäre beschmutzt und die Kirchenfenster zertrümmert. Sie manipulieren Menschen, die leicht zu betrügen sind. Sie stehen nicht unter Gottes Herrschaft, sondern unter der Herrschaft der Gier. Sie werden nicht vom Heiligen Geist geleitet, sondern von Stolz getrieben. Sie sind aufgeblähte Schwindler, Meister darin, Emotionen zu schüren, haben jedoch keine gesunde Theologie. Sie beuten den Glauben aus, um Dollar zu bekommen, und vergewaltigen die Kirchgänger, um ihr Gehalt zu erhöhen. Jesus deckte ihren Schwindel auf, und das müssen auch wir tun.

Wie? Indem wir sie erkennen. Zwei Merkmale zeichnen sie aus. Erstens, sie betonen ihren Profit mehr als den Propheten.

In der Gemeinde in Kreta gab es Leute, die die leichtgläubigen Seelen in der Gemeinde ausbeuteten. Paulus ging hart mit ihnen ins Gericht. „Diese Schwätzer muß man unbedingt zum Schweigen bringen; denn es ist ihnen schon gelungen, ganze Familien vom rechten Glauben abzubringen. Und dafür lassen sie sich auch noch teuer bezahlen!"[4]

Achten Sie gut darauf, was die Fernsehevangelisten sagen. Analysieren Sie die Worte der Rundfunkprediger. Achten Sie darauf, was in der Ansprache betont wird. Was ist der Schwerpunkt? Ihre Errettung oder Ihre Spende? Prüfen Sie, was gesagt wird. Wird für die offenen Rechnungen von gestern ständig um Geld gebettelt? Wird Ihnen Heilung versprochen, wenn Sie etwas spenden, und die Hölle, wenn Sie es nicht tun? Dann ignorieren Sie den Sprecher.

Ein zweites Merkmal christlicher Schwindler liegt darin, daß sie in erster Linie Zäune errichten, statt den Glauben aufzubauen.

Medizinmänner raten den Kranken, keine Medikamente zu benutzen. Sie wollen nicht, daß sie andere Behandlungsformen ausprobieren. Dasselbe trifft auf die Händler zu. Sie geben sich das Image von Pionieren, die von den Kirchen ausgestoßen wurden, doch in Wirklichkeit sind sie einsame Wölfe auf Streifzug.

Sie haben einen bestimmten Weg gewählt und wollen ihn verteidigen. Die Einzigartigkeit ihres Glaubens ist ihr Lebenselexier. Nur sie können den Zuhörern das geben, was sie brauchen. Ihr Allheilmittel ist die Lösung für alle Nöte. So wie die Taubenhändler Vögel, die von außerhalb in den Tempel mitgebracht wurden, nicht geduldet haben, sind auch diese Händler mißtrauisch gegenüber dem mitgebrachten Glauben.

Ihr Ziel ist es, sich eine Stammkundschaft mit einem verläßlichen Scheckbuch aufzubauen.

„Es gibt Leute, vor denen ihr euch in acht nehmen müßt. Sie wollen eure Gemeinde spalten und stiften Unfrieden, weil sie eine andere Lehre verbreiten und dem widersprechen, was ihr gelernt habt. Mit solchen Leuten sollt ihr nichts zu tun haben. Denn ihnen geht es nicht um unseren Herrn Christus, sondern um die Erfüllung ihrer persönlichen Wünsche und Begierden. Mit schönen Worten und Schmeicheleien verführen sie ihre arglosen Zuhörer."[5]

Christi Leidenschaft am Montag besteht in Entrüstung. Aus diesem Grund entschuldige ich mich auch nicht dafür, daß ich Sie dazu auffordere, die Karten solcher Leute aufzudecken. Schon seit Jahrhunderten gebietet Gott den Schwätzern Einhalt, die einen Turm bauen wollen. Dasselbe sollten auch wir tun.

Wenn wir es nicht tun, könnte dasselbe noch einmal geschehen.

Auch damals hatte niemand erwartet, daß es geschehen würde. Und schon gar nicht in dieser Gemeinde. Es war eine vorbildliche Kirche. Ein beheiztes Schwimmbad war extra für Kinder aus unterprivilegierten Familien eröffnet worden. Kinder aus den sozial schwachen Vierteln der Innenstadt wurden zum Reiten eingeladen. Die Gemeinde verteilte Stipendien und kümmerte sich um Wohnmöglichkeiten für alte Menschen. Es gab sogar ein Tierheim, ärztliche Versorgung, eine ambulante Praxis und ein Rehabilitationsprogramm für Drogenabhängige.

Walter Mondale schrieb, der Pastor sei „für uns alle eine Inspiration". Der Minister für Gesundheit, Erziehung und Soziales erwähnte den ungewöhnlichen gesellschaftlichen Beitrag des Pastors. Es heißt, er „wußte, wie man Hoffnung weckt. Er kümmerte sich um Menschen in Not, war in der Gefängnisseelsorge tätig und besuchte Jugendstraftäter. Er gründete eine Arbeitslosenvermittlung, eröffnete Altersheime und Heime für Behinderte. Er hatte eine Klinik, er organisierte ein Berufsbildungswerk, er bot kostenlose Rechtsberatung an, baute ein Gemeindezentrum, predigte über Gott. Er behauptete sogar, er würde Dämonen austreiben, Wunder tun und heilen."[6]

Erhabene Worte. Eine ausführliche Beschreibung über den Dienst eines geistlichen Leiters und seine Gemeinde, die offensichtlich Großes vollbrachte. Wo ist diese Gemeinde heute? Was tut sie heute?

Die Gemeinde ist tot ... im wahrsten Sinne des Wortes.

Der Tod trat an jenem Tag ein, als der Pastor seine Gemeinde im Pavillon zusammenrief. Sie hörten seine hypnotisch wirkende Stimme über das Lautsprechersystem und kamen aus allen Ecken der Farm herbei. Er saß in seinem großen Stuhl und sprach mit Hilfe eines Mikrophons, das er in der Hand hielt, über die Schönheit des Todes und die Gewißheit, daß sie einander wiedersehen würden.

Die versammelte Gemeinde war von bewaffneten Wachen umstellt. Ein Faß mit Blausäure versetzter Fruchtlimonade wurde hereingebracht. Die meisten Kultmitglieder tranken das Gift ohne Widerstand. Wer sich wehrte, wurde gezwungen zu trinken.

Zunächst wurde den Babys und Kindern – ungefähr achtzig an der Zahl – der tödliche Trunk gegeben. Dann den Erwachsenen – Männern und Frauen, Leitern und Anhängern, und schließlich dem Pastor.

Für ein paar Minuten war alles still, dann begannen die Krämpfe, Schreie erfüllten den Himmel von Guyana, eine Massenpanik brach aus. Nach ein paar Minuten war alles vorbei. Alle Mitglieder der „Peoples Temple Christian Church" waren tot. Alle siebenhundertundachtzig.

Und auch ihr Leiter, Jim Jones.

Halten Sie fest und achten Sie darauf: Es gibt Händler in Gottes Haus. Lassen Sie sich nicht von ihrem Aussehen verführen. Lassen Sie sich nicht von ihren Worten blenden. Seien Sie vorsichtig. Vergessen Sie nicht, warum Jesus den Tempel reinigte. Wer dem Tempel am nächsten steht, steht ihm möglicherweise am fernsten.

Kapitel 9

Mut, erneut zu träumen

„Wenn ihr Glauben habt ... so wird's geschehen. "
Matthäus 21:21

Hans Babblinger aus Ulm wollte fliegen. Er wollte die Bindung an die Schwerkraft durchbrechen und wie ein Vogel aufsteigen.

Das Problem war nur: er lebte im sechzehnten Jahrhundert. Es gab keine Flugzeuge, keine Hubschrauber, keine Flugmaschinen. Er war ein Träumer, der zu früh auf die Welt kam. Was er wollte, war unmöglich.

Hans Babblinger wurde trotzdem berühmt, und zwar dadurch, daß er Menschen half, das Unmögliche zu überwinden.

Er stellte künstliche Gliedmaßen her. Damals war es weit verbreitet, bei Krankheiten oder Verletzungen Amputationen durchzuführen, deshalb hatte er viel zu tun. Er hatte sich der Aufgabe gewidmet, den Behinderten zu helfen, ihre Umstände zu überwinden.

Babblinger sehnte sich danach, sich selbst in der gleichen Weise helfen zu können.

Eines Tages setzte er seine Fertigkeiten dazu ein, ein Paar Flügel zu konstruieren. Und schon bald war es soweit, daß er die Flügel erproben konnte. Der Probeflug sollte am Fuß der Bayrischen Alpen stattfinden. Gut gewählt. Glück gehabt. In dieser Gegend gibt es viele Aufwinde. An einem denkwürdigen Tag – seine Freunde hatten sich zum Zuschauen versammelt und die Sonne schien – sprang er von einem Hügel hinunter und schwebte sicher zu Boden.

Sein Herz klopfte wie wild. Seine Freunde klatschten Beifall. Und Gott freute sich.

Woher weiß ich, daß Gott sich freute? Weil Gott sich immer freut, wenn wir es wagen zu träumen. Wir sind Gott eigentlich sehr ähnlich, wenn wir träumen. Der Meister jubelt über alles Neue. Er freut sich darüber, das Alte zu erweitern. Er selbst schrieb das Buch, das davon handelt, daß Unmögliches möglich wird.

Ein paar Beispiele? Schauen Sie in seinem Buch nach.

Achtzigjährige Hirten lassen sich normalerweise nicht auf eine Mutprobe mit dem Pharao ein ... aber Mose dürfen Sie das nicht sagen.

Achtzehnjährige Hirten lassen sich normalerweise nicht auf Kraftproben mit Riesen ein ... aber David dürfen Sie das nicht sagen.

Hirten, die in der Nacht wachen, hören normalerweise weder Engel singen noch sehen sie Gott in einem Stall ... aber der Gruppe von Bethlehem dürfen Sie das nicht sagen.

Und noch weniger dürfen Sie das Gott sagen. Er hat denen, die an die Erde gebunden sind, die Möglichkeit gegeben, zum Himmel aufzusteigen. Und er wird ärgerlich, wenn die Menschen ihre Flügel zusammenklappen. Das ist die Botschaft des Feigenbaum-Dramas, einer seltsamen Szene, in der ein Feigenbaum ohne Früchte und ein Berg im Meer vorkommen.

Jesus und seine Jünger gingen am Montag morgen nach Jerusalem, nachdem sie die Nacht in Bethanien verbracht hatten. Jesus hatte Hunger und sah einen Feigenbaum am Straßenrand stehen. Als er näher kam, bemerkte er, daß der Baum zwar Blätter, aber keine Früchte besaß. Etwas an diesem Baum ohne Früchte erinnerte ihn an das, was er am Sonntag im Tempel gesehen hatte und was er später an diesem Tag im Tempel durchführen würde.[1]

Daher verfluchte er den Baum. „Du sollst nie wieder Frucht tragen." Und der Baum verdorrte sofort.

Am nächsten Tag, am Dienstag, sehen die Jünger, was mit dem Baum geschehen ist. Sie sind erstaunt. Es ist noch keine vierundzwanzig Stunden her, da war der Baum grün und gesund. Jetzt ist er trocken und dürr.

„Wie kommt es, daß der Feigenbaum so schnell vertrocknet ist?" fragen sie.

Jesus gibt ihnen die Antwort: „Wenn ihr Glauben habt und nicht zweifelt, könnt ihr nicht nur dies tun, sondern noch größere Wunder. Ihr könnt sogar zu diesem Berg sagen: ‚Hebe dich von der Stelle und stürze dich ins Meer!' Es wird geschehen. Ihr werdet alles bekommen, wenn ihr im festen Glauben darum bittet."[2]

Sie werden die Worte *Traum* oder *fliegen* oder *Flügel* nicht in dieser Geschichte finden. Aber wenn Sie die Geschichte näher betrachten, werden Sie merken, daß es die Geschichte eines Gottes ist, der die Babblinger dieser Welt aufruft, die Hügel zu ersteigen und ihre Flügel zu erproben. Sie werden einen Gott erkennen, der diejenigen nicht achtet, die Träumer in den Käfig sperren und den Schlüssel abziehen.

Jesus, hungrig und auf dem Weg nach Jerusalem, bleibt stehen, um nachzusehen, ob ein Feigenbaum Früchte trägt. Der Baum hat keine Früchte. Er sieht aus, als würde er Früchte tragen, aber er hat nichts zu bieten. Alles nur ein leeres Versprechen. Dieser Baum ist zu symbolträchtig, als daß Jesus daran vorbeigehen könnte.

Am Montag morgen verfährt er mit dem Feigenbaum so, wie er am Montag nachmittag mit dem Tempel verfahren wird: Er verflucht ihn. Aber Vorsicht, er ist nicht zornig auf den Baum. Er ist zornig auf das, was der Baum symbolisiert. Jesus ist abgestoßen von lauen, zufriedenen, eingebildeten Gläubigen, die zwar gut leben, aber kein Ziel vor Augen haben. Sie tragen keine Frucht. Jene einfache Tat läßt die Guillotine auf den Nacken hohler Religion fallen.

Wollen Sie ein anschauliches Beispiel dafür haben? Denken Sie über die Gemeinde in Laodicea nach. Diese Gemeinde war reich und selbstzufrieden. Und doch hatte sie ein Problem – ihr Glaube war hohl, ohne Frucht. Gott sagte dieser Gemeinde: „Ich kenne dich genau und weiß alles, was du tust. Du bist weder kalt noch heiß. Ach, wärst du doch das eine oder das andere, aber du bist lau. Das ekelt mich an, und ich werde dich ausspucken."[3]

Die wörtliche Übersetzung lautet „erbrechen". Warum würgt der Körper etwas heraus? Warum schaudert er heftig zurück, wenn bestimmte Substanzen in ihn eindringen? Weil sie unvereinbar mit ihm sind. Erbrechen ist die Methode des Körpers, um das abzuwehren, womit er nicht fertig wird.

Worum geht es? Gott kann lauen Glauben nicht ertragen. Er wird zornig über eine Religion, die nur auf äußerliche Show bedacht ist, das Dienen jedoch außer acht läßt – und genau so sah die Religion aus, der Jesus in seiner letzten Woche begegnete. Aber nicht nur in der letzten Woche, sondern auch während seines gesamten Wirkens.

Wenn er diente, beschwerten sich die Leute.

Sie beschwerten sich, daß seine Jünger am falschen Tag aßen. Sie beschwerten sich, daß er am falschen Tag heilte. Sie beschwerten sich, daß er den falschen Leuten vergab. Sie beschwerten sich, daß er mit den falschen Leuten zusammen war und einen falschen Einfluß auf die Kinder ausübte. Und noch schlimmer: immer wenn er versuchte, Menschen zu befreien, versuchten die geistlichen Leiter, die Befreiten wieder anzuketten. Diejenigen, die dem Tempel am nächsten standen, hatten am schnellsten die Fesseln zur Hand. Wenn eine mutige Seele zu fliegen versuchte, waren sie sofort zur Stelle und erklärten, daß dies unmöglich sei.

Übrigens bekam auch Hans Babblinger diese Worte zu hören. Es begab sich, daß der König nach Ulm kam und der Bischof und die Bürger ihn beeindrucken wollten. Die Nachricht von Hans' Flugkunststück hatte sich herumgesprochen, und sie traten mit der Frage an ihn heran, ob er für den König noch einmal einen Flug wagen würde. Hans stimmte zu.

Doch baten sie ihn um eine Änderung. Da viel Volk zusammenkommen würde und es sehr mühsam wäre, die Hügel zu ersteigen, könnte er da für seine Flugvorführung nicht einen Ort im Tiefland aussuchen?

Hans wählte die Felsen in der Nähe der Donau. Sie waren breit und flach, und der Fluß lag ein gutes Stück unterhalb. Er würde von der Klippe springen und zum Fluß hinunterschweben.

Das war keine gute Entscheidung. Die Aufwinde, die sich in den Hügeln bildeten, gab es hier am Fluß nicht. Vor den Augen des Königs, seines Hofstaates und der halben Stadt sprang Hans vom Felsen und fiel plump wie ein Stein direkt in den Fluß. Der König war enttäuscht, und der Bischof beschämt.

Raten Sie, was der Bischof am nächsten Sonntag predigte: „Der Mensch ist nicht zum Fliegen geschaffen." Hans glaubte ihm. Von einer Kanzel gefangengenommen, legte Hans seine Flügel zur Seite und unternahm nie wieder den Versuch zu fliegen. Bald danach starb er, von der Schwerkraft gefesselt, mit seinen Träumen begraben.

Die Kathedrale von Ulm ist nicht die erste Kirche, die einen Flieger in einen Käfig sperrte. Im Lauf der Jahre sind die Prediger auf den Kanzeln sehr tüchtig darin geworden, den Menschen zu verkündigen, was sie alles nicht tun können. Sie taten es damals zu Lebzeiten Christi, sie taten es, als Hans Babblinger lebte, und sie tun es heute – und Sie können sicher sein, daß Gott heute noch genauso übel davon wird wie damals.

Aber da wir uns nun schon mit der Frage der Religion beschäftigen, täten wir gut daran, auch einen Blick in den Spiegel zu werfen. Wissen Sie, es ist bequem, mit dem Finger auf durchorganisierte Religiosität zu zeigen und zu erklären: „Jawohl, sag ihnen einmal klar die Meinung!" Es ist bequem, so zu handeln, aber es ist nicht angemessen. Wir sprechen zwar davon, daß man Menschen, die fliegen möchten, keinen Stein in den Weg legen sollte – aber wie ist es da mit uns selbst bestellt? Geben Sie anderen Menschen Flügel? Helfen Sie anderen zur Freiheit?

Wie steht es mit jenem Freund, der Sie beleidigt hat und nun Ihre Vergebung braucht?

Dem Mitarbeiter, den die Angst vor dem Tod wie eine schwere Last drückt?

Dem Verwandten, der das Versagen in der Vergangenheit als schweren Sack mit sich herumschleppt?

Dem Freund, der von Sorgen niedergedrückt ist?

Erzählen Sie ihnen von jenem Grab, das leer war ... und schauen Sie zu, wie diese Menschen sich mit Flügeln aufschwingen.

Kürzlich heiratete in unserer Gemeinde eine lateinamerikanische Frau. Sie ist eine kostbare Schwester und hat einen festen Glauben. Als der Pastor sie aufforderte: „Wollen Sie nun das Ehegelübde nachsprechen?", antwortete sie in völligem Ernst: „Ja, ich will, aber ich kann es nur mit Akzent."

So hat Gott es gewollt. Er will, daß jeder von uns seine Versprechungen im eigenen Leben umsetzt, aber mit dem ihm eigenen Akzent. Bei einigen ist es ein Akzent für die Kranken. Bei anderen ist es ein Herz für die Gefangenen. Wieder anderen ist die wissenschaftliche Forschung wichtig oder das Geben. Ganz gleich, wie unser Akzent lautet, die Botschaft ist immer dieselbe.

Die Botschaft des Feigenbaums lautet nicht, daß wir alle dieselbe Frucht bringen sollen, aber unser Leben soll nicht ohne Frucht sein. Das ist nicht leicht. Jesus weiß das. „Wenn ihr Glauben habt und nicht zweifelt, dann könnt auch ihr tun, was ich mit dem Baum getan habe, und noch mehr."

Glauben an wen? An Religion? Kaum. Religion ist gerade die Täuschung, die Jesus aufdecken will. Als Jesus sagte: „Ihr könnt sogar zu diesem Berg sagen: ‚Hebe dich von der Stelle und stürze dich ins Meer!' ", stand er wahrscheinlich unten im Kidrontal und blickte zum Tempelberg mit seinem Tempel hinauf – dem Tempel, der auch Berg Zion genannt wurde. Wenn dies zutrifft, dann dürfen Sie schmunzeln, denn Jesus erklärt, was Sie mit der Kirche tun sollen, die versucht, Sie und Ihre Flugkünste einzusperren: „Sag ihr, sie soll sich ins Meer stürzen."

Nein, es geht nicht darum, an eine Religion zu glauben, sondern an Gott. Es geht um einen widerstandsfähigen, wagemutigen Glauben, der darauf vertraut, daß Gott das tun

86

wird, was richtig ist, und zwar immer. Und daß Gott das tun wird, was nötig ist – alles, was nötig ist –, um seine Kinder nach Hause zu bringen.

Er ist der Hirte, der auf der Suche nach seinem Lämmchen ist. Seine Beine sind zerkratzt, seine Füße wund, und ihm brennen die Augen. Er erklimmt die Felsen und durchstreift die Felder. Er sucht in den Höhlen. Er legt die Hände an den Mund und ruft in die Schlucht hinein.

Und der Name, den er ruft, ist Ihr Name.

Er ist wie die Hausfrau, die nach der verlorenen Münze sucht. Unbeeindruckt davon, daß er noch neun andere hat, ruht er nicht, bis er die zehnte gefunden hat. Er durchsucht das Haus. Er schiebt die Möbel beiseite. Er hebt die Teppiche hoch. Er schaut in den Regalen nach. Er bleibt bis spät in der Nacht auf den Beinen. Er steht in aller Frühe wieder auf. Alle anderen Aufgaben können warten. Nur eins ist wichtig. Die Münze hat für ihn einen großen Wert. Sie gehört ihm. Er wird keine Ruhe geben, bis er sie findet.

Die Münze, die er sucht, sind Sie.

Gott ist der Vater, der auf die Veranda hinaustritt. Suchend starrt er in die Ferne. Das Herz ist ihm schwer. Er sucht seinen verlorenen Sohn. Er blickt forschend zum Horizont. Er prüft die Umrisse, sehnt sich danach, die bekannte Gestalt zu sehen, den vertrauten Gang. Er sorgt sich nicht um sein Geschäft, seine Investitionen, seinen Besitz. Seine Sorge gilt allein seinem Sohn, der seinen Namen trägt, dem Kind, das nach seinem Bild geschaffen ist. Seine Sorge gilt Ihnen.

Er möchte, daß Sie nach Hause kommen.

Nur im Licht dieser Hingabe und Leidenschaft können wir jene unglaubliche Verheißung verstehen: „Ihr werdet alles bekommen, wenn ihr im festen Glauben darum bittet."[4]

Begrenzen Sie diese großartige Erklärung nicht auf die Kategorie von neuen Autos oder Gehaltsauszahlungen. Limitieren Sie das Versprechen dieses Abschnitts nicht auf selbstsüchtige Vergünstigungen und Vorteile. Die Frucht, die Gott uns zusichert, ist bei weitem größer als irdischer Reichtum. Seine Träume sind viel größer als Beförderungen und Heiratsanträge.

Gott will, daß Sie fliegen. Er will, daß Sie unbeschwert von der Schuld der Vergangenheit fliegen können. Er will, daß Sie frei von den Ängsten der Gegenwart fliegen können. Er will, daß Sie ungebunden durch das Grab der Zukunft fliegen können. Schuld, Angst und Tod. Das sind die Berge, die er ins Meer geworfen hat. Das sind die Gebete, die er beantwortet. Das ist die Frucht, die er schenkt. Das ist es, wonach er sich sehnt: Er sehnt sich danach, Sie zu befreien, damit Sie fliegen können ... damit Sie nach Hause fliegen können.

Noch ein letztes Wort über die Kirche in Ulm. Heute ist sie leer. Die Mehrzahl der Besucher, die sie betreten, sind Touristen. Und auf welchem Weg reisen diese Touristen nach Ulm?

Sie fliegen.

Dienstag

Kapitel 10

Von Schwielen und Barmherzigkeit

„Das Reich Gottes wird von euch genommen und einem Volk gegeben werden, das seine Früchte bringt."
Matthäus 21:43

Merkwürdig, diese Kindheitserinnerungen.

Wenn man Leute nach ihren Kindheitserinnerungen an die Kirche fragt, dann fallen den meisten Reißverschlußbibeln, neue Lackschuhe für den Ostergottesdienst, Krippenspiele zur Weihnachtszeit oder die Sonntagsschule ein. Meine Erinnerungen sind nicht so geistlich. In ihnen kommen vielmehr Schwielen, Stecknadeln und langweilige Predigten vor.

Da sitze ich, ganze sechs Jahre alt, kurzgeschoren und mit Sommersprossen. Mein Vater hat seine Hand auf meinen Schoß gelegt. Das soll mich davon abhalten, hin und her zu rutschen. Ein vierschrötiger Prediger steht auf der Kanzel. Er ist einer von Gottes freundlichsten Dienern, aber seine Sprechweise ist äußerst monoton. Gelangweilt wende ich meine Aufmerksamkeit der Hand meines Vaters zu.

Wenn man nicht weiß, daß er Mechaniker ist, dann hat man nur einen Blick auf seine Hände zu werfen. Kräftig, stark, saubergeschrubbt, aber immer noch mit den Spuren des Motoröls der letzten Woche.

Ich streiche fasziniert mit den Fingern über seine Schwielen. Sie heben sich wie eine Hügelkette aus der Handfläche hervor. Schwielen. Viele Schichten nervenlosen

Gewebes übereinander. So schützt sich die Hand, wenn sie stundenlang Schraubenschlüssel festhalten und Schraubenzieher drehen muß.

Auf der rückseitigen Ablage der Bank vor mir liegen ein paar Willkommenskarten für Besucher. Oben an jeder Karte ist eine rote Schleife befestigt, die sich Besucher anstecken können. Die Schleife ist mit einer Stecknadel an die Karte geheftet.

Mir kommt eine Idee. *Wie dick die Schwielen wohl sind? ...*

Ich nehme eine Nadel, und mit der Geschicklichkeit eines Chirurgen führe ich sie vorsichtig in die Haut ein. (Ich habe ja gleich zu Anfang gesagt, daß die Geschichte merkwürdig ist.) Ich werfe einen Blick auf das Gesicht meines Vaters. Es ist unbeweglich. Ich dringe tiefer ein. Keine Reaktion. Einen weiteren Zehntelmillimeter. Er verzieht keine Miene. Während sich die ganze übrige Gemeinde auf die Worte des Predigers konzentriert, bin ich fasziniert davon, wie dick eine Schwiele sein kann. Ich beschließe, einen letzten Vorstoß zu wagen.

„Autsch", knurrt mein Vater, zieht die Hand mit einem Ruck zur Seite und schließt sie zur Faust, wodurch die Nadel noch tiefer in die Hand eindringt. Er wirft mir einen Blick zu, auch meine Mutter dreht ihren Kopf zu mir, und meine Brüder kichern. Eine Stimme in meinem Inneren sagt mir, daß dieselbe Hand später an diesem Sonntag noch dafür sorgen wird, daß mir eine bestimmte Sache unmißverständlich klar wir.

Merkwürdig, diese Kindheitserinnerungen. Aber noch merkwürdiger ist, daß ich dreißig Jahre später immer noch dasselbe tue, was ich mit sechs Jahren tat: Ich versuche, in der Kirche mit einer Spitze durch Schwielen zu dringen. Nur befinde ich mich jetzt auf der Kanzel, nicht in der Kirchenbank. Und mein Werkzeug ist die Wahrheit, nicht eine Nadel. Und die Schwielen befinden sich nicht an der Hand, sondern am Herzen.

Dicke, tote Haut, die um die Nerven der Seele geschichtet ist. Eine Folge davon, daß sich das Herz stundenlang an der Wahrheit gerieben hat, ohne sie anzunehmen. Verhärtetes, rauhes, lebloses Gewebe, das weder fühlen noch eine Berührung wahrnehmen kann.

Das schwielige Herz.

Von solchen Herzen sprach Jesus an seinem letzten Dienstag. Er sprach mit der Beharrlichkeit eines Menschen, der eine letzte, endgültige Botschaft zu verkündigen hat. Der Inhalt seiner Worte sollte die Seele durchdringen.

Er erzählte zwei Geschichten, die denselben roten Faden enthalten, blutrot von Schuld: Es geht um den Wesenszug des Menschen, Gottes Einladung nicht nur ein- oder zweimal, sondern immer wieder abzulehnen.

Die erste Geschichte handelt von einem Grundbesitzer.[1] Er verpachtet einen Weinberg an einige Weinbauern und schickt zur Erntezeit Knechte, um seinen Anteil an Trauben abzuholen. „Die Weinbauern aber schlugen den einen nieder, töteten den andern und steinigten den dritten."

Die zweite Geschichte handelt von dem König, der ein Hochzeitsfest für seinen Sohn ausrichtet.[2] „Als die Vorbereitungen beendet waren, schickte er seine Diener, um die Gäste abzuholen. Aber keiner wollte kommen."

Ein Grundbesitzer, dessen Diener geschlagen und getötet werden? Ein König, dessen Boten ignoriert werden? Bestimmt werden der Grundbesitzer und der König mit diesen Leuten abrechnen. Zweifellos werden sie beim nächsten Mal die Polizei und Soldaten schicken.

Falsch.

In beiden Fällen werden weitere Boten geschickt. „Da beauftragte der Grundbesitzer andere Leute. Aber ihnen erging es nicht besser."

„Er [der König] ließ sie durch andere Diener nochmals bitten: ‚Es ist alles fertig.'"

Was für eine überraschende Toleranz! Was für eine unerwartete Geduld! Ein Diener nach dem andern. Ein Bote nach dem andern. Jesus malt mit Worten das Bild eines Gottes, der in seinem Entschluß nicht wankt.

Als unsere älteste Tochter Jenna zwei Jahre alt war, verlor ich sie in einem Kaufhaus. Gerade war sie noch an meiner Seite, und in der nächsten Minute war sie verschwunden. Ich geriet in Panik. Plötzlich war nur noch eins wichtig – ich mußte meine Tochter wiederfinden. Das Einkaufen war vergessen. Die Liste mit Dingen, die ich besorgen wollte, hatte ihre Bedeutung verloren. Ich rief laut nach Jenna. Was die Leute dachten, war gleichgültig. Ein paar Minuten lang hatte jedes Quäntchen Energie in mir nur ein einziges Ziel – mein verlorenes Kind wiederfinden. (Ich fand sie übrigens wieder. Sie hatte sich hinter ein paar Jacken versteckt!)

Für Eltern ist kein Preis zu hoch. Sie würden alles zahlen, um ihr Kind zu retten. Kein Kraftaufwand ist zu groß. Sie würden keine Mühe scheuen. Eltern nehmen alles auf sich, um ihr Kind wiederzufinden.

Gott handelt genauso.

Halten Sie es genau fest. Die großartigste Schöpfung Gottes sind nicht die Sterne am Firmament noch die tief eingeschnittenen Schluchten, sondern Gottes ewiger Plan, seine Kinder zu finden. In Gottes Suche nach uns spiegelt sich dieselbe überragende Schönheit wie in dem Wechsel der Jahreszeiten und dem Kreisen der Planeten wider. Weder im Himmel noch auf Erden findet sich eine größere Leidenschaft als Gottes brennende Sehnsucht nach Ihnen und nach Ihrer Rückkehr. Durch heilige Überraschungen hat er seine Treue immer wieder deutlich bewiesen.

Noah sah diese Treue, als sich die Wolken öffneten und der Regenbogen erschien. Abraham fühlte sie, als er seine Hand auf den Bauch der alten Sara legte. Jakob fand sie durch sein Versagen. Joseph erlebte sie im Gefängnis. Der Pharao hörte sie durch Mose.

„Laß mein Volk ziehen."

Aber der Pharao weigerte sich. Das hatte zur Folge, daß ihm ein Logenplatz zugewiesen und er Zeuge eines Schauspiels der göttlichen Entschlossenheit und Hingabe wurde. Wasser wurde zu Blut. Der Tag wurde zur Nacht. Heuschrecken kamen. Kinder starben. Das Rote Meer teilte sich. Die ägyptische Armee ertrank.

Hören Sie die leidenschaftlichen Worte, die Mose zu den Israeliten sprach, jedoch kaum jemand kennt: „Denn frage nach den früheren Zeiten, die vor dir gewesen sind, von dem Tage an, da Gott den Menschen auf Erden geschaffen hat, und von einem Ende des Himmels zum andern, ob je so Großes geschehen oder desgleichen je gehört sei, daß ein Volk die Stimme Gottes aus dem Feuer hat reden hören, wie du sie gehört hast, und dennoch am Leben blieb? Oder ob je ein Gott versucht hat, hinzugehen und sich ein Volk mitten aus einem Volk herauszuholen durch Machtproben, durch Zeichen, durch Wunder, durch Krieg und durch seine mächtige Hand und durch seinen ausgereckten Arm und durch große Schrecken, wie das alles der Herr, euer Gott, für euch getan hat in Ägypten vor deinen Augen?"[3]

Was Mose damit sagen will? Um die Welt zu erreichen, ist Gott bereit, die Welt zu verändern. Gott wird nicht müde, er ruht nicht. Er weigert sich, aufzugeben.

Hören Sie, wie Gott seine Leidenschaft zum Ausdruck bringt: „Mein Herz ist andern Sinnes, alle meine Barmherzigkeit ist entbrannt. Ich will nicht tun nach meinem grimmigen Zorn, noch Israel wieder verderben. Denn ich bin Gott und nicht ein Mensch und bin der Heilige unter dir."[4]

Bevor Sie weiterlesen, denken Sie über diese letzten Worte nach: „Ich bin unter dir (in deiner Mitte)." Glauben Sie das? Glauben Sie, daß Gott nahe ist? Er möchte, daß Sie das glauben. Er will in Ihnen den Glauben wecken, daß er mitten in Ihrer Welt ist. Wo immer Sie sich auch befinden, während Sie diese Worte lesen, er ist gegenwärtig. In Ihrem Auto. Im Flugzeug. In Ihrem Büro, Ihrem Schlafzimmer, Ihrem Arbeitszimmer. Er ist nahe.

Und er ist nicht nur nahe. Er ist auch aktiv. Noahs Gott ist Ihr Gott. Die Verheißung, die Abraham gegeben wurde, ist auch Ihnen gegeben. Gottes Hand, deren Wirken in Pharaos Welt bezeugt wurde, bewegt sich auch in Ihrer Welt.

Gott ist mitten in allen Dingen, die zu Ihrer Welt gehören. Er hat seinen Wohnsitz nicht in einer fernen Galaxie. Er hat sich nicht aus der Geschichte zurückgezogen. Er hat nicht beschlossen, sich auf einen Thron in einem fernen strahlenden Schloß zu setzen.

Er ist ganz nah. Er ist gegenwärtig, wenn Sie mit Ihrer Fahrgemeinschaft zur Arbeit fahren. Er ist gegenwärtig, wo Menschen das Herz zerbricht; er ist bei den Trauerfamilien. Er ist uns am Montag genauso nah wie am Sonntag. In der Schule ebenso wie in der Kirche. In der Kaffeepause genauso wie am Abendmahlstisch.

Warum? Warum hat Gott das getan? Was war der Grund dafür?

Vor einiger Zeit fuhr Denalyn ein paar Tage fort und ließ mich mit den Mädchen allein zurück. Es gab zwar gelegentlich die typischen Streitereien unter Kindern, und die Mädchen waren auch nicht immer gehorsam, aber insgesamt verlief die Zeit gut.

„Wie ging es mit den Mädchen?" fragte Denalyn, als sie zurückkam.

„Gut. Kein Problem."

Jenna hörte meine Antwort. „Aber wir waren doch nicht lieb, Papa", wandte sie ein. „Wir haben uns doch gestritten, und einmal haben wir nicht getan, was du gesagt hast. Wir waren doch gar nicht lieb. Warum sagst du, daß alles gut ging?"

Jenna und ich hatten verschiedene Auffassungen davon, was einem Vater Freude macht. Jenna dachte, es hinge davon ab, was sie tat. Aber es hing nicht davon ab. Über Gott denken wir genauso. Wir glauben, seine Liebe zu uns würde je nach unserem Verhalten stärker und schwächer werden. Aber das ist nicht so. Ich liebe Jenna nicht wegen ihres Verhaltens. Ich liebe sie, weil sie mein Kind ist. Sie ist meine Tochter.

Gott liebt Sie aus demselben Grund. Er liebt Sie, weil

Sie sein Kind sind, Sie gehören ihm.[5] Diese Liebe war es, die den Israeliten folgte. Seine Liebe war es, die die Propheten sandte. Seine Liebe war es, die sich in menschliche Gestalt kleidete und von Maria zur Welt gebracht wurde. Diese Liebe war es, die auf den steinigen Wegen von Galiläa umherzog und zu den steinernen Herzen der Religiösen sprach.

„Das ist nicht normal, Herr, mein Gott", rief David aus, als er über Gottes Liebe nachdachte.[6] Du hast recht, David. Gottes Liebe ist keine normale Liebe. Es ist nicht normal, einen Mörder und Ehebrecher zu lieben, aber als Gott David liebte, tat er genau das. Es ist nicht normal, einen Menschen zu lieben, der seine Augen von einem abgewandt hat, aber so sah Gottes Liebe zu Salomo aus.[7] Es ist nicht normal, Menschen zu lieben, die steinerne Götzen mehr lieben als einen selbst, aber Gott tat dies, als er sich weigerte, Israel aufzugeben.

Und von dieser Liebe sprach Jesus an seinem letzten Dienstag. Es war dieselbe Liebe, die ihn am Freitag ans Kreuz bringen würde.

Das Kreuz, der Höhepunkt der Geschichte. Die gesamte vorausgehende Geschichte deutete auf das Kreuz hin, und die gesamte Zukunft würde von ihm abhängen. Es ist der große Sieg des Himmels: Gott ist auf der Erde. Und es ist die große Tragödie der Erde: Die Menschheit hat Gott abgelehnt.

Die geistlichen Führer wußten, daß Jesus von ihnen sprach. Und wie ihre Väter die Propheten abgelehnt hatten, lehnten sie nun den einen, großen Propheten ab – Gott selbst.

Jesus sprach zu denen, die der Geschichte den Rücken zugekehrt hatten. Er sprach zu denen, die Zeichen für Zeichen, einen Diener Gottes nach dem andern, eiskalt ignoriert hatten. Sie hatten nicht einfach nur einen Paragraphen mißachtet oder eine Pointe verpaßt. Es war nicht so, als hätten sie nur ein einzelnes Kapitel nicht verstanden. Nein, sie hatten den Inhalt des ganzen Buches nicht begriffen. Gott war in ihre Stadt gekommen, war auf ihren Straßen gegan-

gen, hatte an ihre Tür geklopft, und sie hatten sich geweigert, ihm aufzumachen.

Aus diesem Grund – weil sie sich geweigert hatten, zu
glauben – sprach Jesus die härtesten Worte im Evangelium
von Matthäus: „Das Reich Gottes wird von euch genommen
und einem Volk gegeben werden, das seine Früchte bringt."[8]

Gott duldet keine schwieligen Herzen.

Er hat Geduld, wenn wir Fehler machen. Er ist langmütig, wenn wir stolpern. Er wird nicht zornig, wenn wir
ihm unsere Fragen stellen. Er wendet sich nicht von uns ab,
wenn wir uns mühsam vorankämpfen. Aber wenn wir wiederholt seine Botschaft ablehnen, wenn wir unser Ohr gegenüber seinem Ruf verschließen, wenn er sogar die Geschichte ändert, um unsere Aufmerksamkeit zu gewinnen
und wir selbst dann noch nicht zuhören, dann geht er auf
unsere Wünsche ein.

„Weil ihr es ... nicht hören wollt", sagte Paulus zu den
Juden, „und damit selbst gezeigt habt, daß ihr des ewigen Lebens nicht wert seid, wenden wir uns jetzt an die Heiden."[9]

Man beachte, daß es nicht Gott war, der das Volk un-
würdig machte, sondern seine Weigerung zu hören schloß
es von der Gnade aus. Jesus verurteilt das kalte Herz, die
Seele, die so sehr vom eigenen Ich und der Selbstsucht eingenommen ist, daß sie die Quelle der Hoffnung lästert. Er
verurteilt das Herz, das so böse ist, daß es den Friedefürst
sehen und ihn Herr der Fliegen nennen kann.[10]

Eine solche Gotteslästerung kann nicht vergeben werden, und zwar nicht deshalb, weil Gott nicht bereit wäre zu
vergeben, sondern weil die Menschen nicht bereit sind, die
Vergebung zu suchen. Das schwielige Herz ist das verfluchte Herz. Das schwielige Herz steht symbolisch für die
Augen, die das Offenbare nicht sehen, und für die Ohren,
die das deutlich Hörbare nicht hören wollen. Deshalb suchen diese Menschen Gott nicht. Sie werden keine Vergebung empfangen, weil sie nicht um Vergebung bitten.

Vielleicht ist meine Kindheitserinnerung doch nicht so
merkwürdig. In gewisser Weise ist es die Geschichte des

Evangeliums: Jesus, der seine Hände durchbohren läßt, um in unser Herz einzudringen. Warum hat Gott seine Hände durchbohrt? Warum hat Jesus sich so vorbehaltlos hingegeben? Warum hat Gott seine Kinder befreit und sein Volk gerettet?

Wir wollen diese Frage von zwei Männern beantworten lassen, deren Worte beide in der Bibel zu finden sind, jedoch an Stellen, die weit auseinanderliegen. Zunächst Mose. Sie haben seine Antwort schon gelesen: „Auf daß du wissest, daß der Herr allein Gott ist."[11] Tausende von Jahren, Hunderte von Boten, zahllose Wunder und ein blutiges Kreuz später sagt der Apostel Paulus genau das gleiche: „Seht ihr denn nicht, daß gerade diese Güte euch zur Umkehr bringen will?"[12]

Der Grund für seine Geduld? Unsere Umkehr.

Wir haben dieses Kapitel mit einer Kindheitserinnerung begonnen. Wir schließen es mit einer weiteren. Es ist meine Erinnerung an das Gemälde von Holman Hunt, auf dem Jesus dargestellt ist. Vielleicht kennen Sie es. Ein steinerner Torbogen ... eine mit Efeu bewachsene Mauer ... Jesus steht vor einem Tor aus Holz.

Dieses Bild befand sich in einer Bibel, die ich als Kind oft in der Hand hielt. Unter dem Bild standen die Worte: „Siehe, ich stehe vor der Tür und klopfe an. Wenn jemand meine Stimme hören wird und die Tür auftun, zu dem werde ich eingehen."[13]

Jahre später lese ich, daß das Bild ein überraschendes Detail enthält. Holman Hunt hat absichtlich etwas fortgelassen, das nur einem sehr aufmerksamen Betrachter auffällt. Ich hatte es nicht bemerkt. Als ich davon erfuhr, sah ich mir nach vielen Jahren das Bild erneut an. Und tatsächlich, diese eine Sache fehlte. Die Tür besaß keinen Griff. Sie konnte nur von innen geöffnet werden. Hunts Bild enthielt dieselbe Botschaft wie dieses Kapitel. Es ist Gottes Botschaft. Es ist dieselbe Botschaft, die die ganze Menschheitsgeschichte enthält.

Gott kommt zu Ihrem Haus, er tritt zur Tür und klopft an. Aber es liegt an Ihnen, ob Sie ihn hereinlassen.

Kapitel 11

Sie sind eingeladen

„Kommt zur Hochzeit."
Matthäus 22:4

Ich schreibe dieses Kapitel, während ich in einem großen Raum im Bezirksgericht von San Antonio, Texas, sitze. Ich bin hier, weil ich eingeladen wurde. Eine Vorladung in der Pflicht als Geschworener. Der Einladungsbrief war nicht sehr persönlich oder ansprechend gestaltet. Ich erhielt eine Karte, auf der nichts weiter als mein Name und eine Wegbeschreibung zum Gerichtsgebäude stand. Aber immerhin war es eine Einladung. Außer mir wurden noch etwa einhundert weitere Geschworene eingeladen. Wir sollten im Gericht erscheinen.

Es handelt sich sicherlich nicht um die wichtigste Einladung meines Lebens, aber es bleibt eine Einladung. Mir fallen dabei ein paar andere Einladungen ein, die in meinem Leben eine Rolle gespielt haben.

Es liegt einige Jahre zurück, da habe ich einem Menschen gegenüber eine ganz besondere Einladung ausgesprochen. Ich fragte Denalyn, ob sie mich heiraten wollte. Da man Heiratsanträge nicht täglich stellt, versuchte ich, dieses Ereignis zu einem besonderen Fest zu machen.

Ich bestellte bei unserem Lieblingsrestaurant chinesisches Essen. Ich wählte unser Lieblingsspeise – Schweinefleisch in süß-saurer Soße. Zum Nachtisch bestellte ich „Glücksplätzchen". Während ich darauf wartete, daß das Essen in meine Wohnung geliefert wurde, nahm ich einen Streifen Papier und schrieb darauf einen Heiratsantrag. Als das Essen gebracht wurde, steckte ich den Streifen zwischen die Verpackung eines Plätzchens, deckte den Tisch, zog mich festlich an und wartete auf Denalyn.

Der Abend war in jeder Hinsicht romantisch; sanfte Musik, Kerzenlicht. Als Denalyn die Stoffservietten sah, wußte sie, daß ich etwas Besonderes plante, auch wenn sie nicht wußte, was es war. Ich aß nur wenig. Durch das Flattern im Magen blieb nur wenig Platz für das Essen. Ich konnte es kaum erwarten, bis wir endlich zum Nachtisch gelangten, denn dort, in den Plätzchen, war die Einladung versteckt.

Als es endlich Zeit für die Plätzchen war, ließ Denalyn mich wissen, daß sie keinen Hunger mehr habe. Ich mußte sie anflehen, wenigstens ein Plätzchen zu nehmen. Ich erklärte ihr, sie müßte es ja nicht essen, aber sie sollte es wenigstens auspacken und lesen, was auf ihrem Glückszettelchen stand. So wickelte sie das Plätzchen aus und las die Worte, die ich auf den Papierstreifen geschrieben hatte.

Dann brach sie in Tränen aus.

Ich war entsetzt. Ich dachte, ich hätte sie vor den Kopf gestoßen. Ich glaubte, ich hätte sie verletzt. Ich weiß nicht, mit welcher Reaktion ich gerechnet hatte, aber nie im Leben hatte ich erwartet, daß Denalyn weinen würde. (Das zeigt nur, wie wenig ich von Frauen verstand. Heute weiß ich, daß im Weinen sämtliche Gefühle zum Ausdruck kommen können, daß es die ganze Bandbreite abdeckt: Traurigkeit, Glück, Aufregung.)

Glücklicherweise waren es in diesem Fall Tränen der Aufregung. Und sie sagte ja. (Allerdings packt sie seitdem nur noch mit Zögern Glücksplätzchen aus.)

Einladungen sind etwas Besonderes. Manchmal wird man nur beiläufig um einen Termin gebeten. Manchmal handelt es sich um bedeutsame Einladungen, wenn einem zum Beispiel eine Arbeit angeboten wird. Andere wiederum, wie ein Heiratsantrag, sind dauerhafte Einladungen. Aber jede Einladung ist etwas Besonderes.

Einladungen. Worte, die auf einen Briefbogen gedruckt wurden: „Herzliche Einladung zu einem Galaabend anläßlich der Eröffnung von …" Einladungen, die mit der Post kommen: „Herr und Frau John Smith laden Sie zur Hochzeit ihrer Tochter ein …" Überraschungen am Telefon: „Hallo, Joe. Ich habe noch eine weitere Karte für das Spiel. Hast du Lust?"

Eine Einladung zu empfangen bedeutet, geehrt zu werden – bei jemandem in Hochachtung zu stehen. Deshalb verdient jede Einladung eine freundliche und wohlüberlegte Antwort.

Doch die unglaublichsten Einladungen finden sich weder in Briefumschlägen noch in Glücksplätzchen, sondern in der Bibel. Sie können nicht in der Bibel lesen, ohne festzustellen, daß Gott immer wieder Einladungen ausspricht. Er bot Eva an, Adam zu heiraten, er lud die Tiere ein, in die Arche zu gehen, er eröffnete David die Möglichkeit, König zu werden, er drängte Israel, die Knechtschaft zu verlassen, er forderte Nehemia auf, Jerusalem wieder aufzubauen. Gott ist ein einladender Gott. Er lud Maria ein, seinen Sohn auf die Welt zu bringen, und lud die Jünger ein, Menschenfischer zu werden. Der Ehebrecherin öffnete er die Tür, noch einmal von vorn anzufangen. Und Thomas forderte er auf, seine Wunden zu berühren. Gott ist der König, der alle Vorbereitungen im Palast trifft, den Tisch deckt und seine Untertanen einlädt, einzutreten.

Sein Lieblingswort scheint tatsächlich *komm* zu sein. „So *kommt* denn und laßt uns miteinander rechten, spricht der Herr. Wenn eure Sünde auch blutrot ist, soll sie doch schneeweiß werden."[1]

„Wohlan, alle, die ihr durstig seid, *kommt* her zum Wasser."[2]

„*Kommt* alle her zu mir, die ihr euch abmüht und unter eurer Last leidet!"[3]

„*Kommt* zur Hochzeit!"[4]

„*Kommt* mit mir! Ich will euch zeigen, wie ihr Menschen für Gott gewinnen könnt."[5]

„Wer Durst hat, der *soll* zu mir *kommen* und trinken!"[6]

Gott ist ein Gott, der einlädt. Gott ist ein Gott, der ruft. Gott ist ein Gott, der die Tür öffnet, mit der Hand winkt und Wanderer an einen gedeckten Tisch bittet.

Aber er lädt uns nicht nur zu einer Mahlzeit ein, sondern zum Leben. Es ist die Einladung, in sein Königreich zu kommen und unsere Wohnung in seiner Welt ohne Tränen, ohne Tod und ohne Schmerzen aufzuschlagen. Wer darf kommen? Jeder, der will. Die Einladung ist in gleichem Maß universell wie auch persönlich.

In der letzten Woche seines Lebens erzählte Jesus zwei Geschichten, die jeweils von einer wichtigen Einladung handeln.

Bei der ersten geht es um zwei Söhne, die von ihrem Vater gebeten werden, im Weinberg zu arbeiten.[7] Die Aufforderung, die an die beiden ergeht, ist identisch. Ihre Reaktion darauf ist entgegengesetzt. Der eine sagt zunächst nein, überlegt es sich dann anders und geht hin. Der andere sagt ja, überlegt es sich dann auch anders und geht nicht hin.

Die zweite Geschichte handelt von einem König, der für seinen Sohn die Hochzeit ausrichtete.[8] Er lud Gäste ein, aber sie kamen nicht. Einige ignorierten die Einladung, andere entschuldigten sich damit, sie hätten zu viel zu tun, und wieder andere töteten sogar die Boten, die die Einladung überbrachten.

Haben Sie sich je überlegt, wie Jesus sich wohl fühlte, als er diese Geschichten erzählte? Wenn Sie schon einmal erlebt haben, wie eine Einladung, die Sie aussprachen, unbeachtet gelassen wurde, dann wissen Sie, wie Jesus sich fühlte. Die meisten Menschen lehnen Jesus nicht ab … sie nehmen sich seine Einladung nur einfach nicht zu Herzen.

Stellen Sie sich vor, wie mir zumute gewesen wäre, wenn Denalyn auf meinen Heiratsantrag so geantwortet hätte, wie die meisten Menschen Gott antworten. Was wäre gewesen, wenn sie eine vage Antwort gegeben und sich nicht festgelegt hätte? Stellen Sie sich die Szene vor: Ich sitze in höchster Anspannung auf der Stuhlkante und beobachte Denalyn, während sie bei goldenem Kerzenschein meinen Heiratsantrag liest. Was wäre gewesen, wenn sie, statt zu weinen, einfach nur nett geplaudert hätte?

„Oh, wir haben in unserer Familie in den letzten Jahren viele Hochzeiten gefeiert."

„Wie bitte?"

„Wir haben in unserer Familie in den letzten Jahren viele Hochzeiten gefeiert. Mein Onkel hat geheiratet. Meine Tante hat geheiratet. Und die Hochzeit meiner Eltern. Sogar meine Schwester hat ..."

„Halt, halt, halt. Was hat das denn mit uns zu tun? Ich spreche doch von dir und mir."

„Natürlich, Max, ich habe doch schon gesagt, daß ich durchaus für die Ehe bin. Ich finde, es ist eine wunderbare Sache, eine phantastische Einrichtung."

„Aber ich frage doch nicht nach deiner Meinung über eine Einrichtung. Ich halte um deine Hand an."

Es muß den Vater traurig machen, wenn wir ihm auf seine konkrete Einladung nur eine vage Antwort geben. „Es ist sehr nett von dir, Jesus, daß du mich einlädst. Weißt du, meine Familie war schon immer gläubig. Wir stammen sogar von den Hugenotten ab. Du erinnerst dich bestimmt noch an meinen Urgroßonkel Horace, oder? Er war Priester und bei den Indianern sehr beliebt."

„Wie bitte?"

„Ja, es stimmt, unsere Familie hat schon seit vielen Jahren eine positive Einstellung zum Glauben. Meine Tante Macy hat im Chor der ‚First Baptist-Church' mitgesungen, und mein Cousin Arnold ist Diakon und ..."

Auf dem Hintergrund eines derartigen Geschwafels hat Gott die Worte in Jeremia 7:13 gesprochen: „... und weil ich immer wieder zu euch redete und ihr nicht hören wolltet und ich euch rief und ihr nicht antworten wolltet ..."

Was wäre gewesen, wenn Denalyn geantwortet hätte: „Max, das ist wirklich sehr nett von dir, daß du an mich denkst, aber könnten wir morgen darüber sprechen? In ein paar Minuten kommt ein Film im Fernsehen, den ich unbedingt sehen möchte."

Oder noch schlimmer:

„Heirat? Also, Max, du hast recht, da sollten wir wirklich mal drüber reden. Laß mich mal überlegen, wann es passen würde, also nächsten ... ach nein, das ist kein guter Tag ... wie wäre es Dienstag in zwei Wochen? Ruf mich doch einfach an, und dann machen wir eine Zeit aus."

Oh, das hätte weh getan! Verstehen Sie? Abgelehnt werden ist schlimm. Aber nicht ernst genommen werden ist noch schlimmer. Nichts verletzt tiefer, als wenn man eine einzigartige Einladung ausspricht, eine Einladung, die man nur ein einziges Mal im ganzen Leben äußert, die nur einem einzigen Menschen auf der ganzen Welt gilt, und diese dann in eine Liste von Entscheidungen eingereiht wird, die nächste Woche getroffen werden müssen.

Jesus spricht die Einladung aus. „Merkst du es denn nicht? Noch stehe ich vor deiner Tür und klopfe an!"[9] Gott zu kennen bedeutet, seine Einladung anzunehmen, nicht nur sie zu hören, zu studieren und anzuerkennen, sondern sie anzunehmen. Es ist möglich, viel über Gottes Einladung zu wissen, jedoch nie persönlich darauf zu reagieren.

Doch ist seine Einladung klar und eindeutig. Er gibt alles, und wir geben ihm alles. Einfach und absolut. Gott spricht deutlich aus, was er fordert und was er anbietet. Wir haben die Wahl.

Ist es nicht unglaublich, daß Gott uns die Wahl überläßt? Denken Sie einmal darüber nach. Es gibt viele Dinge im Leben, die wir nicht wählen können. Wir können uns zum Beispiel nicht das Wetter aussuchen. Wir haben in der Regel keinen Einfluß auf die Wirtschaft.

Wir können es uns nicht aussuchen, ob wir mit einer großen Nase, blauen Augen oder vielen Haaren auf die Welt kommen. Wir können nicht einmal beschließen, wie andere Menschen auf uns reagieren.

Aber wir können wählen, wo wir die Ewigkeit verbringen wollen. Die größte Entscheidung überläßt Gott uns selbst. Die wichtigste Entscheidung dürfen wir allein fällen.

Was machen Sie mit Gottes Einladung?

Was machen Sie mit seiner persönlichen Bitte, für immer Ihr Leben mit ihm zu teilen?

Das ist die einzige Entscheidung, auf die es wirklich ankommt. Ob Sie die Versetzung an Ihrer Arbeitsstelle annehmen oder nicht, ist nicht entscheidend. Ob Sie ein neues Auto kaufen oder nicht, ist nicht entscheidend. Es ist schon wichtig, welche Hochschule oder welchen Beruf Sie wählen, aber im Vergleich zu der Frage, wo Sie die Ewigkeit verbringen werden, ist es nicht entscheidend. Die Folgen dieser Entscheidung werden Sie immer vor Augen haben.

Was machen Sie mit Gottes Einladung?

Wie ich schon zu Anfang des Kapitels erwähnte, schreibe ich, während ich in einem großen Raum des Bezirksgerichts sitze. Ich bin hier, weil ich eingeladen wurde. Um mich herum sehe ich etwa einhundert Menschen, lauter fremde Leute, die ebenfalls eine Vorladung als Geschworener erhalten haben. Sie lesen Zeitschriften. Sie blättern in der Zeitung. Sie stehen auf und recken sich. Sie haben sich Büroarbeit mitgebracht. Und ich denke über die Ironie nach, in einem Raum, in dem ich darauf warte, von einem Richter namentlich aufgerufen zu werden, ein Kapitel über Gottes Einladung zu beenden.

Alle paar Minuten werden die im gedämpften Ton geführten Gespräche unterbrochen, weil ein korrekt gekleideter Herr den Raum betritt und einige Namen aufruft: Yvonne Campbell, Johnny Solis, Thomas Adams. Die Aufgerufenen erhalten Anweisungen, während wir anderen uns wieder unserer Beschäftigung zuwenden.

Ich bin unruhig, wenn ich an das Interview denke: Ich weiß nicht, was der Richter tun wird. Ich weiß nicht, was er fragen wird. Ich weiß nicht, was der Richter verlangen wird. Ich weiß nicht, was bei der Sache herauskommen wird. Ich weiß nicht einmal, wer der Richter ist.

Deshalb fühle ich mich ein wenig unwohl.

Dies ist jedoch nicht die erste Einladung, die ich erhalten habe, vor einem Richter zu erscheinen. Ich habe schon einmal eine Vorladung bekommen: „Jeder von uns, jeder Mensch, muß einmal sterben und kommt danach vor Gottes Gericht."[10] Doch wenn ich an diese Vorladung denke, verspüre ich keine Unruhe.

Denn ich weiß, was der Richter tun wird. Ich weiß auch, was bei der Sache herauskommen wird. Und vor allem weiß ich, wer der Richter ist ... es ist mein Vater.

Kapitel 12

Mund-zu-Mund-Manipulation

„Nun begannen die Pharisäer zu beraten,
wie sie Jesus mit seinen eigenen Worten in eine Falle
locken könnten."
Matthäus 22:15

In den Korallenriffen der Karibik lebt ein kleiner Fisch, der Kissing Fish (Küssender Fisch) genannt wird. Er ist nur etwa sechs bis acht Zentimeter groß, leuchtend blau, schwimmt schnell und ist herrlich anzusehen. Am faszinierendsten ist sein Kuß. Nicht selten sieht man, wie zwei dieser Fische die Lippen gegeneinanderpressen und mit den Flossen wedeln. Es hat den Anschein einer echten Unterwasser-Romanze.

Man sollte meinen, diese Fische wären der Traum eines jeden Aquariumbesitzers. Sie sind unternehmungslustig, lebhaft, bunt und außerdem noch große Romantiker. Aber der Blick kann täuschen. Denn was wie ein liebevoller Freund aussieht, ist in Wirklichkeit ein Meerestyrann in Miniaturausgabe.

Der Kissing Fish verteidigt mit grimmiger Entschlossenheit das jeweilige Revier, das er sich ausgesucht hat, Besucher sind nicht erwünscht. Seine dreißig Quadratzentimeter Korallenriff gehören ihm und niemandem sonst. Er hat diese Stelle gefunden, das Revier abgesteckt, und nun möchte er keinen seiner Artgenossen in der Nähe sehen.

Wenn man die Grenzen überschreitet, dann greift er an, Maul gegen Maul. Was aussieht wie ein Rendezvous, ist in Wirklichkeit Kampfsport unter Wasser. Druck von Mund zu Mund. Mit geschlossenen Lippen. Die Kieferknochen knacken. Die Zunge preßt dagegen.

Klingt lustig, nicht wahr?

Hört sich bekannt an, oder?

Wir müssen nicht in die Karibik reisen, um diese Art Machtkampf zu beobachten. Manipulation von Mund-zu-Mund gibt es nicht nur im Karibischen Meer.

Sehen Sie sich die Menschen in Ihrer Umgebung einmal genau an (oder werfen Sie einen Blick in den Spiegel). Sie werden überrascht feststellen, daß es plötzlich nach Fisch zu stinken beginnt, wenn Menschen auf ihrem Weg bestehen. Der Kissing Fish ist nicht der erste, der seinen Mund dazu benutzt, um sein Anliegen durchzusetzen.

In Kriegszeiten wurden Meinungsverschiedenheiten ohne viel Federlesen mit einem Fausthieb geklärt. Heute benutzen wir verfeinerte Methoden: die Zunge. Wie der Kissing Fish verschleiern auch wir unsere Kämpfe. Wir nennen es Debattieren, den Status quo in Frage stellen. In Wirklichkeit verteidigen auch wir halsstarrig unser Stückchen Revier.

Genau das geschah auch an dem Dienstag der letzten Woche Jesu hier auf der Erde. Schon lange bevor die Peitsche zuschlug, wurden Worte geschleudert. Schon lange bevor die Nägel eingeschlagen wurden, wurden Anklagen erhoben. Schon lange, bevor Jesus das Kreuz tragen mußte, mußte er die beißende Zunge der geistlichen Leiter ertragen.

Das Gespräch hört sich harmlos an. Keiner greift zum Schwert. Niemand wird verhaftet. Aber lassen Sie sich von der scheinbaren Harmlosigkeit nicht täuschen. Wie bei dem Kissing Fish wollten die Angreifer Blut sehen.

Es gab drei Konfrontationen.

Fall Nummer eins:
Bitte, zeigen Sie Ihre Ordinationspapiere!

Um in Israel als geistlicher Führer anerkannt zu werden, gab es ein einfaches Verfahren. Ursprünglich war es so, daß Rabbinerkandidaten sich von den Rabbinen, die sie schätzten und bei denen sie gelernt hatten, auch ordinieren ließen. Dies führte jedoch dazu, daß die jungen Rabbinen sehr unterschiedliche Qualifikationen und Lehrmeinungen besaßen. Außerdem wurde mit diesen Ordinationen sehr viel Mißbrauch getrieben. Daher beschloß der Hohe Rat der Juden, der Sanhedrin, die Vollmacht zur Ordination auf ihre eigenen Reihen zu beschränken.

Bei der Ordination wurde der Kandidat zum Rabbi, Ältesten und Richter ernannt, und ihm wurde Vollmacht gegeben zu lehren, Weisheit weiterzugeben und Rechtsurteile auszusprechen.

Ein angemessenes Verfahren. Ein nötiger Schutz. Und daher überrascht es nicht, daß die geistlichen Leiter Jesus fragten: „Wer hat dir das Recht gegeben, hier in dieser Weise aufzutreten? Wer gab dir die Vollmacht dazu?"[1] Wenn diese Frage tatsächlich der Besorgnis um die Reinheit des Tempels und der Unbescholtenheit der rabbinischen Stellung entsprungen wäre, dann würde es kein Problem gewesen sein. Aber die geistlichen Leiter verteidigten ihr Revier: „[Wir] bekommen ... Ärger mit dem Volk."[2]

Wenn sie sich wirklich um die Zukunft des Landes gesorgt hätten, wäre es ihnen egal gewesen, was das Volk dachte. Dann hätten sie die Sache des Rabbis selbst in die Hand genommen, statt sich zu verdrücken und ihn schließlich einer fremden Regierung auszuliefern. Sie hatten die erste Lektion über die Qualitäten eines Leiters nicht gelernt: „Wer ein Orchester leiten will, muß der Menge den Rücken zukehren."

Übrigens, diese Geschichte enthält ein sehr befremdliches Element. Fällt es Ihnen auf? Die Geschöpfe fragen den

Schöpfer nach seinem Ausweis. Der Topf fordert den Töpfer auf, seine Papiere zu zeigen. Die Wunder bleiben unerwähnt. Seine Lehre wird nicht in Frage gestellt. Aber sie zweifeln seine Ordination an. Hat er das richtige Seminar besucht? Gehört er zu einer anerkannten Denomination? Besitzt er die nötigen Papiere?

Unglaublich! Gott wird ins Kreuzverhör genommen. Jetzt verstehe ich, warum Leute, die eine Machtposition innehaben, oft Sonnenbrillen tragen – das Rampenlicht blendet sie, so daß sie die Wirklichkeit nicht mehr sehen können. Sie leiden an der Täuschung, daß Macht Bedeutung verleiht (sie tut es nicht). Sie leiden an der falschen Vorstellung, Titel könnten menschliche Größe ersetzen (das können sie nicht). Sie sind davon überzeugt, Autorität auf der Erde habe einen Einfluß darauf, welchen Platz sie im Himmel bekommen (das stimmt nicht).

Kann ich diese, meine Meinung beweisen? Beantworten Sie die Fragen des folgenden Quiz:

Nennen Sie die zehn reichsten Menschen der Welt.

Nennen Sie die zehn letzten Gewinner der Heisman-Trophy (im American Football).

Nennen Sie die zehn letzten Gewinner der Miss Amerika-Wahl.

Nennen Sie acht Nobelpreisträger oder Gewinner des Pulitzer-Preises.

Wie steht es mit den letzten zehn Gewinnern für das beste Bild beim Academy Award oder dem Wert der World-Series-Gewinner im letzten Jahrzehnt?

Nun, wie haben Sie abgeschnitten? Ich habe auch nicht viel gewußt. Mit Ausnahme der Menschen unter uns, die immer auf der Jagd nach den neusten Schlagzeilen sind, erinnert sich wohl keiner von uns noch gut an Personen, die gestern noch ganz vorn standen. Ist es nicht überraschend, wie schnell man so etwas wieder vergißt? Und dabei geht es bei den Namen, nach denen ich in dem Quiz gefragt habe, um erstklassige Leistungen. Es handelt sich um die Weltbesten. Aber Beifall vergeht. Auszeichnungen verbleichen. Leistungen werden vergessen. Die Preise und Zertifikate werden denen, die sie erworben haben, mit ins Grab gegeben.

Hier ist noch ein anderes Quiz. Versuchen Sie es damit:

Mit welchen drei Menschen sind Sie gern zusammen?

Nennen Sie zehn Menschen, von denen Sie etwas Wertvolles gelernt haben.

Nennen Sie fünf Freunde, die Ihnen in schwierigen Zeiten zur Seite gestanden haben.

Nennen Sie einige Lehrer, die Ihnen auf Ihrem Weg durch die Schule geholfen haben.

Nennen Sie ein halbes Dutzend Vorbilder, deren Geschichte Sie inspiriert hat.

War das leichter? Mir ging es auch so. Was wir daraus lernen? Die Menschen, die Bedeutung haben, sind nicht die Menschen mit den akademischen Titeln, sondern die Menschen, sie sich um Sie kümmern.

Fall Nummer zwei:
Das Schwert in der geschmückten Scheide

„Nun begannen die Pharisäer zu beraten, wie sie Jesus mit seinen eigenen Worten in eine Falle locken könnten ... ‚Meister, wir wissen, daß es dir allein um die Wahrheit geht. Du sagst uns frei heraus, wie wir nach Gottes Willen leben sollen. Du fragst auch nicht danach, ob die Wahrheit den Leuten gefällt oder nicht. Deshalb sage uns: Ist es eigentlich Gottes Wille, daß wir dem römischen Kaiser Steuern zahlen, oder nicht?'"[3]

Wenn man jemand auf den Rücken schlägt, mag es sein, daß der andere sich verschluckt hat und man ihm beim Husten helfen will. Dieser Fall hier stellt keine Ausnahme dar. Die Pharisäer schlagen heftig zu. Ihre Frage ist zwar nicht schlecht, aber ihre Motive sind nicht in Ordnung. Es gibt einige Texte, in denen es vor Manipulation trieft, aber dieser hier ist am schlimmsten.

Wie der Kissing Fish sehen auch die Pharisäer freundlich aus. Aber wie bei unserem Freund aus dem Meer stinkt es auch hier nach Fisch.

Gott hat deutlich gesagt, daß ein aufrichtiger Diener niemals Schmeichelei als Werkzeug einsetzen darf. Schmeichelei ist nichts weiter als nett verpackte Unehrlichkeit. Jesus hat nie geschmeichelt, und auch seine Nachfolger sollten dieses Mittel nicht einsetzen.

„Der Herr möge ausrotten alle glatten Lippen", bekräftigt der Psalmist.[4]

„Wer einen Menschen zurechtweist, findet letztlich mehr Gunst als einer, der mit der Zunge schmeichelt", stimmte Salomo zu.[5]

„Hüte dich vor dem Mann, dessen Worte süß, aber dessen Taten schlecht sind", lernte Lucy.

Die Worte des Psalmisten haben Sie schon einmal gelesen. Salomo bewundern Sie. Aber Lucy? Sie hat erst durch Fehler gelernt, was Schmeichelei ist. Hier ist ihre Geschichte:

Wir befinden uns in Washington, D.C., in den sechziger Jahren des letzten Jahrhunderts. Die Nation ist vom Bürgerkrieg verwüstet, das Land vom Kampf gespalten. Aber bei der jungen Lucy spielt sich der Hauptkampf im Herzen ab.

Lucy Lambert Hale war die jüngste Tochter von John P. Hale, einer von den Senatoren aus New Hampshire, die im amerikanischen Bürgerkrieg eine wichtige Rolle spielten. Sie war eine der hinreißendsten jungen Frauen in der Hauptstadt unseres Landes. Die lange Liste ihrer Freier legt beredtes Zeugnis für ihre Beliebtheit ab. Die Liste derer, die ihr Herz begehrten, war nicht nur lang, sondern enthielt auch berühmte Namen. Mehr als einer ihrer jungen Liebhaber wurde später zu einer führenden Persönlichkeit der Nation.

Schon im Alter von zwölf Jahren erhielt sie Blumen von Will Chandler, einem jungen Studenten der Harvard-Universität. Lucy war dem jungen Mann durchaus zugetan, aber schließlich war sie erst zwölf Jahre alt. Will wurde „Secretary of the Navy" und später Senator.

Dann war da Oliver. Er war nur zwei Jahre älter als Lucy, doch glaubte er, seine wahre Liebe gefunden zu haben. Lucy war da anderer Meinung. Auch wenn Oliver Wendell Holmes nicht Lucys Hand bekam, so bekam er doch einen Sitz am Obersten Gerichtshof.

Und dann gab es da noch einen anderen Mann, der eine Zeitlang einen Platz in Lucys Herz einnahm. Das Vermächtnis dieses Mannes hinterläßt eine Geschichte schöner Worte und tödlicher Taten. Sein Name war John.

Während der Krieg überall im Land tobte, entbrannte in Washington die Liebe der beiden. Aber nicht nur das Land, sondern auch die beiden jungen Menschen befanden sich immer wieder in großen Problemen. Was Lucy an diesem neuen Freund am meisten verwirrte, war seine Unbeständigkeit. Was er mit Worten ausdrückte, stellte sich in seinem Verhalten völlig anders dar. Seine Versprechen und seine Taten stimmten nicht überein. Er umwarb sie mit seinen Worten und verwirrte sie mit seinem Handeln.

Lesen Sie den ersten Brief, den er ihr am Valentinstag des Jahres 1862 schrieb:

Mein liebes Fräulein Hale!
Würde mir es die althergebrachte Einhaltung dieses Tages nicht erlauben, so hätte ich Ihnen diese armseligen Zeilen niemals geschrieben.
Sie ähneln in äußerst bemerkenswerter Weise einer Dame, die mir sehr lieb und teuer, doch bereits verstorben ist. Diese erstaunliche Ähnlichkeit überraschte mich schon das erste Mal, als ich Sie sah.

Wenn Sie irgendeine Unhöflichkeit in meinem Benehmen bemerkt haben sollten, so nehmen Sie diese Erklärung als Entschuldigung dafür an. Sie zu sehen, bedeutete für mich tatsächlich eine traurige Freude, wenn Sie sich eine solche Empfindung vorstellen können. Und sollten wir uns nie wieder begegnen, sollte ich Sie nie wieder sehen – dann glauben Sie mir, daß ich Sie in meiner Erinnerung immer mit jener Dame in Verbindung bringen werde, mit ihr, die sehr schön war, und deren Gesicht, wie das Ihre, untrügbar auf eine große Sanftmut und Liebenswürdigkeit schließen ließ.

Mit tausend Wünschen für Ihr zukünftiges Glück, verbleibe ich – für Sie

ein Fremder

Mit Worten süß wie Honig und wilder Entschlossenheit tat John alles, damit er für Lucy nicht mehr lange ein Fremder blieb. Nach einiger Zeit verlobten sich die beiden. Im selben Moment brach Krieg aus – und zwar nicht im Land, sondern zwischen John und Lucy.

John war krankhaft eifersüchtig. Sie hatten unaufhörlich Streit miteinander. Sie stritten sich, als sie Präsident Lincolns zweite Antrittsrede hörten. Sie stritten sich am nächsten Abend, als John merkte, daß Lucy mit dem ältesten Sohn des Präsidenten tanzte. Sie stritten sich, als der Präsident Lucys Vater zum Botschafter für Spanien ernannte. John platzte vor Wut und wollte wissen, wann Lucy die Verlobung zu lösen und ihrem Vater nach Spanien zu folgen gedächte.

John war liebenswürdig in seinen Worten, aber besitzergreifend und eifersüchtig in seinem Verhalten. Lucy lernte von John, daß ein Mensch Worte süß wie Honig, aber Hände hart wie Stahl haben kann. Aus diesem Grund trennte sie sich von ihm. Amüsanterweise heiratete sie schließlich Will Chandler – den Mann, der ihr Blumen gesandt hatte, als sie erst zwölf Jahre alt war.

Aber obwohl sie ein langes und glückliches Leben führte, vergaß sie niemals die stürmische Romanze mit jenem Mann, der schöne Worte machen, aber in seinen Taten eiskalt sein konnte. Und auch die Welt wird John Wilkes Booth, den Mörder von Präsident Lincoln, nie vergessen.[6]

Nun bin ich sicher, daß seine Geschichte noch mehr Aspekte enthielt als die Romanze mit einem jungen Mädchen, aber im Moment interessiert uns nur die Parallele zu den Schriftgelehrten und die Lektion, die wir daraus lernen können. Die Worte, die Jesus an jenem Tag hörte, waren genauso freundlich. Wer hätte je gedacht, daß sie aus dem Munde von Mördern kamen? Doch genau das ist die Lektion der Schmeichelei. Wir müssen damit genauso vorsichtig umgehen wie mit einer juwelengeschmückten Scheide – denn in beiden steckt ein Schwert.

Fall Nummer drei:
Kurzsichtiges Gefasel

Es treten ein: die Sadduzäer. „Und hier sehen Sie, schwankend unter dem Gewicht ihrer Überzeugungen, deren mangelnde Ausgewogenheit zu beklagen ist, die Aristokraten von Jerusalem, die intellektuelle Elite Israels, die extreme Linke der Liberalen – die Sadduzäer!"

Diese kleine Gruppe von Leitern liebte die griechische Philosophie und tat die traditionelle Toralehre verächtlich als zu eng und zu konservativ ab. Sie waren pro-römisch. Im Gegensatz zu den Pharisäern – diese waren pro-israelisch. Die Sadduzäer waren auf das Diesseits ausgerichtet – sie glaubten nicht an ein Leben nach dem Tod. Die Pharisäer dagegen konnten einem sogar schildern, wie man nach dem Tod gekleidet sein würde.

Es geschah normalerweise nie, daß diese beiden Gruppierungen auf derselben Seite standen. Aber ihre Angst vor Jesus vereinte sie. Die Sadduzäer verdienten an dem Geldwechsel und dem Taubenverkauf im Tempel. Die Tempelreinigung am Montag hatte sie davon überzeugt, daß sie diesen Kerl einschüchtern und auf den Mond jagen mußten.

Deshalb setzen die Sadduzäer den dritten Trick der Zunge ein: hypothetische Ausführungen. Wenn dies und jenes passiert, nachdem vorher folgendes geschehen ist ... Der Trick besteht darin, eine extreme, höchst unwahrscheinliche Situation zu schaffen, Jesus zu einer unbedachten Äußerung zu verleiten und ihn mit seinen eigenen Worten in die Falle zu locken.

Wenn Sie die ausführliche Version der Frage hören wollen, dann lesen Sie Matthäus 22:24-28. Wenn Ihnen eine kurze Version einschließlich meiner Interpretation genügt, dann lesen Sie den nächsten Satz. „Meister, Mose hat gesagt, wenn ein verheirateter Mann ohne Kinder stirbt, dann muß sein Bruder die Witwe heiraten und für ihn Kinder zeugen. Es waren einmal sieben Brüder, bla, bla, bla, bla ..."

Wie der Kissing Fish verteidigten auch die Sadduzäer halsstarrig ihr winzig kleines Revier. Wie der Kissing Fish hatten auch sie eine eingeschränkte Sicht. Sie kämpften um ein kleines Stückchen Land. Sie fochten um ein winziges Stück Revier in einem riesigen Ozean.

Auch im Leib Christi gibt es Menschen, die ein kleines Revier finden und an nichts anderes mehr denken können. Es gibt Mitglieder in der Familie Gottes, die auf ein kontroverses Thema stoßen und dann den Anspruch erheben, in dieser Sache die einzig richtige Meinung zu vertreten. In jeder Gemeinde gibt es mindestens eine eigensinnige Person, die eine Einzelheit der Botschaft meisterhaft beherrscht und daraus eine Mission oder einen eigenen Dienst gemacht hat.

Es gibt kurzsichtige Geschöpfe, die ein Revier verteidigen, das gar keine Bedeutung hat.

Die Antwort von Jesus sollte man dick unterstreichen: „Ihr habt weit gefehlt." Nun, in Ihrer Übersetzung stehen diese Worte nicht, und in meiner Übersetzung auch nicht. Aber sie könnten dort stehen. Es wäre berechtigt, die griechischen Worte an dieser Stelle so zu übersetzen: „Ihr habt euch von der Realität entfernt. Ihr habt nicht begriffen, um was es geht. Ihr seid auf dem falschen Dampfer."

Vor einiger Zeit stieß ich auf ein Lied von Dennis Tice, in dem deutlich wird, wie absurd es ist, um ein nutzloses Gebiet zu kämpfen. Tice gab mir die Erlaubnis, es hier abzudrucken. Allein schon der Titel gefällt mir:

„Hatten Adam und Eva einen Bauchnabel?"

„Hatten Adam und Eva einen Nabel oder statt dessen glatte Haut?

Liegen auch andere Leute nachts wach, oder bin ich es allein,

Den diese Frage bewegt, die die ganze Menschheit quält?

Hmmmmmmmmmm

Bauchnabel – oh, ich seh's – Teil der Schöpfung, wie war ich so blind!

Ich denke, ich gründe eine Kirche, um meine Glaubensfeststellung zu verbreiten,

Denn Adam und Eva hatten einen Nabel, und ich werde das beweisen.

Natürlich: ‚Gott ist Liebe' und ‚Jesus rettet',

doch auch diese Wahrheit soll man hören.

Ich fand die Antwort erst letztes Jahr, im ersten Johannesbrief Kapitel zwei.

Such nach der Wahrheit, sie macht dich frei,

Warte auf den Herrn mit aller Kraft,

Dann erreichst du die höchste Stufe des Glaubens.

Wirst du erst ein Nabelist, dann wirst du endlich sehen,

Daß auch Adam und Eva einen Nabel hatten, das sage ich dir.

O ja, ich spalte Haare für Jesus, und deshalb ist alles okay.

Ich führe dich weiter und tiefer hinein, als du bisher sehen konntest.

Ich spalte Haare für Jesus, um geistlicher zu sein.
Im ganzen Land habe ich gepredigt, und der Na-
belismus wächst.
Tausende von Leuten, wachsende Zahlen (denn
auch Errettung predige ich noch).
Doch nun spaltet sich die Kirche wegen eines De-
tails:
Stand der Nabel hervor oder ragte er nach innen?
– Wie kann man nur so kleinlich sein!"[7]

Solange Christen Haare spalten, spalten Christen auch Ge-
meinden.

In seiner letzten Woche hinterließ Jesus eine klare Botschaft: Gott bemerkt den Mißbrauch der Zunge. Die geistlichen Führer dachten, sie könnten Jesus mit Worten manipulieren. Aber sie hatten sich verrechnet.

Gott läßt sich nicht von Tricks hereinlegen, läßt sich
durch Schmeicheleien nicht einlullen, läßt sich von Hypo-
thesen nicht zum Narren halten. Er tat es damals nicht und
tut es auch heute nicht.

Die Tragik des Kissing Fish besteht darin, daß sein
Sichtfeld extrem eingeschränkt ist. Sein Maulfechten führt
dazu, daß sich sein Blick nie ändert, er sieht immer nur dasselbe Stückchen Korallenriff. Wenn ich mit ihm reden
könnte, wenn ich einmal mit diesem Geschöpf zusammen-
treffen könnte, das von der Leidenschaft, sein Eigentum zu
verteidigen und alles Neue fernzuhalten, besessen ist, dann
würde ich es auffordern, sich doch einmal umzuschauen.

Ich würde ihm sagen, was man auch mir sagen muß,
wenn ich meine Meinung wie ein Revier verteidige: Vergiß
dein Revier einmal für eine Weile. Erforsche doch ein paar
neue Korallenriffe. Erkunde eine andere Gegend. Man gewinnt viel, wenn man den Mund schließt und die Augen
öffnet.

Kapitel 13

Was niemand zu träumen wagte

„Was denkt ihr von dem Christus? Wessen Sohn ist er?"
Matthäus 22:42

Eine Nation spiegelt sich in ihren Vorbildern wider. Studieren Sie die Helden einer Nation, dann werden Sie die Nation verstehen. Wir erweisen denen Achtung, die unsere Träume verkörpern – Bandenmitglieder prosten den Rücksichtslosen zu, Sklaven verehren die Freiheitskämpfer, und Mitglieder religiöser Kulte jubeln denen zu, die mit Autorität auftreten. Die Schwachen feiern die Starken, und die Unterdrückten ehren die Tapferen.

Das Ergebnis ist eine Collage aus Helden, die so unterschiedlich sind wie Josef Stalin und Florence Nightingale, Peter Pan und George Patton, Mark Twain und Mutter Teresa. Jeder weist auf ein weiteres Kapitel in dem Buch hin, das den Titel „Die Menschheit" trägt.

Doch in einer dieser legendären Figuren spiegelt sich nicht nur eine bestimmte Kultur, sondern die ganze Welt wider. Menschen auf der ganzen Welt sind mit dieser Gestalt vertraut. Ein Gesicht, das in Nigeria genauso erkannt wird wie in Indiana. Ein Unsterblicher, dessen Geschichte in jedem Land erzählt und aufgeschrieben wurde.

Wenn es stimmt, daß sich ein Volk in seinen Legenden widerspiegelt, dann ist dieser Mann ein Spiegel der Welt. Und wir können viel über uns selbst lernen, wenn wir ihn kennenlernen.

Einige nennen ihn Sinterklaas. Andere Pere Noel oder Papa Noel. Er wird auch Hoteiosho, Sonnerklaas, Father

Christmas, Weihnachtsmann, Jelly Belly, Santa Claus oder Nikolaus genannt.

Das letztere ist tatsächlich sein ursprünglicher Name, und er bedeutet: siegreich. Er wurde im Jahre 280 n. Chr. in Kleinasien, der heutigen Türkei, geboren. Im Alter von neun Jahren wurde er zum Waisenkind, denn seine Eltern starben an einer Seuche. Auch wenn viele glauben, der Nikolaus besäße einen staatlich anerkannten Abschluß in Spielzeugherstellung und habe zusätzlich eine kaufmännische Ausbildung absolviert, studierte der eigentliche Nikolaus griechische Philosophie und Theologie.

Zu Anfang des vierten Jahrhunderts wurde ihm von der katholischen Kirche der Titel des Bischofs von Myra verliehen. Diese Stellung behielt er bis zu seinem Tod am 6. Dezember 343.

Irgendwann später wurde er heiliggesprochen, doch im dritten Jahrhundert galt er zunächst als Unruhestifter.

Zweimal saß er im Gefängnis, einmal, weil Kaiser Diokletian ihn aus religiösen Gründen verhaftet hatte, das andere Mal, weil er einen anderen Bischof während einer hitzigen Debatte geschlagen hatte. (Nun kann sich jeder selbst ein Bild machen.)

Old Nick blieb unverheiratet. Doch das heißt nicht, daß er kein Gefühl für Romantik besaß. Er wurde berühmt wegen der Güte, die er einem armen Nachbarn erwies. Dieser hatte drei Töchter und war weder in der Lage, sie zu ernähren, noch sie mit der damals üblichen Mitgift auszustatten, die für eine Heirat nötig war. Der gute alte Nikolaus schlich sich in der Nacht zum Haus seines Nachbarn und warf eine Handvoll Goldmünzen durchs Fenster, damit die älteste Tochter heiraten konnte. Noch zwei weitere Male schlich er nachts zum Haus und versorgte auch die beiden anderen Töchter.

Diese Geschichte war der Samen, der nach vielen Jahren des Bewässerns zur Nikolauslegende heranwuchs. Es scheint, als habe jede Generation sie mit einem weiteren Ornament ausgeschmückt, bis sie heller leuchtete als jeder Weihnachtsbaum.

Die Gabe wuchs von einer Handvoll Münzen zu einem ganzen Sack mit Münzen. Statt sie durchs Fenster zu werfen, warf der Nikolaus sie durch den Kamin. Und die Münzen landeten schließlich nicht mehr auf dem Fußboden, sondern in den Strümpfen der Mädchen, die zum Trocknen über dem Herd hingen. (Daher kommt die Tradition mit den Strümpfen am Nikolaustag.)

Die Jahrhunderte haben nicht nur dem Image des Nikolaus, sondern auch seinen Taten gutgetan. Sie wurden vielfach ausgeschmückt, und auch seine Kleidung und seine Persönlichkeit durchliefen eine Wandlung.

Als Bischof von Myra trug er die traditionellen kirchlichen Gewänder und die Mitra als Kopfbedeckung. Es heißt, er wäre schmächtig gewesen, hätte einen dunklen Bart und einen ernsten Charakter gehabt.

Im Jahre 1300 trug er bereits einen weißen Bart. Im neunzehnten Jahrhundert wurde er mit rundem Bauch dargestellt, am Arm der unvermeidliche Korb mit Speisen. Schon bald reihten sich die schwarzen Stiefel ein, ein roter Mantel und eine lustige Zipfelmütze auf dem Kopf. Gegen Ende des neunzehnten Jahrhunderts wurde aus dem Korb mit Speisen ein Sack mit Spielzeug. 1866 war der Nikolaus noch klein und zwergenhaft, doch 1930 sah man ihn fast zwei Meter groß, kräftig mit roten Backen und einer Coca-Cola in der Hand. Der Nikolaus spiegelt die Wünsche der Menschen auf der ganzen Welt wider. Im Lauf der Jahrhunderte hat sich in ihm alles vereint, wonach wir uns sehnen:

Ein Freund, dem wir so wichtig sind, daß er eine lange Reise mit vielen Mühen auf sich nimmt und guten Menschen gute Gaben bringt.

Ein weiser Mann, der, obwohl er jede Tat sieht, das Gute zu belohnen und das Schlechte zu übersehen weiß.

Ein Freund der Kinder, der nie krank und alt wird.

Ein Vater, bei dem wir auf dem Schoß sitzen und dem wir unsere tiefsten Wünsche erzählen können.

Der Nikolaus. In ihm bündelt sich alles, womit ein Held

ausgestattet sein sollte. Die Personifizierung unserer Leidenschaften. Ein Ausdruck unserer Sehnsüchte. Die Erfüllung unserer Wünsche.

Und ... die Enttäuschung unserer mickerigen Erwartungen.

Wie bitte? sagen Sie nun. Ich will es erklären.

Wissen Sie, der Nikolaus kann uns nicht das geben, was wir wirklich brauchen. Zum einen ist er nur einmal im Jahr in der Nähe. Wenn die Januarwinde unsere Seele erschauern lassen, dann gehören Nikolaus und Weihnachtsmann schon wieder der Vergangenheit an. Wenn die Wünsche des Dezembers zu Rechnungen des Februars werden, dann hat der Nikolaus den Supermarkt schon längst wieder verlassen. Wenn der April eine Steuerforderung bringt oder der Mai ein Abschlußexamen, dann dauert es immer noch viele Monate, bis der Nikolaus wieder auftaucht. Und wenn wir im Juli krank oder im Oktober allein sein sollten, dann können wir nicht zu ihm gehen, um uns von ihm trösten zu lassen – sein Stuhl ist immer noch leer. Er kommt nur einmal im Jahr.

Und wenn er dann schließlich kommt, bringt er zwar viel mit, aber er nimmt uns nicht viel ab. Er nimmt das Rätsel des Todes nicht fort, nicht die Last der Fehler und die Sorge vor den Anforderungen. Er ist freundlich und schnell und liebenswert. Aber wenn es darum geht, Wunden zu heilen – dann gehen Sie lieber nicht zum Nikolaus.

Nun, ich will nicht engstirnig sein. Ich will dem guten alten Mann keinen Schlag versetzen. Ich will nur aufzeigen, daß wir Menschen zaghaft sind, wenn es darum geht, Legenden auszumalen.

Man sollte meinen, daß wir zu viel mehr in der Lage sind. Man sollte meinen, daß wir im Lauf von sechs Jahrhunderten einen Helden hätten entwerfen können, der mit jenen Ängsten fertig wird.

Aber wir können es nicht. Wir haben uns viele Helden gemacht, von König Arthur bis Kennedy, von Lincoln bis Lindbergh, von Sokrates über den Nikolaus bis hin zum Supermann. Wir haben unser Bestes gegeben, jeden Zweifel in eine Heldentat umgesetzt, nach bestem Wissen übernatürliche Kräfte ausgemalt, und einen kurzen Moment lang lebt der Held, den wir brauchen – der König, der das Schloß Camelot befreien kann. Doch dann bröckelt die Wahrheit, und die Wirklichkeit taucht mitten in der Phantasie wieder auf, die Schwachpunkte werden sichtbar. Und wir merken, daß die Helden, wie edel und tapfer sie auch gewesen sein mögen, doch derselben gefallenen Menschheit angehören wie wir auch.

Bis auf einen. Es gab einen, der behauptete, aus einer anderen Welt zu stammen. Es gab einen, der zwar aussah wie ein Mensch, jedoch behauptete, seinen Ursprung in Gott zu haben. Es gab einen, der zwar wie ein Jude aussah, jedoch dem Bild des Schöpfers gleich war.

Wer ihn sah – wer ihn wirklich sah –, wußte, daß bei ihm etwas anders war. Wenn er blinde Bettler anrührte, konnten diese sehen. Wenn er verkrüppelten Beinen gebot, konnten sie gehen. Wenn er Menschen in den Arm nahm, füllte sich ihr leeres Leben mit einer Vision.

Er speiste Tausende mit nur einem Korb voll Brot. Er stillte mit einem einzigen Befehl einen Sturm. Er weckte Tote auf, indem er nur ein Wort sprach. Mit nur einer einzigen Aufforderung veränderte er das Leben von Menschen. Er änderte den Kurs der Geschichte mit nur einem einzigen Leben, lebte nur in einem Land, wurde in einer Futterkrippe geboren und starb auf einem Hügel.

In seiner letzten Woche faßte er den Anspruch, mit dem er auftrat, in einer einzigen Frage zusammen. Er fragte seine Jünger mit Blick auf sich selbst: „Was denkt ihr von dem Christus? Wessen Sohn ist er?"[1]

Eine prüfende Frage. Eine Frage, die am richtigen Punkt angesetzt ist. Das „Was" wird durch das „Wer" beantwortet. Was man über den Christus denkt, ist in der Antwort enthalten, wessen Sohn er ist. Man beachte, daß Jesus nicht gefragt hat: „Was denkt ihr über den Christus und seine Lehre?" oder „Was denkt ihr über den Christus und seine

Stellung zu sozialen Fragen?" oder „Was denkt ihr über den Christus und seine Führungsqualitäten?"

Nach drei Jahren des öffentlichen Wirkens, nach Hunderten von Kilometern, Tausenden von Wundern und unzählbaren Unterweisungen fragt Jesus: „Wer?" Jesus fordert die Menschen nicht auf, über das nachzusinnen, was er getan hat, sondern darüber nachzudenken, wer er ist.

Diese eine Frage bringt alles auf den Punkt: Wessen Sohn ist Christus?

Ist er der Sohn Gottes oder die Summe unserer Träume? Ist er die Kraft der Schöpfung oder eine Ausgeburt unserer Phantasie?

Wenn wir dieselbe Frage im Blick auf den Nikolaus stellen, so lautet die Antwort, daß sich in ihm alle unsere Wünsche widerspiegeln. Er ist ein Bild unserer schönsten Träume.

Doch wenn wir die Frage im Blick auf Jesus stellen, lautet die Antwort anders. Denn niemand hätte sich jemals einen Menschen ausdenken können, der so unglaublich ist wie er. Der Gedanke, daß eine Jungfrau von Gott dazu ausgewählt würde, um ihn selbst unter ihrem Herzen zu tragen ... Die Vorstellung, daß Gott eine Kopfhaut, Zehen und zwei Augen bekommen würde ... Der Gedanke, daß der König der Könige niesen, gefüttert und von Mücken gestochen würde ... Das ist zu unglaublich. Zu revolutionär. Einen solchen Retter hätten wir uns niemals ausgedacht. So wagemutig sind wir nicht.

Wenn wir uns einen Retter ausmalen, dann wohnt er in sicherer Entfernung in einem Schloß. Wir gestehen ihm nur kurze Begegnungen mit uns zu. Wir erlauben ihm, mit seinem Schlitten im Sturzflug zu landen und ebenso schnell wieder davonzufahren, bevor wir ihm zu nahe kommen könnten. Wir würden ihn niemals bitten, mitten unter einem verdorbenen Volk zu wohnen. Selbst in unseren wildesten Phantasien würden wir uns nicht einen König ausmalen, der unseresgleichen wird.

Aber Gott hat dies getan. Gott tat, was wir nicht zu träumen wagten. Er tat, was wir uns nicht vorstellen konnten. Er wurde zum Menschen, damit wir ihm vertrauen können. Er wurde zum Opfer, damit wir ihn kennenlernen können. Und er besiegte den Tod, damit wir ihm folgen können.

Das trotzt aller Logik. Es ist ein göttlicher „Wahnsinn". Nur ein Gott, der von keinem System und keinem menschlichen Verstand eingegrenzt ist, konnte einen so absurden Plan entwerfen. Aber gerade die Unmöglichkeit der ganzen Sache macht sie möglich. Die Absurdität dieser Geschichte ist das stärkste Zeugnis.

Denn nur ein Gott konnte sich einen so „verrückten" Plan ausdenken. Nur ein Schöpfer, der nicht von den Grenzen der Logik eingeschränkt ist, konnte eine solche Liebesgabe anbieten.

Was der Mensch nicht tun kann, tut Gott.

Also, wenn es um Geschenke und Bonbons geht, um Pausbacken und rote Nasen, dann gehen Sie zum Nikolaus.

Doch wenn es um die Ewigkeit geht, um Vergebung, Sinn und Wahrheit, dann gehen Sie zur Krippe. Knien Sie sich mit den Hirten nieder. Beten Sie den Gott an, der wagte, das zu tun, was kein Mensch zu träumen wagte.

Kapitel 14

Der Cursor oder das Kreuz?

„Wie wollt ihr der höllischen Verdammnis entrinnen?"
Matthäus 23:33

W̵as mir an Computern nicht gefällt, ist, daß sie tun, was ich sage, und nicht, was ich meine.

Zum Beispiel: Ich will die Kontrolltaste drücken, doch drücke aus Versehen die TASTE FÜR GROSSBUCHSTA-BEN, UND PLÖTZLICH SIND AUF DEM BILDSCHIRM NUR NOCH GROSSE BUCHSTABEN ZU SEHEN. iCH BLICKE AUF DEN BILDSCHIRM UND SAGE: „aBER DAS HABE ICH DOCH GAR NICHT GEMEINT!" UND verbessere meinen Fehler.

Noch ein Beispiel.

Ich will einen Buchstaben korrigieren, drücke aber aus Versehen die Taste, die das Ganze löscht   . „Aber das habe ich doch gar nicht gemeint", brumme ich dem einäugigen Monster zu, und dann verbessere ich meinen Fehler.

Also, ich weiß, daß ich mit dieser mASCHINE (HOPPLA, JETZT IST ES MIR SCHON WIEDER PAS-SIERT) nicht so hart ins Gericht gehen sollte. Schließlich handelt es sich nur um ein Werkzeug. Es kann nicht Ge-danken lesen (obwohl man in Anbetracht der hohen Kosten eines Computers erwarten sollte, daß er einen wenigsten da-von abhalten könnte, immer wieder dieselben Fehler zu ma-chen). Ein Computer rechnet. Er denkt nicht. Er stellt nicht in Frage. Er lächelt nicht, schüttelt nicht den Monitor und sagt: „Max, Max, ich weiß schon, was du willst. Ich weiß, daß du nicht die Löschtaste drücken und alle Buchstaben löschen wolltest, die du gerade erst getippt hast. Wenn du auf den Bildschirm blicktest, würdest du das auch sehen. Aber da du das nicht tust und da wir beide gute Freunde sind und du den Stecker nicht 'rausziehst, werde ich tun, was du eigentlich willst, und nicht, was du befiehlst."

Doch so etwas tut ein Computer nicht. Computer sind gesetzliche, unpersönliche Pragmatiker. Wenn Sie etwas von ihm wollen, müssen Sie eine Taste drücken. Sie müssen sich mit dem System vertraut machen und einen Ausdruck erstellen. Und wenn das System abstürzt, na, dann haben Sie eine lange Nacht vor sich.

Computer sind herzlose Geschöpfe. Erwarten Sie von Ihrem Laptop kein Mitleid. Man nennt die Disketten nicht umsonst „Hard disks". (Selbst die Hülle ist hart.)

Die Gotteserkenntnis mancher Leute gleicht einer Computertheologie. Gott ist der Rechner. Die Bibel ist die Tastatur, der Heilige Geist die „Floppy disk" und Jesus die Hilfetaste und Servicenummer.

Man kann es Computerchristentum nennen. Die richtige Taste drücken, den richtigen Code öffnen, die richtige Information einspeichern, und – zack – kann man seine eigene Erlösung ausdrucken.

Es handelt sich um professionellen Glauben. Wir tragen unseren Teil bei, und der göttliche Computer tut seinen Teil. Warum sollten wir beten? (schließlich betätigen wir ja die Tastatur). Emotionale Bindung ist nicht nötig (wer will schon eine Schaltung umarmen?). Und Lobpreis? Nun, das gehört zu den Experimenten im Labor – man gibt die Rituale ein und beobachtet das Ergebnis.

Computerglaube. Kein Knien. Kein Weinen. Keine Dankbarkeit. Keine Gefühle. Großartig – bis man einen Fehler macht. Bis man sich irrt. Bis man falsche Informationen eingibt und vergißt, das Manuskript zu sichern. Bis man plötzlich auf der Verliererseite steht – dann viel Glück, mein Lieber, jetzt bist du dir selbst überlassen.

Religion durch Computer. Das geschieht,

wenn man den lebendigen Gott durch ein lebloses System ersetzt;

wenn man die Liebe, die jedes Maß übersteigt, durch ein Budget ersetzt;

wenn man das endgültige Opfer Christi durch die kläglichen Errungenschaften der Menschen ersetzt.

Wenn man Gott als Computer ansieht und den Christen als Zahlen murmelnden, Cursor plazierenden Tastendrücker – dann ist das Religion mit Hilfe des Computers.

Das ist es, was Gott haßt. Es zerstört sein Volk. Es verunreinigt seine Leiter. Es verdirbt seine Kinder.

Woher weiß ich das? Er hat es selbst gesagt. Jesus verurteilt eine Religion, in der nur Regeln gelten. Mit flammenden Augen und „einer Pistole in der Hand" schießt Jesus ein Loch nach dem andern in den Heißluftballon der Pharisäer. Seine Predigt am Dienstag ist eine Schießerei, bei der nur von einer Seite gefeuert wird. Das Ergebnis ist eine die Zeit überdauernde Erklärung Gottes gegen systematische Erlösung.

Ich will versuchen, mit einer einfachen Frage verständlich zu machen, was ich sagen will. Wie würden Sie die Lücke im nachfolgenden Satz ausfüllen?

Ein Mensch kann durch _____ vor Gott bestehen.

Eine einfache Aussage. Aber lassen Sie sich nicht von der Kürze des Satzes täuschen. Es ist entscheidend, wie Sie ihn vervollständigen. Darin spiegelt sich das Wesen Ihres Glaubens wider. Ein Mensch kann durch ... vor Gott bestehen.

Dadurch, daß er gut ist. Ein Mensch kann aufgrund guter Werke vor Gott bestehen. Zahlen Sie Ihre Steuern. Speisen Sie die Armen. Fahren Sie nicht zu schnell, trinken Sie nicht zu viel oder am besten trinken Sie überhaupt nicht. Sich christlich verhalten – das ist das Geheimnis.

Durch Leiden. Das ist die Antwort. So können wir vor Gott bestehen – wir müssen leiden. Auf dem dreckigen Boden schlafen. Durch den feuchten Dschungel stapfen. Malaria. Armut. Kälte. Durchwachte Nächte. Keuschheitsgelübde. Geschorenes Haupt. Barfüßig. Je größer der Schmerz, desto größer der Heilige.

Nein, nein, nein. Der Weg, um vor Gott zu bestehen? Lehre. Tote Auslegung der Wahrheit. Hieb- und stichfeste Theologie, die jedes Geheimnis erklärt. Das Tausendjährige Reich wird vereinfacht dargestellt. Die Inspiration wird erläutert. Die Rolle der Frau ein für allemal definiert. Gott kann gar nicht anders, als uns zu erlösen – schließlich wissen wir mehr als er.

Wie können wir vor Gott bestehen? Alle genannten Wege werden von Menschen ausprobiert. Alle diese Wege werden gelehrt. Wir können sie im Leben anderer Menschen beobachten. Aber keiner stammt von Gott.

Und genau das ist das Problem. Keiner ist von Gott. Alle stammen von Menschen. Denken Sie darüber nach. Wer ist in den genannten Beispielen die treibende Kraft? Der Mensch oder Gott? Wer rettet, Sie oder er?

Wenn wir durch gute Werke gerettet werden, brauchen wir Gott nicht – dann kommen wir auch in den Himmel, wenn wir einmal wöchentlich an alle Gebote oder Verbote erinnert werden. Wenn wir durch Leiden gerettet werden, brauchen wir Gott ganz bestimmt nicht. Dann benötigen wir nur eine Peitsche, eine Kette und ein Evangelium der Schuld. Wenn wir durch Lehre gerettet werden, dann sollten wir um „Himmels willen" endlich damit anfangen, zu studieren! Wir haben nicht Gott nötig, sondern ein Lexikon. Wir müssen uns mit theologischen Themen beschäftigen, die verschiedenen Meinungen erforschen, die Wahrheit entdecken.

Aber, lieber Student, seien Sie vorsichtig. Denn wenn wir dadurch gerettet würden, daß wir die richtige Theologie besitzen, dann wäre ein einziger Fehler schon fatal. Das gilt in gleicher Weise für solche, die meinen, durch gute Werke vor Gott bestehen zu können. Ich hoffe, die Versuchung ist niemals größer als Ihre Kraft. Denn sonst könnte ein einziger Fehltritt Ihr ganzes Schicksal verändern. Und wer glaubt, durch Leiden gerettet zu werden, muß sich auch vorsehen, denn woher soll er wissen, ob er genug gelitten hat?

Und genau darum geht es. Wenn wir uns selbst retten,

haben wir nie wirklich Gewißheit über irgend etwas. Wir wissen nicht, ob wir genug gelitten, genug geweint oder genug gelernt haben. Das ist die Frucht eines Computerglaubens: Angst, Unsicherheit, mangelnde Festigkeit. Und paradoxerweise auch Arroganz.

Ja, tatsächlich – Arroganz. Die Unsicheren rühmen sich am meisten. Wer versucht, sich selbst zu retten, drängt sich selbst in den Vordergrund. Wer durch Werke gerettet wird, zeigt seine Werke. Wer durch Leiden gerettet wird, trägt seine Narben öffentlich zur Schau. Wer durch Gefühle gerettet wird, gibt mit seinen Empfindungen an. Und wer durch Lehre gerettet wird – ja, Sie haben es verstanden. Er trägt seine Lehre zur Schau.

Oder sie wird am Arm getragen, wie es die Pharisäer taten: „Am Arm tragen sie breite Gebetsriemen."[1]

Oder auf der Schulter: „Die Fransen an ihren Talaren werden immer länger."[2]

Oder sie beanspruchen die besten Plätze: „Bei euren Festen wollen sie auf Ehrenplätzen sitzen, und beim Gottesdienst haben sie ihren Platz in der vordersten Reihe."[3]

Und sie sind sehr stolz auf Titel: „Sie haben es gern, wenn man sie auf der Straße ehrfurchtsvoll grüßt und ‚Meister' nennt."[4]

Die Pharisäer waren arrogant. Sie waren arrogant, weil sie selbstgerecht waren. Sie waren selbstgerecht, weil sie versuchten, sich selbst ohne Gott gerecht zu machen. Sie hatten den Tempel zu einem Computernetz gemacht. Die Synagoge war ein Programmierkurs, die Rituale waren die Tastatur, und die Pharisäer waren die Programmierer. Sie gaben den Ton an. Sie befanden sich auf dem richtigen Weg, und das wußten sie auch.

„Alle sollen sehen können, wie fromm sie sind."[5]

Das machte Jesus zornig. Er war so zornig, daß seine letzte Predigt an die Pharisäer nicht von Liebe, Erbarmen und der guten Nachricht handelte, sondern von heuchlerischem Glauben und leeren Herzen. Es war ein offener Schlag gegen die gesetzlichen Leiter.

Sechsmal nannte er sie Heuchler und fünfmal blind. Er beschuldigte sie eines selbstmörderischen Fatalismus – daß sie der Hölle den Vorrang vor dem Himmel gaben und alle anderen Menschen mit sich zogen. Statt die Menschen zu Gott zu bekehren, machten sie aus ihnen ihresgleichen. Durch seltsame Mythen und Aberglauben verkomplizierten sie das Evangelium. Wenn es um den Zehnten ging, rühmten sie sich, aber wenn es um das Dienen ging, legten sie sich lieber ein Weilchen aufs Ohr.[6]

Ihr Glaube war so attraktiv wie Essen aus einer Schüssel, in der noch die Linsen von gestern kleben; er war so wohlriechend, als würde man Gräber aus dem letzten Jahrhundert öffnen. Sie waren so unschuldig wie Verbrecher und so aufrichtig wie ein Zuhälter.

„Ihr seid Schlangen", verurteilte sie Jesus, weil er in ihren Augen dieselbe Schläue und Finsternis sah, die Eva im Garten erblickt hatte.

Was Jesus in seiner letzten Woche zornig machte, war nicht die Verwirrung der Apostel. Er ärgerte sich nicht über die Forderungen der Menschen. Er verlor seine Beherrschung nicht bei den Soldaten und ihren Peitschen, und auch bei Pilatus und seinen Fragen explodierte er nicht. Aber eine Sache konnte er nicht ausstehen, und das war doppelzüngiger Glaube: Religion, aus der Profit geschlagen und Religion, die für das eigene Prestige genutzt wurde. Das konnte er nicht ertragen.

Sechsunddreißig Verse voll Feuer wurden in einer Frage zusammengefaßt: „Wie wollt ihr der höllischen Verdammnis entrinnen?"[7]

Eine gute Frage. Eine gute Frage für die Pharisäer, eine gute Frage für Sie und für mich. „Wie wollen wir der höllischen Verdammnis entrinnen?"

Die Frage wird beantwortet, wenn wir zu unserer Lücke im Text zurückkehren und sie ausfüllen. Ein Mensch kann durch _____ vor Gott bestehen.

Es ist seltsam, oder man könnte auch sagen: angemessen, daß ausgerechnet ein Pharisäer diesen Satz zum ersten

Mal niederschrieb. Jedenfalls war er einmal ein Pharisäer. Er erhielt die beste theologische Ausbildung, die es damals gab. Er war ein aufsteigender, vielversprechender religiöser Fachmann. Er konnte die heikelsten Fragen beantworten und die spitzfindigsten Gleichnisse lösen. Aber die große Frage, die Frage von Jesus, konnte er nicht beantworten.

Ich würde gern wissen, ob er dabei war, als Jesus die Frage stellte: „Wie wollt ihr der höllischen Verdammnis entrinnen?" Vielleicht hat er die Frage gehört. Vielleicht war sein junges Gesicht in der Menge zu sehen. Vielleicht stand er dabei, mit Schriftrollen unter dem Arm und finsterem Blick. Nach dem Gesetz der Erbe des gesetzlichen Lehrstuhls.

Ich frage mich wirklich, ob er dabei war ...

Wenn er dort war, dann hatte er keine Antwort. Niemand, der gesetzlich ist, hat eine Antwort darauf. Der Mensch, der sich selbst rettet, schweigt in Gottes Gegenwart. Plötzlich sind unsere größten Anstrengungen erbärmlich und kläglich. Würden Sie es wagen, vor Gott zu erscheinen und ihn zu bitten, Sie aufgrund Ihres Leidens oder Ihrer Opfer oder Ihrer Tränen oder Ihres Studiums zu retten?

Ich würde es auch nicht wagen.

Auch Paulus wagte dies nicht. Er benötigte viele Jahre, bis er entdeckte, was er dann in einem einzigen Satz niederschrieb.

„Ein Mensch kann durch den Glauben vor Gott bestehen."[8] Nicht durch gute Werke, Leiden oder Studium. Das alles kann eine Folge der Errettung sein, aber es ist nicht der Grund der Errettung.

Wie wollen Sie der höllischen Verdammnis entrinnen? Es gibt nur einen Weg. Durch den Glauben an Gottes Opfer. Es geht nicht um das, was Sie tun, sondern um das, was er getan hat.

Übrigens, mein Computer macht mich immer noch verrückt. Er macht immer noch das, WAS iCH SAGE, HOPPlA, und nicht das, was ich meine. Ich drücke die falsche Taste und muß die Folgen tragen. Deshalb weigere ich mich auch, ihn so zu nennen, wie die Hersteller es tun. Es ist kein „personal computer", kein persönlicher Computer. Er ist kalt, unpersönlich und könnte nicht weniger an meinem Wohlergehen interessiert sein.

Ein persönlicher Computer würde sich anders verhalten. Es wäre überhaupt kein Computer, sondern ein Freund. Ein Freund, der mir gibt, was ich brauche, und nicht, was ich verlange. Ein Freund, der mehr über mich weiß als ich selbst. Ein Freund, den man nicht abends abstellen und morgens wieder anstellen muß.

Einen solchen Computer soll es geben? Das ist zuviel verlangt, ich weiß.

Einen solchen Gott soll es geben? Auch das ist zuviel verlangt. Aber so ist Gott. Warum sonst ist er wohl als Ihr persönlicher Heiland bekannt?

Kapitel 15

Einfacher Glaube

„Darum ist es auch unsinnig,
daß ihr euch Vorschriften machen laßt."
Kolosser 2:16

Schlafenszeit ist keine schöne Zeit für Kinder. Kein Kind versteht, warum es zu Bett gehen soll, wenn es doch noch so viel Energie hat und der Tag noch längst nicht zu Ende ist.

Meine Kinder bilden da keine Ausnahme. Vor ein paar Tagen, nach vielen Einwänden und vielem Stöhnen, hatten die Mädchen schließlich ihre Nachthemden angezogen, steckten in ihren Betten und lagen auf ihrem Kissen. Ich schlüpfte noch einmal ins Schlafzimmer, um den beiden einen letzten Gute-Nacht-Kuß zu geben. Andrea, die Fünfjährige, war noch halb wach, die Augen fielen ihr zwar schon zu, aber sie schlief noch nicht richtig. Nachdem ich sie geküßt hatte, öffnete sie ein letztes Mal die Augen und meinte: „Ich kann's gar nicht abwarten, wieder aufzuwachen."

Oh, diese Haltung einer Fünfjährigen! Diese einfache, schlichte Leidenschaft zu leben, die kaum abwarten kann, daß ein neuer Morgen kommt! Eine Lebensphilosophie, die lautet: „Vertiefe dich ins Spiel, lache von ganzem Herzen, und die Sorgen überlaß deinem Vater." Ein bodenloser Brunnen des Optimismus, der von einer nie versiegenden Quelle des Glaubens gespeist wird. Ist es da verwunderlich, daß Jesus sagte, wir müßten das Herz eines Kindes haben, um ins Himmelreich zu kommen?

Mir gefallen die Worte, mit denen J. B. Phillip den Aufruf von Jesus, wie ein Kind zu werden, wiedergibt: „Jesus rief ein kleines Kind zu sich und stellte es in die Mitte. ‚Glaubt mir‘, sagte er, ‚wenn ihr nicht eure ganze Sicht ändert und wie kleine Kinder werdet, dann könnt ihr nicht ins Himmelreich kommen.‘“ [1]

Ich will besonders die Worte „Ändert eure ganze Sicht“ hervorheben. Nicht gerade ein geringes Gebot. Hören Sie auf, das Leben wie ein Erwachsener zu betrachten, betrachten Sie es vielmehr durch die Augen eines Kindes.

Ein absolut notwendiger Rat für uns nüchterne, ernst dreinblickende, miesepetrige Erwachsenen. Ein wichtiger Rat für uns, die wir jeder ein Gernegroß sein und die Welt meistern wollen. Gute Worte für diejenigen unter uns, die nur selten sagen: „Ich kann’s gar nicht abwarten, wieder aufzuwachen“, sondern viel öfter: „Ich kann’s gar nicht abwarten, endlich ins Bett zu kommen.“

In gewisser Hinsicht sind wir wie Kinder. Die Schlafenszeit ist bei uns genauso von Murren begleitet – nur daß wir darüber murren, aufstehen, statt zu Bett gehen zu müssen.

Der Grund hierfür ist nicht schwer zu verstehen.

Wer tritt schon morgens mit Begeisterung in jene Welt, in der die meisten von uns leben? Termingebundene Aufträge, Verkehrsstaus, mürrische Chefs und verstopfte Straßen. Den Kopf in die Federn zu kuscheln, ist sehr viel verlockender, als die Hände ans Steuerrad zu legen.

Die Frustration, unter der die meisten Menschen leiden, läßt sich mit einem einzigen Wort zusammenfassen – Verwirrung. Nichts scheint mehr einfach zu sein. Wissen Sie, wie das neue Vorkaufsrecht bei Hypotheken lautet? Versuchen Sie, die Stimmungen Ihres Ehepartners zu verstehen? Haben Sie vor kurzem für Ihr Büro eine neue Telefonanlage gekauft? Haben Sie versucht, Ihren Mikrowellenherd zu reparieren oder den Rat eines Therapeuten zu entziffern? Dann wissen Sie, wovon ich spreche.

Und nun – der Glaube. Wir Christen haben doch eine

Lösung für die Verwirrung, oder? „Kehren Sie der verwirrenden Welt den Rücken", laden wir ein, „und betreten Sie den ruhigen, sicheren Garten des Glaubens."

Wir wollen einmal ehrlich sein. Statt von dem „ruhigen, sicheren Garten" zu sprechen, wäre es nicht besser, ihn als „wilde und verworrene Sonderausstellung" zu beschreiben? Das sollte nicht so sein, doch wenn wir einmal einen Schritt zurücktreten und uns ansehen, welchen Eindruck die nicht gläubigen Menschen vom Christentum haben müssen, dann fällt mir das Bild von einem Vergnügungspark ein.

Neonlichter von Zeremonie und Prunk. Gefühle wie beim Nervenkitzel der Achterbahn. Laute Musik. Seltsame Leute. Auffällige Kleidung.

Und wie die Marktschreier überreden die Prediger die Zuhörer: „Treten Sie nur ein in die ‚Kirche der himmlischen Hoffnung der obersten Engel und der glücklichen Herzen ...‘"

„Hierher, meine Dame, hierher, die Gemeinde dort drüben ist für jemand wie Sie viel zu streng. Versuchen Sie es einmal mit uns, wir lehren Errettung durch Heiligung, was zur Reinigung und Stabilisierung führt. Das ist allerdings nur etwas für Sie, wenn Sie nicht lieber den Weg der Prädestination gehen wollen, die Ihnen anbietet ..."

„Ich bitte um Ihre sehr geschätzte Aufmerksamkeit, mein Herr. Versuchen Sie es einmal mit unserem nicht charismatischen, auf das calvinistische Glaubensbekenntnis gegründeten Gottesdienst, unserer Vorstellung des Tausendjährigen Reiches ... Sie werden nicht enttäuscht sein."

Ein sicherer Garten der Gelassenheit? Kein Wunder, daß eine Frau einmal zu mir sagte: „Ich würde es ja gern einmal mit Jesus ausprobieren, wenn ich nur einen Weg wüßte, der an der Religion vorbeiführt."

Ihre Worte stehen für die Erfahrung von Tausenden. Vielleicht stehen sie auch für Ihre Erfahrung. Vielleicht sehnen Sie sich danach, aufzuwachen und das gleiche Leben zu haben, nach dem meine Tochter sich abends sehnt: Zeit zum Spielen, friedvoll und sicher. In der Welt haben Sie dieses Leben nicht gefunden. Dann haben Sie durch die Kirchentür gelugt, sind sich aber nicht ganz sicher, was Sie von dem halten sollen, was Sie dort sehen.

Oder vielleicht haben Sie mehr getan, als nur einen Blick durch den Türspalt zu werfen; vielleicht sind Sie sogar eingetreten und haben angefangen mitzuarbeiten. Sie haben Kuchen gebacken, Besuche gemacht, freiwillig geholfen und unterrichtet. Aber anstelle der ersehnten Ruhe erleben Sie nur Streß. Nun stehen Sie vor einem Rätsel, weil Jesus gesagt hat, daß Sie Frieden haben sollten. Aber da Sie diesen Frieden nicht spüren, haben Sie ganz bestimmt irgend etwas falsch gemacht. Gott gibt doch kein Versprechen, ohne es zu halten, nicht wahr? Nun sind Sie also nicht nur durch die Welt und durch die Kirche verwirrt, sondern auch noch durch Ihre eigene Unfähigkeit, das Ganze zu verstehen.

Puh! Es ist ganz schön schwer, Christ zu sein!

Aber eigentlich sollte es nicht schwer sein. Komplizierter Glaube stammt nicht von Gott. Lesen Sie Matthäus 23, das wird Sie davon überzeugen. Hier haben Sie das vernichtende Urteil Jesu über „Jahrmarktreligion" oder „Kirmesglauben".

Wenn Sie sich Jesus bisher als blassen Schwächling vorgestellt gehabt haben, dann lesen Sie dieses Kapitel und schauen Sie sich die andere Seite an: ein zorniger Vater, der die Zuhälter brandmarkt, die seine Kinder zur Prostitution verführt haben.

Sechsmal nennt er sie Heuchler. Fünfmal nennt er sie blind. Siebenmal klagt er sie an. Und einmal sagt er ihren Ruin voraus. Nicht gerade das, was man für Public Relations tun sollte.

Doch inmitten dieses tosenden Wortflusses finden wir eine sichere Insel der Unterweisung. Mitten zwischen zwei Feuersalven senkt Jesus plötzlich die Pistole, wendet sich den Jüngern zu, die mit weit aufgerissenen Augen dastehen, und beschreibt, was das Wesen des einfachen Glaubens ist. Vier Verse: der Abschnitt ist in gleicher Weise kurz wie praktisch. Man könnte ihn „Jesu Lösung für kompliziertes Christentum" nennen.

„Laßt *ihr* euch nicht [als ‚Meister'] anreden! Nur Gott ist euer Meister, ihr seid untereinander alle Brüder. Niemanden auf der Erde sollt ihr ‚Vater' nennen, denn nur Gott im Himmel hat Anspruch auf diesen Namen. Ihr sollt euch auch nicht Lehrer nennen lassen, weil ihr nur einen Lehrer habt: Christus. Wer allen anderen dient, wird der Größte unter euch sein. Aber alle, die sich für wichtig halten, werden gedemütigt werden. Wer sich aber selbst erniedrigt, den wird Gott erhöhen."[2]

Wie kann unser Glaube einfacher werden? Wie können wir den ganzen unnötigen Ballast loswerden? Wie können wir zu der Freude kommen, die uns so erfüllt, daß wir gern aufwachen? Ganz einfach. Wir müssen uns von den Vermittlern trennen.

Entdecken Sie selbst die Wahrheit. „Nur Gott ist euer Meister, ihr seid untereinander alle Brüder."[3]

Entwickeln Sie selbst Vertrauen. „Niemanden auf der Erde sollt ihr ‚Vater' nennen, denn nur Gott im Himmel hat Anspruch auf diesen Namen."[4]

Erkennen Sie selbst Gottes Willen. „Ihr habt nur einen Lehrer: Christus."[5]

Es gibt Menschen, die sich zwischen uns und Gott stellen. Es gibt Leute, die behaupten, man könnte nur durch sie zu Gott kommen. Oder berühmte Konferenzsprecher, deren Bibelauslegung das endgültige Wort ist. Und Väter, ohne deren Segen wir nichts tun. Oder geistliche Lehrer, die uns diktieren, was Gottes Wille für uns ist. Die Botschaft von Jesus im Blick auf unseren komplizierten Glauben lautet, daß wir uns von diesen Mittelsmännern trennen sollen.

Er sagt nicht, daß wir keine Lehrer, Ältesten oder Ratgeber benötigen. Er sagt jedoch, daß wir alle Brüder und Schwestern sind und in gleicher Weise Zugang zum Vater im Himmel haben. Vereinfachen Sie Ihren Glauben, indem Sie selbst Gott suchen. Es sind keine verwirrenden Zeremonien nötig. Es werden keine geheimnisvollen Rituale verlangt. Keine komplizierten Befehlswege, keine unterschiedlichen Zugangsebenen.

Haben Sie eine Bibel? Dann können Sie sich hineinvertiefen. Haben Sie ein Herz? Dann können Sie beten. Haben Sie einen Verstand? Dann können Sie denken.

Eine meiner Lieblingsgeschichten handelt von einem Bischof, der mit dem Schiff unterwegs war, um eine Gemeinde in einem fernen Land zu besuchen. Bei einer Insel wurde die Reise für einen Tag unterbrochen. Der Bischof machte einen Spaziergang am Strand. Dort traf er drei Fischer, die ihre Netze flickten.

Neugierig stellte der Bischof ihnen einige Fragen über ihren Beruf. Neugierig stellten die Fischer ihm einige Fragen über sein bischöfliches Ornat. Als sie herausfanden, daß er ein Kirchenleiter war, reagierten sie sehr erfreut. „Wir sind auch Christen!" riefen sie aus, indem einer stolz auf den anderen zeigte.

Der Bischof war beeindruckt, aber auch vorsichtig. Ob sie das Vaterunser kannten? Sie hatten noch nie davon gehört.

„Was sagt ihr denn, wenn ihr betet?"

„Wir beten: ‚Wir sind drei, und du bist drei, hab' Erbarmen mit uns.'"

Der Bischof war entsetzt über dieses primitive Gebet. „Das reicht nicht aus." Nun verbrachte er den ganzen Tag damit, ihnen das Vaterunser beizubringen. Die Fischer waren nicht sehr begabt, aber willige Schüler. Als der Bischof am nächsten Tag weiterfuhr, konnten sie das ganze Gebet ohne einen Fehler aufsagen.

Der Bischof war stolz.

Auf der Rückreise steuerte das Schiff erneut die Insel an. Als sie in Sicht kam, trat der Bischof nach draußen und erinnerte sich voll Freude an die Männer, die er unterwiesen hatte. Er beschloß, sie noch einmal zu besuchen. Noch dachte er darüber nach, da erschien fern am Horizont in der Nähe der Insel ein Licht. Es sah so als, als käme es näher. Während der Bischof voll Verwunderung diese Erscheinung betrachtete, erkannte er, daß es die drei Fischer waren. Sie liefen auf dem Wasser. Alle Passagiere und die ganze Schiffsmannschaft versammelten sich an Deck, um das Geschehen zu beobachten.

Als die Fischer in Rufweite gelangt waren, riefen sie: „Lieber Bischof, wir wollten schnell zu Ihnen kommen."

„Was ist euer Begehren?" fragte der fassungslose Bischof.

„Es tut uns leid. Wir haben das schöne Gebet vergessen. Wir sagen: ‚Unser Vater im Himmel, geheiligt werde dein Name ..., und dann wissen wir nicht weiter. Bitte, bringen Sie uns das Gebet noch einmal bei."

Der Bischof war zerknirscht und sagte demütig: „Kehrt nach Hause, meine Freunde, und wenn ihr betet, dann sprecht: ‚Wir sind drei, und du bist drei, hab' Erbarmen mit uns.'"

Suchen Sie den einfachen Glauben. Beschäftigen Sie sich mit dem Wichtigen. Konzentrieren Sie sich auf das Wesentliche. Sehnen Sie sich nach Gott.

„Ich kann's gar nicht abwarten, wieder aufzuwachen", sind die Worte eines kindlichen Glaubens. Andrea kann diese Worte sagen, weil ihre Welt einfach ist. Sie vertieft sich in ihr Spiel, lacht viel und überläßt die Sorgen ihrem Vater.

Lassen Sie es uns auch so machen!

Kapitel 16

Überleben

„Wer aber bis zum Ende durchhält, der wird gerettet.
Die Heilsbotschaft vom Reich Gottes
wird in der ganzen Welt verkündet werden,
damit alle Völker sie hören.
Dann erst wird das Ende kommen. "
Matthäus 24:13–14

Dieses Kapitel kann nicht jeder verstehen. Nicht jeder kann die Botschaft, die es enthält, erfassen, nicht jeder kann mit der Verheißung, die es vermittelt, etwas anfangen. Sie werden es nicht verstehen:

Wenn Sie selbst nie versagt haben und gegen Menschen, die versagen, hartherzig sind.

Wenn Ihr Leben so klinisch rein ist wie ein neues Krankenhaus und man mit einem weißen Handschuh über Ihre Seele streichen könnte, ohne ein Staubkörnchen zu finden.

Wenn Sie ein hitzköpfiger Zelot sind, der glaubt, Gott müsse sich glücklich schätzen, Sie an seiner Seite zu wissen.

Wenn Sie von einem vollkommenen Zuhause, einer vollkommenen Arbeitsstelle und einem Leben ohne Probleme geträumt und das alles bekommen haben.

Wenn Ihr Kopfkissen nie von Tränen naß wurde, Sie in Ihren Gebeten nie gerungen und in Ihrem Glauben nie gezweifelt haben.

Wenn Sie ohne Tränen und ohne Ängste sind und nicht verstehen können, warum es anderen Menschen anders geht, dann wird Ihnen dieses Kapitel sicher wie eine Fremdsprache erscheinen.

Warum? Weil dieses Kapitel davon handelt, wie man überlebt. Auf den nächsten Seiten geht es darum, wie man mit Schmerzen fertig wird. Die folgenden Abschnitte wurden nicht für Menschen geschrieben, die in der Welt ganz oben stehen, sondern für diejenigen, die unter den Trümmern einer zusammengestürzten Welt begraben liegen. Wenn Sie mit dieser Beschreibung etwas anfangen können, dann schlagen Sie das Matthäusevangelium auf. Sie dürfen erwarten, daß die folgenden Seiten Ihr Vertrauen stärken werden.

Es wird Sie möglicherweise überraschen, wenn Sie wissen, was in Matthäus Kapitel 24 steht. Ihnen fällt ein, daß dieses Kapitel das Stammlokal der Endzeit-Fanatiker ist. Der Campingplatz für eschatologische Mathematiker und Propheten der letzten Tage.

Das Kapitel hat diesen Ruf durchaus verdient. Dieser Abschnitt ist als die Endzeitrede Jesu bekannt. In dem Versuch, die Frage zu beantworten, was Jesus hier sagt, haben die Theologen viele Bücher über dieses eine Kapitel geschrieben.

Es enthält unheilverkündende Worte: „Kriege und Kriegsgerüchte", „große Not", „Wehe den Schwangeren!" Mit schaurigen Worten wird beschrieben, wie sich die Sonne verdunkelt und der Mond nicht mehr scheint. Geier schweben über verwesenden Körpern, Blitze zucken.

Welche Erklärung können wir dafür finden?

Manche glauben, das gesamte Kapitel sei symbolisch gemeint und dürfe nicht wörtlich ausgelegt werden. Andere denken, es sei ein Kommentar, der sowohl im Gedanken an die Zerstörung Jerusalems als auch im Blick auf die Wiederkunft Christi zu verstehen sei. Wieder andere meinen, das Kapitel sei nur zu dem Zweck geschrieben worden, um uns auf das Endgericht vorzubereiten.

Zwei Dinge wissen wir sicher. Jesus bereitet seine Jünger auf eine schreckliche Katastrophe in der Zukunft vor. Die Worte, die von Verwüstung sprechen, erfüllten sich im Jahre 70 n. Chr., als Jerusalem von den Römern bezwungen wurde. Und Jesu Worte werden sich noch einmal erfüllen, wenn er kommt, um sein Eigentum in Besitz zu nehmen und der Geschichte ein Ende zu setzen.

Wir wissen jedoch auch, daß Katastrophen nicht nur in Jerusalem aufgetreten sind und am Ende der Zeiten auftreten werden. Hungernde Menschen und kalte Herzen sind auch heute überall zu finden. Der Rat, den Jesus uns gibt, um harte Zeiten zu überleben, läßt sich nicht nur auf die Schlacht mit den Römern und die Schlacht von Harmagedon anwenden. Seine Worte helfen auch bei den Kämpfen, die wir, Sie und ich, in unserer Welt durchzustehen haben.

Nun, wenn Sie gehofft haben, von mir Vorhersagen über den Tag der Wiederkunft Christi zu hören, dann muß ich Sie leider enttäuschen. Sie werden nichts dergleichen hier finden. Er hat beschlossen, uns den Tag nicht zu verraten, deshalb ist jegliche Zeit, die wir mit Spekulationen verbringen, vergeudete Zeit.

Er hat jedoch beschlossen, denen, deren Leben vom Feind belagert ist, Wegweisung zum Überleben zu geben.

„Als Jesus den Tempel verließ, kamen seine Jünger und wollten ihm die riesigen Ausmaße der Tempelanlage zeigen. Da sagte Jesus zu ihnen: ‚Ja, seht euch alles genau an! Denn ich sage euch: Alles hier wird so zerstört werden, daß kein Stein mehr auf dem anderen bleibt.‘“[1]

Man kann die Rolle des Tempels im jüdischen Denken nicht hoch genug ansetzen. Der Tempel war der Ort, wo Gott und Mensch einander begegneten. Er stand stellvertretend für die Sühne, das Opfer und das Amt der Priester. Dieser Bau stellte das Herz des Volkes dar.

Man wurde vom Anblick des Tempels geblendet. Er war aus weißem Marmor erbaut und mit Gold überzogen. In der Sonne leuchtete er so hell, daß man die Augen fast schließen mußte. Um den Tempelplatz waren Vorhallen gebaut, und in diesen Hallen standen Säulen, alle aus Marmor und aus einem einzigen Stück gehauen. Sie waren fast elfeinhalb Meter hoch und so dick, daß drei Männer, die sich an den Händen hielten, sie kaum umfassen konnten. Archäologen haben Ecksteine des Tempels gefunden, mit Ausmaßen von sechs mal zwölf Metern und einem Gewicht von mehr als vierhundert Tonnen.[2]

Was für ein beeindruckender Anblick muß das für die Nachfolger Jesu gewesen sein, die aus einer ländlichen Gegend kamen! Kein Wunder, daß sie mit offenem Mund dastanden. Aber noch sprachloser als das, was sie sahen, machte sie das, was sie Jesus sagen hörten: „Ich sage euch: Alles hier wird so zerstört werden, daß kein Stein mehr auf dem anderen bleibt."

Der kurze Satz, mit dem das Kapitel beginnt, ist nicht ohne Pathos: „Und Jesus ging aus dem Tempel fort." Jesus hatte dem Tempel den Rücken gekehrt.[3] Der, der den Bau des Tempels angeordnet hatte, verläßt ihn nun. Der Heilige hat den geliebten Berg preisgegeben.

Er sagte ihnen: „Das ganze Ding wird zusammenbrechen."[4]

Wenn der Tempel zusammenbräche, würde auch die ganze Nation zusammenbrechen. Der Tempel war das Volk. Mehr als tausend Jahre lang war der Tempel das Herz Israels gewesen, und nun sagte Jesus, daß das Herz zerbrechen würde. „Euer Haus soll euch wüst gelassen werden",[5] hatte er den Pharisäern am selben Tag gesagt.

Und er wurde tatsächlich zerstört. Im Jahre 70 n. Chr. belagerte der römische General Titus die Stadt. Da Jerusalem auf einem Berg liegt, ist es schwer einzunehmen. Deshalb beschloß Titus, die Stadt auszuhungern. Der grausige Schrecken dieser Hungersnot ist ein schwarzer Tag in der jüdischen Geschichte. Lassen wir den Historiker Josephus die Belagerung beschreiben:

„Im Verlauf der Zeit breitete sich die Hungersnot immer weiter aus, und ganze Häuser und Familien aus dem Volk wurden dahingerafft. Die oberen Räume der Häuser lagen voll mit Frauen und Kindern, die vor Hunger starben. In den Straßen der Stadt lagen die Leichname der Alten. Kinder und junge Männer schlichen wie Schatten über die Marktplätze, mit aufgeblähten Hungerbäuchen, und dort, wie ihr

145

Schicksal sie traf, fielen sie tot um ... Der Hunger erstickte alle natürlichen menschlichen Empfindungen. Diejenigen, die im Sterben lagen, blickten mit trockenen Augen und offenen Mündern auf die, die neben ihnen lagen und bereits vor ihnen zur Ruhe eingegangen waren. Eine tiefe Stille und eine Art tödliche Nacht hatte die Stadt ergriffen ... die Augen der Sterbenden waren immer auf den Tempel gerichtet."[6]

Ein Holocaust: 97000 Menschen wurden gefangen genommen, 1100000 wurden erschlagen. Diese grausige Katastrophe hatte Jesus vorhergesehen. Auf diese Verwüstung hatte er seine Jünger vorbereitet. Und eine solche Katastrophe kann auch Ihre Welt treffen.

Vor einigen Jahren machten wir mit der Familie eine Urlaubsreise nach Santa Fe in New Mexiko. Denalyn und ich beschlossen, uns auf ein Abenteuer einzulassen und die Stromschnellen des Rio Grande hinunterzufahren. Wir begaben uns zum verabredeten Ausgangspunkt und trafen dort unseren Führer und die anderen abenteuerlustigen Touristen.

Die Anweisungen des Führers ließen nichts Gutes ahnen.

„Wenn Sie ins Wasser fallen ..." begann er.

„Und wenn Sie den Fluß hinunter treiben ..."

„Und wenn das Boot umkippt ..." Langsam wurde ich nervös, stieß Denalyn in die Seite und flüsterte: „Merkst du, daß er nicht sagt: ‚Falls'?"

Auch Jesus sagte das nicht. Er sagte nicht: „In dieser Welt habt ihr vielleicht Angst" oder „In dieser Welt gibt es einige, die Angst haben." Nein, er versicherte uns: „In der Welt habt ihr Angst."[7] Wer ein Herz hat, der hat auch Schmerzen. Wer ein Mensch ist, der hat auch Probleme.

In Matthäus 24 bereitet Jesus seine Jünger dadurch vor, daß er ihnen sagt, was geschehen wird.

„Denn manche werden von sich behaupten: ‚Ich bin Christus!' Und viele werden sich von solchen Betrügern irreführen lassen."[8]

„Wenn ihr von Kriegen und Unruhen hört, achtet darauf, aber erschreckt nicht! Das muß geschehen, doch es bedeutet noch nicht das Ende."[9]

„Die Völker und Machtblöcke der Erde werden gegeneinander Kriege führen. In vielen Teilen der Welt wird es Hungersnöte und Erdbeben geben. Doch das ist erst der Anfang vom Ende; so wie die ersten Wehen einer Frau, die ein Kind zur Welt bringt."[10]

„Dann werdet ihr gefoltert, getötet und in der ganzen Welt gehaßt werden, weil ihr zu mir gehört."[11]

Das hilft einem nicht gerade, in Begeisterungsrufe auszubrechen, finden Sie nicht auch? Es hört sich mehr an wie die letzten Worte eines Offiziers, bevor die Soldaten in den Kampf ziehen. Wie eine Erklärung, die Charles Hall seinem Spreng-Team geben würde.

Charles Hall verdient seinen Lebensunterhalt damit, daß er Bomben in die Luft jagt. Er gehört zur EOD – der „Explosive Ordnance Demolition" (Zerstörung explosiver Geschosse). Ihm werden 1500 Dollar pro Woche dafür gezahlt, daß er jetzt, nach dem Krieg, im kuwaitischen Sand nach Tretminen und Granaten sucht, die noch nicht entschärft sind.

Richard Lowther, ein weiterer EOD-Experte, hat viele Jahre damit zugebracht, Tausende von Seeminen zu entschärfen, die vom Ersten und Zweiten Weltkrieg übriggeblieben waren. Er sagte: „Jedesmal, wenn ich in die Zeitung schaue und von einem neuen Bürgerkrieg lese, denke ich: ‚Großartig, sobald er vorbei ist, stehe ich auf der Matte.'"[12]

Sie und ich und diese Experten von der EOD haben vieles gemeinsam: gefährliche Wege durch explosives Gelände. Probleme, die halb verdeckt im Sand liegen. Die ständige Bedrohung, unser Leben oder ein Körperteil zu verlieren.

Und vor allem müssen wir, genau wie das Spreng-Team, durch ein Minenfeld gehen, das nicht von uns selbst geschaffen wurde. Das trifft auf viele Kämpfe zu, die wir im Leben zu bestehen haben. Wir haben sie nicht geschaffen, aber wir müssen mit ihnen leben.

Wir haben den Alkohol nicht erfunden, aber auf unseren Autobahnen fahren Betrunkene. Wir verkaufen keine Drogen, aber in unserem Stadtteil gibt es Drogenhändler. Wir sind nicht schuld an den außenpolitischen Spannungen, aber wir müssen in Furcht vor Terroristen leben. Nicht wir haben den Dieben ihre Fertigkeiten beigebracht, aber jeder von uns ist ein potentielles Opfer ihrer Gier.

Wie die EOD-Experten laufen auch wir auf Zehenspitzen durch ein Minenfeld, das nicht wir selbst geschaffen haben.

Die Jünger sollten sich schon bald in derselben Lage befinden. Der Zusammenbruch des Tempels war nicht ihre Schuld. Die Ablehnung des Messias konnte ihnen nicht angelastet werden. Nicht sie waren der Grund dafür, daß Jesus erklärte: „Euer Haus soll euch wüst gelassen werden." Aber da sie in einer sündhaften Welt lebten, würden sie zu Opfern der Folgen von Sünde werden.

Wenn man auf einem Schießplatz lebt, ist die Wahrscheinlichkeit groß, eines Tages von einer Kugel getroffen zu werden. Wenn man auf einem Kampffeld lebt, wird ziemlich sicher eines Tages ein Geschoß im Vorgarten landen. Wenn man durch einen dunklen Raum geht, stößt man sich schnell den Fuß. Wenn man durch ein Minenfeld geht, kann man sein Leben verlieren.

Wenn man in einer Welt lebt, die von der Sünde verdunkelt ist, kann man dieser Welt zum Opfer fallen.

Jesus spricht offen und ehrlich über das Leben, zu dem wir berufen sind. Es gibt keine Garantie dafür, daß wir unversehrt davonkommen, nur weil wir zu ihm gehören. Es findet sich keine Verheißung in der Schrift, die besagt, daß man vom Kampf befreit ist, wenn man dem König folgt. Nein, oft ist gerade das Gegenteil der Fall.

Wie überleben wir den Krieg? Wie können wir im Kampf standhaft bleiben?

Jesus nennt drei Dinge, die gewiß sind. Drei Zusicherungen. Drei absolute Tatsachen. Stellen Sie sich vor, wie er sich nach vorn beugt und den Jüngern tief in die weit geöffneten Augen blickt. Da er weiß, in welchen Dschungel sie in Kürze hineingeraten werden, gibt er ihnen drei Kompasse, die ihnen, wenn sie nur von ihnen eingesetzt werden, helfen, auf dem richtigen Weg zu bleiben.

Erstens. Die Zusicherung des Sieges: „Wer aber bis zum Ende durchhält, der wird gerettet." [13]

Er sagt nicht, daß wir gerettet werden, wenn wir Erfolg haben. Oder wenn wir als die Besten abschneiden. Er sagt, wenn wir durchhalten. Man könnte den Sinn auch wie folgt wiedergeben: „Wenn ihr bis zum Schluß am Ball bleibt ... wenn ihr den Weg bis zum Schluß geht."

Die Brasilianer haben ein herrliches Wort dafür. Auf Portugiesisch sagt man, daß eine Person, die die Fähigkeit hat, am Ball zu bleiben und nicht aufzugeben, *garra* hat. *Garra* bedeutet „Krallen". Was für ein Bild! Ein Mensch mit *garra* hat Krallen, mit denen er sich an der Felswand festklammern kann und dadurch vor dem Absturz geschützt wird.

Das machen die Erlösten. Sie mögen nahe an den Felsrand kommen, vielleicht stolpern sie sogar und rutschen ab. Aber sie werden sich mit ihren Krallen an den Felsen Gottes klammern und sich festhalten.

Ich habe gehört, daß Charleton Heston bei den Dreharbeiten für den Film *Ben Hur* Probleme hatte. Das Fahren mit dem Streitwagen machte ihm große Mühe (wem würde das schon leichtfallen?). Nach langem Üben gelang es ihm schließlich, das Fahrzeug zu steuern, aber er hatte immer noch Bedenken. Es wird berichtet, daß er gegenüber dem Direktor Cecil B. DeMille seine Bedenken äußerte: „Ich denke, ich kann den Wagen jetzt steuern, ich bezweifle jedoch, ob ich das Rennen gewinnen kann."

DeMille antwortete: „Bleiben Sie einfach im Rennen, ich sorge schon dafür, daß Sie gewinnen."

Jesus gibt uns dieselbe Zusicherung. Bleiben Sie nur im Rennen, dann wird er schon dafür sorgen, daß Sie zu Hause ankommen. Wer die *garra* hat, wird gerettet.

Zweitens. Jesus gibt die Zusicherung der Erfüllung: „Die Heilsbotschaft vom Reich Gottes wird in der ganzen Welt verkündet werden, damit alle Völker sie hören." [14]

149

Im Jahre 1066 n. Chr. wurde eine entscheidende Schlacht der Weltgeschichte geschlagen. Der Normannenkönig Wilhelm der Eroberer wagte es, in England einzufallen. Überall waren die Engländer als Feinde gefürchtet, aber im eigenen Land galten sie als nahezu unbesiegbar.

Doch König Wilhelm hatte etwas, das England nicht besaß. Er hatte ein Hilfsmittel erfunden, das seiner Armee einen großen Vorteil in der Schlacht gab. Er war den Engländern überlegen: Er besaß Steigbügel.

Nach der herkömmlichen Kampfweise hatte man bisher zu wenig Halt, als daß man vom Pferderücken aus hätte kämpfen können. Die Soldaten ritten zwar aufs Kampffeld, stiegen dann zum eigentlichen Kampf jedoch ab. Doch das normannische Heer, das fest in seinen Steigbügeln stand, ritt die Engländer nieder. Es war schneller und stärker.

Der Steigbügel führte zur Eroberung Englands. Ohne den Steigbügel hätte König Wilhelm es vielleicht nie gewagt, einen solchen Gegner herauszufordern. Und dann wäre dieses Buch vielleicht in Alt-Englisch geschrieben worden.

Weil die Normannen die Möglichkeit besaßen, im Kampf fest zu stehen, gingen sie am Ende als Sieger hervor. Jesu Zusicherung des Sieges war gewagt. Sehen wir uns seine Zuhörer an: Fischer aus dem Landesinnern, Arbeiter, die beim Anblick einer großen Stadt beinah vor Schreck die Augen verschlossen. Es wäre schon sehr schwierig gewesen, jemanden zu finden, der gewettet hätte, daß sich die Prophezeiung erfüllen würde.

Aber sie erfüllte sich bereits dreiundfünfzig Tage später. Dreiundfünfzig Tage später waren Juden „aus aller Welt" in Jerusalem versammelt.[15] Petrus stand vor ihnen und erzählte ihnen von Jesus.

Die Jünger bekamen Mut durch die Zusicherung, daß die Aufgabe vollendet werden würde. Weil sie die Möglichkeit hatten, im Kampf fest zu stehen, gingen sie am Ende als Sieger hervor. Sie waren überlegen ... und auch wir sind überlegen.

Drittens. Jesus gibt die Zusicherung der Vollendung: „Dann wird das Ende kommen."[16]

In 1 Thessalonicher 4:16 steht ein interessanter Vers: „Denn er selbst, der Herr, wird, wenn der Befehl ertönt ... herabkommen vom Himmel."

Haben Sie sich je gefragt, wie dieser Befehl lauten wird? Die Worte dieses Befehls werden eine Eröffnungsrede des Himmels sein. Für die meisten wird es die erste hörbare Botschaft sein, die sie von Gott je vernommen haben. Mit diesen Worten wird ein Zeitalter abgeschlossen und ein neues Zeitalter eröffnet werden.

Ich denke, ich weiß, wie der Befehl lauten wird. Ich kann mich natürlich auch irren, aber ich denke, der Befehl, der den Leiden der Erde ein Ende setzen und den Beginn der Freude des Himmels ankündigen wird, besteht aus zwei Worten:

„Schluß jetzt."

Der König der Könige wird seine durchbohrte Hand erheben und verkündigen: „Schluß jetzt."

Die Engel werden dastehen, und der Vater wird sagen: „Schluß jetzt."

Alle Menschen, die leben und die je gelebt haben, werden sich zum Himmel wenden und hören, wie Gott verkündigt: „Schluß jetzt."

Schluß mit der Einsamkeit.

Schluß mit den Tränen.

Schluß mit dem Tod. Schluß mit der Traurigkeit. Schluß mit dem Weinen. Schluß mit den Schmerzen.

Als Johannes auf der Insel Patmos saß, umgeben vom Meer, getrennt von seinen Freunden, träumte er von dem Tag, an dem Gott sagen würde: „Schluß jetzt."

Derselbe Jünger, der Jesus vor einem halben Jahrhundert diese Worte der Zusicherung hatte sagen hören, wußte jetzt, was sie bedeuteten. Ich frage mich, ob er in seiner Erinnerung noch die Stimme von Jesus hören konnte.

„Dann wird das Ende kommen."

Für die Menschen, die nur für diese Welt leben, ist das

eine schlechte Nachricht. Aber für die Menschen, die für die zukünftige Welt leben, ist das eine ermutigende Verheißung.

Mein lieber Freund, Sie gehen über Tretminen, und es ist nur eine Frage der Zeit: „In dieser Welt habt ihr Angst ..." Wenn Sie das nächste Mal in einen Fluß geworfen werden und auf den Stromschnellen des Lebens schwimmen, dann denken Sie an die Worte der Zusicherung von Jesus.

Wer durchhält, wird gerettet.

Die Heilsbotschaft wird gepredigt werden.

Das Ende wird kommen.

Darauf können Sie sich verlassen.

Kapitel 17

Geschichten von Sandburgen

„Die Leute glaubten nicht an das Unheil."
Matthäus 24:39

Heiße Sonne. Salzige Luft. Rhythmische Wellen.
Ein kleiner Junge spielt am Strand. Auf den Knien schaufelt er mit Plastikförmchen den Sand in einen leuchtend roten Eimer. Dann kippt er den Eimer um und zieht ihn hoch. Welche Freude für den kleinen Architekten – ein Burgturm ist entstanden.
Er wird den ganzen Nachmittag weiterbauen. Den Burggraben ausheben. Wälle bauen. Flaschendeckel sind Wachposten. Eisstiele werden zu Brücken. Eine Sandburg entsteht.

Eine große Stadt. Volle Straßen. Der Verkehr dröhnt.
Ein Mann sitzt in seinem Büro am Schreibtisch. Er legt Papiere auf einen Stapel und delegiert Aufgaben. Der Telefonhörer ist zwischen Kinn und Schulter geklemmt, mit den Fingern wählt er eine Nummer. Er jongliert mit Zahlen, unterschreibt Verträge. Welche Freude für den Mann – er hat Profit gemacht.
Er wird sein Leben lang arbeiten. Pläne formulieren. Die Zukunft vorhersagen. Rentenversicherungen sind seine Wachposten. Der Kapitalgewinn seine Brücken. Ein Reich entsteht.

Zwei Erbauer von zwei Burgen. Sie ähneln sich in vielerlei Hinsicht. Sie machen aus kleinen Körnchen großartige Gebilde. Aus dem Nichts gestalten sie etwas Sichtbares. Sie sind fleißig und entschlossen. Und bei beiden steigt die Flut, das Ende wird kommen.

Doch an diesem Punkt hört die Ähnlichkeit auf. Denn der Junge sieht das Ende voraus, der Mann jedoch beachtet es nicht. Was tut der Junge, als die Dämmerung hereinbricht? Jede Welle spült das Wasser einen Zentimeter näher an seine Schöpfung heran. Jeder Wellenkamm rollt den Strand höher hinauf als der letzte.

Aber der Junge ist nicht in Panik. Er ist nicht überrascht. Den ganzen Tag schon haben die rollenden Wellen ihn nicht vergessen lassen, daß das Ende unvermeidbar ist. Er kennt das Geheimnis der Wogen. Bald werden sie kommen und seine Burg mit in die Tiefe spülen.

Aber der Mann kennt das Geheimnis nicht. Er sollte es kennen. Auch er ist, wie der Junge, von rhythmisch wogenden Mahnungen umgeben. Die Tage kommen und gehen. Die Jahreszeiten lösen sich ab. Jeder Sonnenaufgang, der zu einem Sonnenuntergang wird, flüstert das Geheimnis: „Die Zeit wird deine Burg auslöschen."

Der eine ist also vorbereitet, der andere ist es nicht. Der eine ist ruhig, der andere in Panik.

Als die Wellen näher kommen, springt das kluge Kind auf und klatscht in die Hände. Es spürt keinen Kummer. Keine Angst. Kein Bedauern. Der Junge wußte, daß es geschehen würde. Er ist nicht überrascht. Und als die Brandung schließlich in seine Burg einbricht und sein Meisterwerk ins Meer spült, lächelt er. Er lächelt, sammelt seine Förmchen ein, greift nach der Hand seines Vaters und geht nach Hause.

Der erwachsene Mann jedoch ist nicht so weise. Als die Wellen der Jahre über seiner Burg zusammenbrechen, erfüllt ihn schreckliche Angst. Er wirft sich schützend vor sein Denkmal aus Sand. Er hindert die Wellen, an die Mauern zu spülen, die er gebaut hat. Vor Salzwasser triefend und zitternd beschimpft er zornig die steigende Flut.

„Das ist meine Burg", erklärt er trotzig.

Der Ozean ist ihm keine Antwort schuldig. Beide wissen, wem der Sand gehört.

Schließlich spülen die Wassermassen über den Mann und sein kleines Reich hinweg. Einen kurzen Augenblick lang verschwindet er hinter der Wellenmauer . . . dann bricht sich die Welle am Strand. Die kleinen Türme des Triumphes stürzen zusammen und sacken weg. Der Mann kniet allein im Sand . . . mit den Händen umklammert er ein Häufchen Schlamm der Vergangenheit.

Wenn er es nur gewußt hätte. Wenn er nur zugehört hätte. Wenn er nur . . .

Aber er hört wie die meisten Menschen einfach nicht hin.

Jesus beschreibt diese unvorbereiteten Menschen, indem er sagt, daß sie nicht an das Unheil glauben. Sie sind nicht schlecht. Sie sind weder rebellisch noch klagen sie Gott an.

Aber sie sind blind. Sie sehen nicht, daß die Sonne untergeht. Und sie sind taub. Sie hören nicht, wie die Wellen ans Ufer schlagen.

In der letzten Woche seines Lebens nahm sich Jesus viel Zeit, um uns zu ermahnen, die Lektion der Wellen zu lernen und uns auf das Ende vorzubereiten.

Wir wollen uns noch einmal vor Augen halten, warum wir uns mit der letzten Woche Christi beschäftigen: Wir wollen verstehen, was sein Herz bewegt. Hören Sie, was er sagt. Sehen Sie, wen er anrührt. Beobachten Sie, was er tut. Wir haben sein Erbarmen für Menschen, die man vergessen hat, gesehen.

Wir haben seine Verachtung für die Heuchler erlebt. Jetzt taucht eine dritte Leidenschaft auf: seine Sorge darum, daß wir bereit sind. „Niemand weiß, wann das Ende kommen wird. Keiner kennt den Tag oder die Stunde, auch nicht die Engel im Himmel, ja nicht einmal der Sohn Gottes. Allein der Vater kennt den Zeitpunkt."[1]

Die Botschaft von Jesus ist unmißverständlich: Er wird wiederkommen, aber niemand weiß, wann. Deshalb, seid bereit.

Das ist die Botschaft im Gleichnis von den Brautjungfern.[2]

Das ist die Botschaft im Gleichnis von den Talenten.[3]

Das ist die Botschaft im Gleichnis von den Schafen und
den Böcken.[4]

Es ist eine Botschaft, die wir hören müssen.

Doch es ist eine Botschaft, die oft nicht beachtet wird.

Vor kurzem, als ich mit dem Flugzeug unterwegs war,
wurde mir dies erneut vor Augen geführt. Ich bestieg das
Flugzeug, ging den Gang entlang, suchte meinen Platz,
setzte mich und hatte plötzlich einen sehr eigenartigen Anblick.

Der Mann, der neben mir saß, trug einen Morgenrock
und Hausschuhe. Er war gekleidet, als wollte er ins Wohn-
zimmer, nicht jedoch auf Reisen gehen. Auch der Platz, auf
dem er saß, war sehr seltsam. Mein Sitz war, wie es üblich
ist, mit Stoff überzogen, seiner jedoch mit Leder.

„Importiert", meinte er, als er meinen Blick bemerkte.
„Habe ich in Argentinien gekauft und selbst bezogen."

Bevor ich etwas erwidern konnte, zeigte er auf die Arm-
lehne, in die Edelsteine eingelassen waren. „Diese Rubine
habe ich in Afrika erworben. Sie haben mich ein Vermögen
gekostet."

Doch das war längst nicht alles. Sein zusammenklapp-
bares Tischchen war aus Mahagoni. Am Fenster war ein
tragbarer Fernseher angebracht. Über uns hing ein zierlicher
Ventilator und eine Deckenlampe.

So etwas hatte ich noch nie gesehen.

Man kann sich denken, was ich den Mann als nächstes
fragte: „Warum investieren Sie so viel Zeit und Geld für einen Flugzeugplatz?"

„Ich wohne hier", erklärte er. „Das Flugzeug ist mein
Zuhause."

„Sie steigen nie aus?"

„Nein, nie! Es wäre doch unsinnig, diesen ganzen Lu-
xus zu verlassen."

Unglaublich. Dieser Mann hatte ein Transportmittel in

ein Heim verwandelt. Er hatte aus einer Reise eine Wohnung gemacht. Schwer zu glauben? Sie meinen, ich würde es mit der Wahrheit nicht so genau nehmen? Nun, es mag ja sein, daß ich diese Torheit nicht in einem Flugzeug gesehen habe, aber im Leben einiger Menschen habe ich sie durchaus schon beobachtet. Und Sie sicherlich auch.

Sie kennen bestimmt Menschen, die mit dieser Welt so umgehen, als handelte es sich um ein bleibendes Zuhause. Aber das ist diese Welt nicht. Sie kennen bestimmt Menschen, die so viel Zeit und Kraft in dieses Leben investieren, als würde es für immer Bestand haben. Aber das hat dieses Leben nicht. Sie kennen bestimmt Menschen, die so stolz sind auf das, was sie zustande gebracht haben, daß sie hoffen, die Welt nie verlassen zu müssen – aber sie müssen diese Welt verlassen.

Wir alle müssen sie verlassen. Wir befinden uns nur auf der Durchreise. Eines Tages wird das Flugzeug landen, und dann müssen wir alle aussteigen.

Klug ist der Mensch, der bereit ist, wenn der Pilot auffordert, das Flugzeug zu verlassen.

Ich weiß nicht viel, aber ich weiß, wie man sich auf Reisen verhält. Wenig Gepäck. Nur leichtes Essen. Ein Schläfchen halten. Und aussteigen, wenn man sein Ziel erreicht hat.

Und auch über Sandburgen weiß ich nicht viel. Kinder wissen da besser Bescheid. Beobachten Sie die Kinder und lernen Sie von ihnen. Machen Sie sich auf und bauen Sie, aber bauen Sie mit dem Herzen eines Kindes. Wenn die Sonne untergeht und die Flut steigt – dann klatschen Sie in die Hände. Ziehen Sie den Hut vor dem Weg, den das Leben nimmt, greifen Sie nach der Hand Ihres Vaters und gehen Sie nach Hause.

Kapitel 18

Seid bereit

„Deshalb seid jederzeit bereit! Denn ihr wißt nicht, wann euer Herr wiederkommen wird."
Matthäus 24:42

Ein Westenträger muß ein Geheimnis kennen.

Es handelt sich um ein Geheimnis, das die Väter ihren Söhnen anvertrauen sollten. Es gehört zu jenen Dingen, die Männersache sind und von Generation zu Generation weitergegeben werden sollten. Väter haben die Aufgabe, ihren Söhnen zu zeigen, wie man sich rasiert und daß man ein Deodorant benutzt. Unser Geheimnis fällt in dieselbe Kategorie. Es ist ein Geheimnis, das jeder Westenträger kennen muß. Ich hoffe, Sie kennen es, falls Sie eine Weste besitzen. Wenn Sie aber eine Weste haben und es nicht kennen, verrate ich es Ihnen: Fangen Sie beim Zuknöpfen mit dem richtigen Knopf an.

Nehmen Sie sich Zeit. Hetzen Sie nicht. Werfen Sie einen prüfenden Blick in den Spiegel, und dann knöpfen Sie den richtigen Knopf in das richtige Loch.

Wenn Sie so vorgehen, wenn Sie den ersten Knopf richtig zuknöpfen, dann wird alles andere ebenfalls passen. Wenn Sie den ersten Knopf jedoch ins falsche Loch stecken, werden auch alle anderen Knöpfe falsch eingeknöpft werden. Die Folge ist, daß Ihre Weste schief sitzt. Wenn Sie den zweiten Knopf in das oberste Loch stecken oder das zweite Loch über den obersten Knopf ziehen, nun, dann funktioniert es einfach nicht.

Es gibt bestimmte Dinge im Leben, die man nur auf eine

einzige Weise tun kann. Zu diesen Dingen gehört auch die Kunst, eine Weste zuzuknöpfen.

Bereit zu sein, gehört ebenfalls in diese Kategorie.

Nach den Worten von Jesus ist das Bereitsein für seine Wiederkunft ein Westenknopf-Prinzip. Nach den Worten von Jesus wird unser ganzes Leben schief sein, wenn wir bei diesem ersten Handgriff einen Fehler machen.

Nicht alles ist eine Westenknopf-Wahrheit. Die Gemeinde, in die Sie gehen, fällt nicht unter diese Kategorie. Auch nicht die Bibelübersetzung, die Sie lesen. Genausowenig der Dienst, in dem Sie sich engagieren. Aber bereit zu sein für die Wiederkunft Jesu, ist eine Westenknopf-Wahrheit. Wenn wir diese eine Sache richtig handhaben, dann wird sich alles andere fügen. Wenn wir hier einen Fehler begehen, dann wird alles übrige Falten werfen.

Woher wissen wir, daß es sich hier um ein Westenknopf-Prinzip handelt? Jesus hat es uns gesagt. Wenn wir dem Matthäusevangelium folgen, sagt Jesus es uns in der letzten Predigt, die er hielt.

Es überrascht Sie vielleicht, daß Jesus unser Bereitsein zum Thema seiner letzten Predigt machte. Mich hat es auch überrascht. Ich hätte über Liebe, über die Familie oder die Bedeutung der Gemeinde gepredigt. Jesus wählte ein anderes Thema. Er predigte über etwas, das viele heute für altmodisch halten. Er predigte darüber, daß wir für den Himmel bereit sein sollten, damit wir nicht in die Hölle kommen.

Das ist seine Botschaft, als er von dem klugen und dem törichten Knecht spricht.[1] Der kluge war auf die Rückkehr seines Herrn vorbereitet, der törichte nicht.

Das ist seine Botschaft, als er von den zehn Brautjungfern spricht.[2] Die klugen waren bereit, als der Bräutigam kam, die törichten befanden sich in dem Laden an der Ecke, weil sie nach Öl suchten.

Das ist seine Botschaft, als er von den drei Knechten und den Goldsäcken spricht.[3] Zwei der Knechte hatten mit dem Geld gewirtschaftet und für ihren Herrn weiteres Geld hinzugewonnen. Der dritte versteckte seinen Anteil in einem Loch. Die beiden ersten waren bereit, als der Herr zurückkehrte, und empfingen ihren Lohn. Der dritte war nicht bereit und wurde bestraft.

Seid bereit. Das ist ein vorrangiges, unverrückbares Westenknopf-Prinzip.

Es ist das Thema der letzten Predigt Jesu. „Deshalb seid jederzeit bereit! Denn ihr wißt nicht, wann euer Herr wiederkommen wird."[4] Er sagte nicht, wann der Tag der Wiederkunft sein würde, aber er beschrieb sehr wohl, wie dieser Tag aussehen wird. Es ist ein Tag, den alle miterleben werden.

Alle Menschen, die je gelebt haben, werden bei dieser letzten Versammlung anwesend sein. Jedes Herz, das je geschlagen hat. Jeder Mund, der je gesprochen hat. An jenem Tag werden Sie von einem Meer von Menschen umgeben sein. Reiche und Arme. Berühmte und Unbekannte. Könige und Obdachlose. Hochintelligente und Wahnsinnige. Alle werden da sein. Und alle werden in dieselbe Richtung schauen. Alle werden auf ihn blicken. Jeder Mensch.

„[Dann kommt] der Menschensohn in seiner ganzen Herrlichkeit ... wieder."[5]

Sie werden auf keine andere Person blicken. Kein Schielen nach der Kleidung, die die anderen Menschen tragen. Kein Geflüster über neuen Schmuck, keine Kommentare über die Anwesenden. Bei dieser größten Versammlung der ganzen Menschheitsgeschichte werden Sie nur Blicke für einen einzigen haben – den Menschensohn. In Herrlichkeit gekleidet. Strahlend hell. Von Licht durchdrungen und umgeben von anziehender Kraft.

Jesus beschreibt diesen Tag mit großer Gewißheit.

Er läßt keinen Raum für Zweifel. Er sagt nicht, daß er vielleicht wiederkehren oder möglicherweise wiederkommen wird, sondern daß er *ganz gewiß* wiederkommt. Übrigens handelt ein Zwanzigstel des gesamten Neuen Testaments von seiner Wiederkunft. Es gibt mehr als zweihundert Bibelstellen, die von seinem zweiten Kommen sprechen. Dreiundzwanzig von den siebenundzwanzig neutestamentlichen Büchern bringen dieses Thema zur Sprache. Und sie reden davon mit großer Gewißheit.

„Seid also zu jeder Zeit bereit, denn der Menschensohn wird gerade dann kommen, wenn ihr es am wenigsten vermutet!"[6]

„Gott hat Jesus aus eurer Mitte zu sich in den Himmel genommen; aber eines Tages wird er genauso zurückkehren."[7]

„Wenn er zum zweiten Mal kommen wird, dann nicht, um uns noch einmal von unserer Schuld zu befreien. Dann kommt er, um alle, die auf ihn warten, in sein Reich aufzunehmen."[8]

„Ihr wißt ja, daß Jesus Christus so unerwartet kommen wird wie ein Dieb in der Nacht."[9]

Seine Wiederkunft ist sicher.

Seine Wiederkunft ist endgültig.

Er beschreibt, wie es bei seiner Wiederkunft sein wird. „Alle Völker werden vor ihm erscheinen, und er wird die Menschen in zwei Gruppen teilen, so wie ein Hirte die Schafe von den Böcken trennt. Rechts werden die Schafe und links die Böcke stehen."[10]

Das Wort *trennen* ist ein trauriges Wort. Eine Mutter von der Tochter trennen, einen Vater von seinem Sohn, einen Mann von seiner Frau. Menschen auf der Erde zu trennen, ist bereits schmerzlich, aber zu denken, daß man für die Ewigkeit getrennt wird, ist schrecklich.

Besonders dann, wenn die eine Gruppe für den Himmel bestimmt ist und die andere Gruppe in die Hölle kommt.

Wir sprechen nicht gern über die Hölle, nicht wahr? In intellektuellen Kreisen wird es als primitiv und dumm angesehen, über die Hölle zu reden. Es erscheint uns unlogisch. „Ein Gott der Liebe läßt doch niemanden in die Hölle kommen." Deshalb befassen wir uns nicht damit.

Doch wenn wir dieses Thema ausklammern, klammern wir eine zentrale Lehre Jesu aus. Nicht Paulus, Petrus oder Johannes haben die Lehre von der Hölle entwickelt. Sie wurde von Jesus persönlich dargestellt.

Und wenn man sie abweist, weist man mit ihr sehr viel mehr ab. Man weist die Gegenwart eines liebenden Gottes und das Vorrecht der freien Entscheidung ab. Ich will das erklären.

Wir sind frei, Gott zu lieben oder Gott nicht zu lieben. Er lädt uns ein, ihn zu lieben. Er drängt uns, ihn zu lieben. Er kam auf die Erde, damit wir ihn lieben. Aber letztendlich liegt die Entscheidung bei uns. Wenn er uns die Entscheidung abverlangen, wenn er uns zwingen würde, ihn zu lieben, so wäre dies keine Liebe.

Gott erklärt, welchen Segen es bringt, ihn zu lieben, er malt uns die Verheißungen aus und spricht sehr deutlich über die Konsequenzen. Aber letztlich überläßt er uns die Entscheidung.

Die Hölle war ursprünglich nicht für den Menschen gedacht. Sie war „für den Teufel und seine Helfer bestimmt".[11] Wenn ein Mensch in die Hölle kommt, bedeutet dies folglich, daß er sich Gottes ursprünglicher Absicht für ihn entgegenstellt. „Denn Gott will uns nicht seinem Zorn und Gericht aussetzen; wir sollen vielmehr durch Jesus Christus gerettet werden."[12] Die Hölle ist die Entscheidung des Menschen, nicht Gottes Wille.

Bedenken Sie einmal die folgende Definition der Hölle: Die Hölle ist der Platz, den sich ein Mensch ausgesucht hat, der sich selbst mehr liebt als Gott, der die Sünde mehr liebt als seinen Heiland, der diese Welt mehr liebt als Gottes Welt. Das Gericht ist der Augenblick, in dem Gott den rebellischen Menschen ansieht und sagt: „Ich akzeptiere deine Entscheidung."

Wer dieses dualistische Ende der Geschichte leugnet und sagt, es gäbe keine Hölle, reißt große Löcher in das Banner eines gerechten Gottes. Wer sagt, daß es keine Hölle gibt, erklärt damit gleichzeitig, daß Gott stillschweigend das rebellische, unbußfertige Herz duldet. Wer sagt, daß es keine Hölle gibt, stellt Gott damit als blind gegen den Hunger und das Böse in dieser Welt dar. Wer sagt, daß es keine Hölle gibt, sagt damit, daß es Gott gleichgültig ist, ob Menschen geschlagen und niedergemetzelt werden, daß es ihm gleichgültig ist, ob Frauen vergewaltigt oder Familien zerstört werden. Wer sagt, daß es keine Hölle gibt, sagt damit, daß Gott nicht gerecht ist, daß er keinen Gerechtigkeitssinn hat, daß er kein Gefühl für Gut und Böse besitzt. Zusammengefaßt erklärt er, daß Gott keine Liebe besitzt. Denn wahre Liebe haßt das Böse.

Die Hölle zeigt in letzter Konsequenz, daß Gott ein gerechter Schöpfer ist.

Die Gleichnisse von dem klugen und törichten Knecht, von den klugen und törichten Brautjungfern und von den treuen und dem bösen Knecht weisen alle auf dieselbe Schlußfolgerung hin: „Jeder von uns, jeder Mensch, muß einmal sterben und kommt danach vor Gottes Gericht." [13] *Wir müssen die Ewigkeit ernst nehmen.* Es wird ein Gericht kommen.

Die Aufgabe, die wir hier auf der Erde zu erfüllen haben, ist einzigartig – wir müssen unser ewiges Zuhause wählen. Wir können uns viele falsche Entscheidungen im Leben leisten. Wir können den falschen Beruf wählen und trotzdem überleben, wir können in die falsche Stadt ziehen und trotzdem überleben, in das falsche Haus und trotzdem überleben. Wir können sogar den falschen Ehepartner wählen und trotzdem überleben. Aber es gibt eine Entscheidung, bei der wir keinen Fehler machen dürfen, und diese Entscheidung betrifft die Frage, wo wir die Ewigkeit verbringen werden.

Es ist interessant, daß die erste und letzte Predigt von Jesus dieselbe Botschaft enthält. In seiner ersten Predigt, der Bergpredigt, fordert Jesus dazu auf, uns zwischen dem Felsen und dem Sand [14] zu entscheiden, zwischen dem breiten und dem engen Tor, zwischen dem breiten und dem schmalen Weg, zwischen der großen Menge oder der kleinen Schar, zwischen der Gewißheit der Hölle oder der Freude des Himmels. [15] In seiner letzten Predigt fordert er uns noch einmal zu derselben Entscheidung auf. Er fordert uns auf, bereit zu sein.

Sir Ernest Shackleton befand sich wieder einmal auf einer Expedition Richtung Antarktis. Er ließ einige seiner Männer auf Elephant Island zurück, wo er sie später abholen und nach England zurückbringen wollte. Aber seine Rückkehr verzögerte sich. Als er versuchte, zu seinen Männern zu gelangen, war das Meer zugefroren, und er konnte die Insel nicht erreichen. Dreimal versuchte er, die Männer abzuholen, doch er wurde vom Eis zurückgehalten. Beim vierten Versuch schließlich gelang es ihm durchzubrechen, er fand einen schmalen Kanal.

Sehr zu seiner Überraschung traf er seine Mannschaft wartend an, ihr Gepäck war geschnürt, und sie waren bereit, an Bord zu gehen. Und ohne weitere Verzögerung befanden sie sich schon bald auf der Rückreise nach England. Shackleton fragte seine Leute, warum sie bereit gewesen wären und woher sie wußten, daß er zurückkehren würde. Sie erklärten, daß sie nicht gewußt hätten, wann er käme, aber sie wären sicher gewesen, daß er kommen würde. Deshalb hatte der Leiter der Mannschaft jeden Morgen sein Gepäck zusammengerollt, seine Ausrüstung gepackt und die Mannschaft angewiesen, dasselbe zu tun: „Packt eure Sachen, Jungs, der Käpt'n könnte heute zurückkommen."[16]

Der Mannschaftsleiter hatte der Mannschaft einen Gefallen getan, indem er sie ständig zur Bereitschaft angehalten hatte.

Jesus erweist uns einen Dienst, indem er uns drängt, dasselbe zu tun: Seid bereit. Es ist ein Westenknopf-Prinzip. Knöpfen Sie den ersten Knopf ins richtige Loch. Sie wollen doch sicherlich nicht in der Gegenwart Gottes an Ihren Knöpfen herumfingern.

Kapitel 19

Die Leute mit der Rose

„Was ihr für einen meiner geringsten Brüder getan habt,
das habt ihr für mich getan."
Matthäus 25:40

John Blanchard stand von der Bank auf, strich seine Armeeuniform glatt und ließ seine Blicke über die Menschenmenge schweifen, die durch den „Grand Central Station" strömte. Er suchte die junge Frau, deren Herz er kannte, aber deren Gesicht er noch nie gesehen hatte, die Frau mit der Rose.

Sein Interesse an ihr hatte vor dreizehn Monaten in einer Bücherei in Florida seinen Anfang genommen. Er hatte ein Buch aus dem Regal gegriffen und fasziniert darin gelesen. Doch was ihn gefesselt hatte, waren nicht die Worte des Buches gewesen, sondern die Bemerkungen, die an den Rand geschrieben waren. In der grazilen Handschrift spiegelte sich eine empfindsame Seele und ein kluger Verstand wider. Auf der ersten Seite des Buches entdeckte er den Namen der früheren Besitzerin, Miss Hollis Maynell.

Unter großem Zeiteinsatz und viel Mühe gelang es ihm schließlich, ihre Anschrift herauszufinden. Sie lebte in New York City. Er schrieb ihr einen Brief, stellte sich vor und fragte sie, ob sie Interesse an einem Briefwechsel hätte. Am nächsten Tag verließ er mit dem Schiff das Land, weil er im Zweiten Weltkrieg in der Armee Dienst in Übersee leisten mußte. In den folgenden dreizehn Monaten lernten sich die beiden durch ihre Korrespodenz immer besser kennen.

Jeder Brief war ein Same, der auf fruchtbaren Boden fiel. Eine Romanze trieb ihre Knospen.

Blanchard bat sie um ein Foto, doch sie verweigerte ihm diese Bitte. Sie war der Überzeugung, wenn ihm wirklich an ihr gelegen sei, dann würde es keine Rolle spielen, wie sie aussähe.

Als schließlich der Tag seiner Rückkehr aus Europa nahte, verabredeten sie ihr erstes Treffen – um neunzehn Uhr am „Grand Central Station" in New York. Sie schrieb: „Sie werden mich an einer roten Rose erkennen, die ich am Mantelaufschlag trage."

Deshalb befand Blanchard sich nun um neunzehn Uhr auf dem Bahnhof und suchte nach einer jungen Frau, deren Herz er liebte, aber deren Gesicht er noch nie gesehen hatte.

Ich lasse Mister Blanchard selbst erzählen, was nun geschah.

Eine junge Frau kam auf mich zu, sie war groß und schlank. Ihr blondes Haar fiel in Locken nach hinten zurück und ließ die schön geformten Ohren frei. Ihre Augen leuchteten wie blaue Blumen. Ihre Lippen und das Kinn zeigten eine sanfte Entschlossenheit, und in ihrem zartgrünen Mantel sah sie aus wie der erwachende Frühling. Ich starrte sie an und bemerkte überhaupt nicht, daß sie keine Rose trug. Als ich mich in Bewegung setzte, verzog sie ihre Lippen zu einem kleinen, herausfordernden Lächeln. „Na, gehen Sie in dieselbe Richtung, Herr Matrose?" fragte sie leise.

Fast ohne es selbst zu merken, machte ich einen Schritt auf sie zu, und dann sah ich Miss Hollis Maynell.

Sie stand fast unmittelbar hinter der jungen Dame. Eine Frau, die die vierzig schon überschritten hatte. Ihr bereits ergrautes Haar steckte unter einem abgetragenen Hut. Ihre Figur war mollig, ja schwer, und an den dicken Füßen trug sie Schuhe mit flachen Absätzen. Die junge Frau im grünen Mantel schritt rasch davon. Ich fühlte mich in zwei Hälften gerissen, so heftig war mein Verlangen, der jungen Dame zu folgen, und gleichzeitig hatte ich eine tiefe Sehnsucht nach der Frau, mit der mich eine tiefe Freundschaft verband und die mir zur Stütze geworden war.

Da stand sie nun. Ihr blasses, rundliches Gesicht war freundlich und sensibel, ihre grauen Augen hatten einen warmen, gütigen Blick. Ich zögerte nicht. Meine Hand griff nach dem schmalen, abgegriffenen Buch im blauen Ledereinband, das mein Erkennungszeichen sein sollte. Dies würde keine Liebe werden, aber vielleicht etwas sehr Kostbares, etwas, das möglicherweise noch wertvoller wäre als Liebe, eine Freundschaft, für die ich zutiefst dankbar war und immer dankbar bleiben würde.

Ich straffte die Schultern, grüßte und hielt der Frau das Buch hin, obwohl die Enttäuschung so bitter war, daß es mir beinah die Sprache verschlug. „Ich bin Leutnant John Blanchard, und Sie sind Miss Maynell. Ich bin sehr froh, daß Sie gekommen sind. Darf ich Sie zum Essen einladen?"

Das Gesicht der Frau erhellte sich zu einem nachsichtigen Lächeln. „Ich verstehe das alles nicht, mein Sohn", antwortete sie, „aber die junge Dame im grünen Mantel, die gerade hier vorbeiging, bat mich, mir diese Rose an den Mantel zu stecken. Und sie erklärte, ich solle die Einladung annehmen, falls Sie mich zum Essen einladen würden. Ich sollte Ihnen auch sagen, daß die junge Dame in dem großen Restaurant auf der anderen Seite der Straße auf Sie warten würde. Sie erklärte, es wäre eine Art Prüfung."[1]

Es fällt nicht schwer, Miss Maynells Weisheit zu verstehen und zu bewundern. Die wahre Natur unseres Herzens zeigt sich darin, wie wir auf unattraktive Menschen reagieren. „Sag mir, wen du liebst, und ich sage dir, wer du bist", schrieb Houssaye.

Hollis Maynell war jedoch bei weitem nicht die erste Person, die das Herz eines andern dadurch beurteilte, wie dieser auf Menschen reagiert, die nichts Anziehendes an sich haben.

Die letzte Predigt Jesu, von der Matthäus berichtet, behandelt dasselbe Thema. Diesmal benutzt Jesus kein Gleichnis, sondern beschreibt einen Tatbestand. Er erzählt keine Geschichte, sondern er schildert eine Szene – die letzte Szene, das Endgericht. In seiner letzten Rede faßt er jene Botschaft in Worte, die er zuvor mit der Tat bewiesen hatte: „Liebe für die Geringen und Verachteten."

Wir haben uns im vorausgegangenen Kapitel mit der Bedeutung des Endgerichts beschäftigt. Wir haben gesehen, daß dieses Gericht eine unumstößliche Tatsache ist – es gibt keinen Zweifel an der Wiederkunft Jesu. Wir haben gesehen, daß keiner von diesem Gericht ausgenommen ist – alle Menschen werden zugegen sein. Und wir haben gesehen, daß es endgültig ist – denn an jenem Tag wird Jesus die Schafe von den Böcken trennen, die Guten von den Bösen.

Welche Kriterien werden bei dieser Trennung ausschlaggebend sein? Vielleicht überrascht Sie die Antwort: „Als ich hungrig war, habt ihr mir zu essen gegeben. Als ich Durst hatte, bekam ich von euch etwas zu trinken. Ich war ein Fremder bei euch, und ihr habt mich aufgenommen. Ich war nackt, ihr habt mir Kleidung gegeben. Ich war krank, und ihr habt mich besucht. Ich war im Gefängnis, und ihr seid zu mir gekommen."[2]

Wodurch zeichnen sich die Erretteten aus? Durch ihre Bildung? Durch ihre Bereitschaft, in ein fernes Land zu ziehen? Durch ihre Fähigkeit, eine große Zuhörerschaft zu versammeln und zu predigen? Durch ihre schriftstellerischen Begabungen und durch Bücher, die von Hoffnung sprechen? Durch große Wunder? Nein.

Die Erretteten zeichnen sich durch ihre Liebe zu den Geringen und Verachteten aus.

Zur Rechten Gottes stehen diejenigen, die den Hungrigen zu essen, den Durstigen zu trinken gaben, den Einsamen Wärme und den Nackten Kleidung gaben, die den Kranken Trost spendeten und den Gefangenen ihre Freundschaft schenkten.

Durch ihre Liebe zu den Geringen und Verachteten zeichnen sich die Erretteten aus.

Haben Sie bemerkt, wie einfach diese Werke sind? Jesus sagt nicht: „Ich war krank, und ihr habt mich geheilt ... Ich war im Gefängnis, und ihr habt mich befreit ... Ich war einsam, und ihr habt ein Altenheim für mich gebaut ...“ Er sagt nicht: „Ich war durstig, und ihr habt mir geistlichen Rat gegeben.“

Keine Fanfare. Kein Beifall. Keine Erwähnung in den Medien. Einfach gute Menschen, die Gutes tun.

Denn, wenn wir anderen Menschen Gutes tun, tun wir Gutes unserem Gott.

Als Franz von Assisi dem Reichtum den Rücken kehrte, um Gott in aller Schlichtheit zu suchen, zog er seine Kleidung aus und verließ nackt die Stadt. Er war noch nicht lange unterwegs, da begegnete er einem Aussätzigen, der am Wegesrand stand. Franziskus ging zunächst an ihm vorbei, blieb dann jedoch stehen, kehrte um und umarmte den Kranken. Nun setzte Franziskus seinen Weg fort. Nach ein paar Schritten drehte er sich noch einmal um und warf einen Blick zurück, um nach dem Aussätzigen zu sehen, aber die Straße war leer.

Bis zu seinem Tod glaubte Franziskus, daß der Aussätzige Jesus Christus gewesen war. Er könnte recht haben.

Jesus lebt in den Menschen, die niemand beachtet. Er hat Wohnung genommen in denen, die übersehen werden. Er ist gekommen, um unter den Kranken zu wohnen. Wenn wir Gott sehen wollen, dann müssen wir zu den Zerbrochenen und Geschlagenen gehen, dort werden wir ihn sehen.

Wir sollen „darauf vertrauen, daß ... er [Gott] alle belohnen wird, die ihn suchen“,[3] lautet die Verheißung. „Was ihr für einen meiner geringsten Brüder getan habt, das habt ihr für mich getan“[4]. Das ist der Plan.

Vielleicht haben Sie die Geschichte von dem Mann gelesen, der auf den Flohmarkt ging und einen Bilderrahmen suchte. Er fand den verstaubten Kunstdruck einer Dorfkirche. Das Bild sollte nur ein paar Mark kosten. Es hatte Risse und war verblichen, aber dem Mann gefiel der Rahmen, deshalb kaufte er es.

Als er zu Hause war, löste er das Bild aus dem Rahmen, und dabei fiel ein sorgfältig gefaltetes Blatt Papier heraus. Es war die Unabhängigkeitserklärung der Vereinigten Staaten von Amerika. Was jeder für ein wertloses Bild vom Flohmarkt gehalten hatte, enthielt einen Originaldruck der Unabhängigkeitserklärung vom 4. Juli 1776. Es waren damals nur einhundert Exemplare gedruckt worden.[5]

Wertvolle Überraschungen werden an Orten entdeckt, wo man nie damit gerechnet hätte. Das trifft sowohl auf Flohmärkte als auch auf das Leben zu. Schenken Sie den Menschen, die die Welt ausgestoßen hat, Ihre Zeit und Aufmerksamkeit – den Obdachlosen, den Aids-Patienten, den Waisenkindern, geschiedenen Menschen. Wenn Sie das tun, entdecken Sie möglicherweise den Ursprung Ihrer Unabhängigkeit.

Die Botschaft Jesu ist aufrüttelnd: „Wie ihr euch gegen diese Menschen verhaltet, so verhaltet ihr euch gegen mich."

Von allen Worten, die Christus in seiner letzten Woche gesprochen hat, sind dies für mich die durchdringendsten. Ich wünschte, er hätte sie nicht gesagt. Ich wünschte, er hätte erklärt, die Geretteten würden an der Menge der Bücher erkannt, die sie geschrieben haben, denn ich habe da einige aufzuweisen. Ich wünschte, er hätte gesagt, die Geretteten würden an der Anzahl der Predigten erkannt, die sie gehalten haben, denn ich habe Hunderte von Predigten gehalten. Ich wünschte, er hätte gesagt, die Geretteten würden an der Größe der Versammlungen erkannt, die sie organisiert haben, denn ich habe schon zu Tausenden von Menschen gesprochen.

Aber er sagte etwas anderes. Seine Worte ließen in mir den Gedanken aufkommen, daß man Christus dann sieht, wenn man den notleidenden Menschen sieht. Wenn Sie Jesus sehen wollen, dann gehen Sie ins Pflegeheim, setzen Sie sich ans Bett einer alten Frau und stützen Sie ihr die

Hand, wenn sie den Löffel zum Mund führt. Wenn Sie Jesus sehen wollen, dann gehen Sie ins Krankenhaus und bitten Sie eine Krankenschwester, Ihnen einen Patienten zu nennen, der nie Besuch bekommt. Wenn Sie Jesus sehen wollen, dann verlassen Sie Ihr Büro, gehen den Flur entlang und sprechen Sie mit dem Mann, der keinen Lebensmut mehr hat, weil er geschieden ist und seine Kinder vermißt. Wenn Sie Jesus sehen wollen, dann gehen Sie ins Bahnhofsviertel Ihrer Stadt und geben der Frau mit den Plastiktüten, die unter der Unterführung wohnt, ein Butterbrot – keine Predigt, sondern ein Butterbrot.

Wenn Sie Jesus sehen wollen ... dann öffnen Sie die Augen für die Menschen, die nichts Anziehendes an sich haben und von keinem beachtet werden.

Man könnte es eine Prüfung nennen. Eine Prüfung, um zu beurteilen, welchen Tiefgang Ihr Charakter hat. Dieselbe Art Prüfung, der John Blanchard von Hollis Maynell unterzogen wurde. Die Menschen, die von der Welt ausgestoßen sind, tragen die Rose. Manchmal müssen wir so wie John Blanchard unsere Erwartungen ändern. Manchmal müssen wir unsere Motive prüfen.

Hätte John Blanchard der unattraktiven Frau den Rücken gekehrt, wäre ihm die Liebe seines Lebens entgangen.

Wenn wir den Unattraktiven den Rücken kehren, wird uns noch viel mehr entgehen.

Donnerstag

Kapitel 20

Vom Besten bedient

„Der Herr wird sie bitten, am Tisch Platz zu nehmen,
und er selbst wird sich eine Schürze umbinden
und sie bedienen."
Lukas 12:37

Wir wollen uns einmal eine ganz verrückte Geschichte vorstellen. Nehmen wir an, Sie wären zu einem Essen beim Präsidenten der Vereinigten Staaten eingeladen.

Sie haben Spätschicht, stehen in der Restaurantküche und stapeln Teller, als durch den Hintereingang ein Kurier eintritt.

„Der Besitzer kommt erst morgen wieder", erklären Sie ihm.

„Ich will nicht zum Besitzer, ich will zu Ihnen."

„Wie bitte?"

„Ich komme vom Weißen Haus", erklärt er. Deswegen also der schwarze Anzug und der Aktenkoffer.

„Täuschen Sie sich nicht?" Während er seinen Aktenkoffer öffnet, blicken Sie ihn prüfend an.

„Ich soll diesen Brief hier abgeben."

Sofort überlegen Sie, ob Sie sich irgend etwas haben zuschulden kommen lassen. Gleichzeitig fragen Sie sich, ob das nicht ein Scherz Ihres Vetters Alfred ist, der sich wegen des Meerrettichs rächen will, den Sie ihm ins Auto gelegt haben. Aber vor allem denken Sie, daß dieser Bote an die falsche Adresse geraten ist.

Jetzt trocknen Sie sich die Hände an der Schürze ab und greifen nach dem Brief. Es ist keine Drucksache, sondern ein persönlicher Brief. Der Umschlag zeigt ein Emblem, und Ihr Name ist mit der Hand und nicht mit der Schreibmaschine daraufgeschrieben.

Das Briefpapier ist echte Qualitätsware von der teuren Sorte, was die Theorie mit Vetter Alfred zunichte macht. Er würde so etwas Teures nie kaufen. Eine Rechnung kann es auch nicht sein, Geldforderungen werden nicht auf so förmlichem Weg gestellt. Nun öffnen Sie den Brief, und, kaum zu glauben, es ist tatsächlich ein Brief vom Präsidenten der Vereinigten Staaten von Amerika.

Sie werfen dem Mann, der den Brief überbracht hat, einen Blick zu, und er grinst, als würde ihm dieser Teil seiner Aufgabe am besten gefallen.

Sie blicken sich in der Küche nach jemand um, dem Sie den Brief zeigen könnten, aber es ist niemand da. Sie überlegen einen Augenblick, ob Sie ins Restaurant eilen und Alma, der Kellnerin, von der Geschichte erzählen sollen, aber das geht auch nicht. Dafür sind Sie viel zu neugierig. Sie können nicht warten. Also lesen Sie den Brief.

Es ist eine Einladung – eine Einladung zum Dinner. Ein Staatsempfang. Ein Dinner, das Ihnen zu Ehren gegeben wird. Ein Dinner, das Ihnen gewidmet ist.

Ihre inzwischen geschiedene Frau hat im ersten Jahr Ihrer Ehe einmal eine Überraschungsparty für Sie gegeben, aber abgesehen davon können Sie sich nicht daran erinnern, daß irgend jemand einmal ein Dinner für Sie gegeben hat. Weder die Kinder. Noch die Nachbarn. Auch nicht Ihr Chef ... und Sie selbst haben bestimmt noch nie ein Essen sich selbst zu Ehren gegeben.

Und nun lädt der Oberste Befehlshaber Sie ein.

„Wo liegt der Haken?" fragen Sie.

„Kein Haken, es ist eine Einladung, Sie sollen ins Weiße Haus kommen. Darf ich dem Präsidenten Ihre Antwort überbringen?"

„Wie bitte?"

„Darf ich dem Präsidenten Ihre Antwort überbringen? Können Sie zu dem Empfang kommen?"

„Oh, na-na-natürlich. Sehr gern."

Und so machen Sie sich auf. Am festgesetzten Abend ziehen Sie sich Ihre beste Kleidung an und begeben sich in die Pennsylvania Avenue. Vor der Tür werden Sie wiederum von schwarzbefrackten Männern empfangen und hineingeleitet. Dort übernimmt eine Art Garcon Ihr Geleit. Ihre Schritte hallen wider, während Sie Ihrem Führer, der in einen Smoking gekleidet ist, durch den geräumigen Korridor folgen, in der lauter Porträts ehemaliger Präsidenten hängen.

Am Ende des Flurs befindet sich der Bankett-Saal. In der Mitte des Raumes steht eine lange Tafel, und auf der Mitte des Tisches steht ein Gedeck, und neben dem Teller ist ein einziger Name zu lesen – Ihr Name.

Der Bedienstete bittet Sie mit einer Handbewegung, Platz zu nehmen. Als Sie sitzen, verläßt er den Raum. Und Sie tun das, was Sie die ganze Zeit schon tun wollten, seit Sie das Gebäude betreten haben. Sie schauen sich um und sagen: „Mensch!"

Sie haben noch nie eine so lange Tafel gesehen. Sie haben noch nie so schönes Kristallglas gesehen. Sie haben noch nie so kostbares Porzellan gesehen. Sie haben noch nie ein Gedeck mit so viel Besteck und noch nie einen Kandelaber mit so vielen Kerzen gesehen.

„Mensch!"

Unter Ihren Füßen liegt ein Orientteppich. Wahrscheinlich aus China. Über Ihrem Kopf hängt ein Kronleuchter aus Millionen kleiner Glasteilchen. *Ich wette, daß der aus Deutschland stammt.* Der Tisch und die Stühle sind aus poliertem Teakholz. *Aus Indien, ganz bestimmt.*

Gegenüber befindet sich ein Kamin mit weißem Kaminsims. Es brennt ein Feuer. Über dem Sims hängt ein Gemälde – ein Gemälde, schluck, ein Gemälde von Ihnen! Das sind Sie ja da oben. Dieselben Augen, dasselbe dumme Grinsen, dieselbe Nase, von der Sie wünschten, daß sie nur halb so groß wäre – das sind Sie!

„Mensch!"

„Es hängt dort, damit ich Sie nicht vergesse."

Die Stimme hinter Ihnen läßt Sie zusammenzucken. Sie müssen sich gar nicht erst umdrehen, um zu wissen, wer da spricht – nur ein einziger Mensch spricht so. Sie warten, bis er direkt neben Ihnen steht, vorher trauen Sie sich nicht aufzublicken. Sie wissen, daß er da ist, weil er Ihnen die Hand auf die Schulter legt.

Nun drehen Sie sich um und blicken hoch, und da steht er, der Präsident. Ein wenig kleiner, als Sie ihn sich vorgestellt haben, aber jeder Zentimeter strahlt Autorität aus. Die eckigen Kieferknochen. Die tiefliegenden Augen. Die hohen Wangenknochen. Der graue Anzug. Der rote Schlips. Die Schürze.

Die was?

Der Präsident trägt eine Schürze! Eine ganz normale Küchenschürze, genauso eine wie die, die Sie tragen, wenn Sie bei der Arbeit sind.

Und als wäre das noch nicht genug, steht hinter ihm ein Servierwagen. Er greift nach einem Teller und reicht Ihnen die Speisekarte. „Ich freue mich, daß Sie kommen konnten und mein Gast sind."

Sie wissen, daß Sie jetzt etwas sagen sollten, aber was Sie sagen wollten, haben Sie irgendwann zwischen dem letzten „Mensch!", das Sie geäußert, und dem ersten *Was ist denn hier los?*, das Sie gedacht haben, vergessen.

Es war schon ein Schock, diese Einladung überhaupt zu erhalten. Es nahm Ihnen den Atem, als Sie vor dem Weißen Haus standen. Sie standen mit offenem Mund vor Ihrem Porträt, das an der Wand hing. Aber das war alles noch gar nichts im Vergleich zu dem, was jetzt kam.

Der Oberste Befehlshaber als Kellner? Der Präsident bedient Sie beim Essen? Das Staatsoberhaupt bringt Ihnen Wein und Brot an den Tisch? Alle lang geübten Komplimente und sorgfältig ausgedachten Lobreden sind vergessen, und Sie platzen damit heraus, was Sie wirklich denken: „Moment mal. Das geht nicht. Das ist nicht Ihre Aufgabe – das ist meine Aufgabe. Sie sollen nicht mir dienen. Ich bin der Tellerwäscher. Ich bediene beim Essen. Sie sind der Chef. Geben Sie mir die Schürze und lassen Sie mich das Essen auf den Tisch stellen ... mein Herr."

Aber er erlaubt es Ihnen nicht. „Bleiben Sie sitzen", sagt er beharrlich. „Heute ehre ich Sie."

Ich habe Sie gleich zu Anfang gewarnt, daß jetzt eine verrückte Geschichte kommt. So etwas geschieht doch im wirklichen Leben nicht ... oder doch?

Es geschieht für die, die es erkennen. Wem es bewußt ist, für den ereignet es sich jede Woche. In Bankett-Sälen rund um die Welt ehrt der Oberste Befehlshaber die ganz normalen, gewöhnlichen Leute. Dort sind sie, die durchschnittlichen Menschen, die gerade aus den Küchen und den Fuhrparks des Lebens kommen. Sie sitzen am Tisch des Chefs.

Die Ehrengäste. Die VIPs. Zu Gast bei dem, der die ganze Geschichte lenkt, und von ihm bedient.

„Das ist mein Leib", sagt er, als er das Brot bricht.

Und Sie dachten, es wäre ein Ritual. Sie dachten, es wäre einfach nur ein Brauch, den man befolgt. Sie dachten, es wäre die Gedenkfeier an etwas, das vor langer Zeit geschah. Sie dachten, es wäre ein Nachvollzug des Mahls, das er damals mit seinen Jüngern hielt.

Aber es ist viel mehr.

Es ist ein Mahl, das er mit Ihnen hält.

Als Junge gehörte ich in unserer Gemeinde zu einer Gruppe, die Menschen, die das Haus nicht mehr verlassen konnten oder im Krankenhaus lagen, das Abendmahl brachte. Wir besuchten die Personen, die nicht mehr in die Kirche kommen konnten, aber trotzdem den Wunsch hatten zu beten und das Abendmahl zu feiern.

Ich muß etwa zehn oder elf Jahre alt gewesen sein, als wir einen alten Mann im Krankenhaus besuchten, der sehr schwach war. Er schlief, als wir kamen, und wir versuchten ihn aufzuwecken. Es gelang uns nicht. Wir schüttelten ihn, wir redeten mit ihm, wir klopften ihm auf die Schulter, aber wir konnten nicht zu ihm durchdringen.

Wir wollten das Krankenhaus nicht verlassen, ohne unsere Pflicht erfüllt zu haben, aber wir wußten nicht, was wir tun sollten.

Ein anderer Junge aus unserer Gruppe merkte, daß der Mann mit offenem Mund schlief. „Warum nicht?" sagten wir. Und dann beteten wir über dem Brot und steckten ihm ein Stück in den Mund. Dann beteten wir über dem Wein und gossen ihn in seinen Mund.

Er wachte bis zum Schluß nicht auf.

Und so geht es auch vielen in der Kirche. Für einige ist das Abendmahl eine Schlafenszeit, in der man Oblaten ißt und Wein trinkt, die Seele jedoch bleibt unberührt. Aber das war ursprünglich nicht der Sinn des Abendmahls.

Es sollte eine Ich-kann-nicht-glauben-daß-ich-gemeint-bin-zwick-mich-mal-ich-träume-Einladung sein, um an Gottes Tisch zu sitzen und vom König persönlich bedient zu werden.

Wenn man den Bericht von Matthäus über das Abendmahl liest, tritt eine unglaubliche Tatsache ans Licht. Jesus ist die Person, die hinter allem steht. Es war Jesus, der den Ort aussuchte, der die Zeit festlegte und das Mahl zubereiten ließ. „Meine Zeit ist gekommen. Ich will mit meinen Jüngern in deinem Haus das Passahmahl feiern."[1]

Bei dem Mahl ist Jesus nicht der Gast, sondern der Gastgeber. „Jesus ... gab ... den Jüngern." Der Inhalt der Verben ist die Botschaft des Ereignisses: „Er nahm ... er dankte ... er brach ... er gab."

Nicht Jesus wird bei dem Mahl bedient, sondern er ist der Diener. Es ist Jesus, der während des Mahls die Kleidung eines Dieners anlegt und den Jüngern die Füße wäscht.[2]

Jesus ist der Aktivste am ganzen Tisch. Jesus wird nicht als der dargestellt, der sich zurücklehnt und empfängt, sondern als der, der sich erhoben hat und gibt.

Er tut es heute noch. Das Abendmahl ist ein Geschenk an Sie. Es ist ein Sakrament[3], kein Opfer.[4]

180

Oftmals betrachten wir das Abendmahl als ein Theater-stück, eine Szene, in der wir auf der Bühne stehen und Gott der Zuschauer ist. Eine Zeremonie, bei der wir die Arbeit tun und Gott uns beobachtet. Doch das war ursprüng-lich nicht der Sinn des Abendmahls. Wenn es so gewesen wäre, hätte Jesus am Tisch Platz genommen und sich ent-spannt.[5]

Aber das tat er nicht. Vielmehr erfüllte er seine Aufgabe als Rabbi und führte seine Jünger durch das Passahmahl. Er erfüllte seine Aufgabe als Diener und wusch ihnen die Füße. Und er erfüllte seine Aufgabe als Retter und sprach ihnen die Vergebung ihrer Sünden zu.

Er hielt die Fäden in der Hand. Er stand in der Mitte der Bühne. Er war die Person, die hinter allem stand, er war der Mittelpunkt.

Und das hat sich nicht geändert.

Es ist der Tisch des Herrn, an den Sie treten. Es ist das Mahl des Herrn, das Sie zu sich nehmen. Wie Jesus damals für seine Jünger betete, so tritt er auch heute vor Gott für uns ein.[6] Wenn Sie an den Tisch geladen werden, dann wird die Einladung vielleicht von einem Boten überreicht, aber es ist Jesus, der sie geschrieben hat.

Es ist eine heilige Einladung. Ein heiliges Sakrament, das Sie auffordert, die Pflichten, die Sie im Leben haben, beiseite zu lassen und sich seiner Pracht zuzuwenden.

Er begegnet Ihnen am Tisch.

Und wenn das Brot gebrochen wird, so ist es Christus, der es bricht. Wenn der Wein eingeschenkt wird, schenkt Christus ihn ein. Und wenn Ihnen die Lasten abgenommen werden, dann geschieht dies, weil der König mit der Schürze zu Ihnen getreten ist.

Wenn Sie das nächste Mal zum Tisch treten, so erinnern Sie sich daran.

Ein letzter Gedanke.

Was auf Erden geschieht, ist nur ein Aufwärm-Training für das, was im Himmel geschehen wird.[7] Wenn Sie nun das nächste Mal von einem Boten an den Tisch gerufen werden, dann lassen Sie alles fallen, was Sie gerade tun, und gehen Sie hin. Lassen Sie sich segnen, lassen Sie sich speisen, und haben Sie vor allem darüber Sicherheit, daß Sie, wenn er Sie nach Hause ruft, immer noch an seinem Tisch essen dürfen.

Kapitel 21

Er hat Sie erwählt

„Setzt euch hier hin ...
Ich will ein Stück weiter gehen und beten ...
Ich zerbreche fast unter der Last, die ich zu tragen habe."
Matthäus 26:36,38

„Ich bitte aber nicht nur für sie, sondern für alle,
die durch das Zeugnis meiner Jünger von mir hören
werden und an mich glauben."
Johannes 17:20

Donnerstag nacht. Mitternacht.

Viele Ereignisse der letzten Woche sind endgültig gewesen. Ein letzter Besuch im Tempel. Die letzte Predigt. Das letzte Abendmahl. Und jetzt das letzte Gebet, eine Stunde tiefster Gefühlsregungen, die mit keiner anderen Stunde der vergangenen Woche vergleichbar ist.

Der Garten liegt im Schatten. Die Ölbäume haben dicke, knorrige Stämme. Sie winden sich anderthalb bis zwei Meter in die Höhe. Wurzeln wuchern aus den Stämmen und krallen sich tief in der steinigen Erde fest.

Der Frühlingsmond taucht den Garten in ein silbriges Licht. Die Sterne funkeln vor dem schwarzen Samt des Nachthimmels. Ein Heer von Wolken zieht am Himmel entlang. Kühl weht eine Nachtbrise. Die Blätter rascheln.

Und da ist er. Jesus. Unter den Bäumen. Auf dem Boden. Der junge Mann. Die Kleidung schweißdurchtränkt. Auf den Knien. Er fleht. Das Haar klebt ihm an der nassen Stirn. Er ringt in Todesqualen.

Aus den Bäumen dringt ein Geräusch. Schnarchen. Jesus blickt durch den Garten zu seinen besten Freunden hinüber – sie schlafen. Sie haben sich an die mächtigen Stämme gelehnt und schlummern. Sein Ringen läßt sie unberührt. Seine Not erreicht sie nicht. Sie sind müde.

Er steht auf, geht unter den schattigen Bäumen entlang und hockt sich vor ihnen hin. „Bitte", fleht er sie an, „bitte, bleibt doch mit mir wach."

Der Herr des Universums will nicht allein sein.

Aber er kann ihre Müdigkeit auch verstehen. Er hatte ihnen in den letzten Stunden mehr zugemutet, als sie vermutlich fassen konnten. Noch nie hatten die Apostel erlebt, daß Jesus so viel redete. Noch nie hatten sie ihn mit solcher Dringlichkeit sprechen hören. Seine Worte waren leidenschaftlich, feurig.

Donnerstag nacht ... ein paar Stunden früher.

Es ist fast Mitternacht, als sie das Obergemach verlassen und die Straßen der Stadt hinuntergehen. Sie kommen am Teich Siloah vorbei, gehen durch das Brunnentor und verlassen Jerusalem. Am Wegrand sieht man überall die Feuer und Zelte der Pilger, die zum Passahfest gekommen sind. Die meisten schlafen; ihnen sind nach dem Abendessen die Glieder schwer geworden. Wer noch wach ist, schenkt der Gruppe von Männern keine Beachtung, die die Straße aus Kalkstein entlangschreitet.

Sie gehen durch das Tal und steigen den Weg hinauf, der nach Gethsemane führt. Der Weg ist steil, deshalb bleiben sie kurz stehen. Irgendwo oben in Jerusalem hinter den Stadtmauern läuft der zwölfte Apostel in Windeseile durch die Straßen. Seine Füße sind von dem Mann gewaschen worden, den er verraten wird. Sein Herz ist von dem Bösen eingenommen worden, auf den er gehört hat. Er eilt, um Kaiphas aufzusuchen.

Die letzte Konfrontation der Schlacht hat ihren Anfang genommen.

Jesus schaut auf die Stadt Jerusalem, er sieht, was die Jünger nicht sehen können. Hier draußen, am Stadtrand Jerusalems, wird die Schlacht enden. Er sieht, was Satan inszeniert hat. Er sieht, wie die Dämonen heranstürmen. Er sieht, wie sich der Böse auf die letzte Begegnung vorbereitet. Der Feind lauert wie ein Gespenst und wartet auf seine Stunde. Satan, der Herr des Hasses, hat Judas' Herz ergriffen und in Kaiphas' Ohr geflüstert. Satan, der Meister des Todes, hat die Höhlen geöffnet und ist bereit, die Quelle des Lichts mit seiner Hand zu ergreifen.

Die Hölle bricht los.

Die Geschichtsschreibung hält es als einen Kampf der Juden gegen Jesus fest. Doch das war es nicht. Es war ein Kampf Gottes gegen Satan.

Und Jesus wußte das. Er wußte, daß er, noch bevor der Kampf vorüber war, gefangen genommen würde. Er wußte, daß vor dem Sieg die Niederlage stand. Er wußte, daß vor dem Thron der Kelch käme. Er wußte, daß vor dem Licht des Sonntags die Schwärze des Freitags herabfallen würde.

Und er hat Angst.

Er dreht sich um und beginnt das letzte Stück des Aufstiegs zum Garten. Als sie den Eingang erreicht haben, hält er an und richtet seine Augen auf den Kreis seiner Freunde. Es ist das letzte Mal, daß er sie sieht, bevor sie ihn verlassen. Er weiß, was sie tun werden, wenn die Soldaten kommen. Er weiß, daß ihr Verrat in Kürze geschehen wird.

Aber er klagt sie nicht an. Er hält ihnen keine Predigt. Statt dessen betet er. Die letzten Augenblicke, die er mit seinen Jüngern verbringt, verbringt er im Gebet. Und die Worte, die er spricht, sind so ewig wie die Sterne, die diese Worte hören.

Versuchen Sie sich einmal für einen kurzen Moment in diese Situation zu versetzen. Die letzte Stunde, die Sie mit Ihrem Sohn verbringen, bevor er ins Ausland geht. Die letzten Minuten mit Ihrem sterbenden Ehepartner. Ein letzter Besuch bei Ihren Eltern. Was sagen Sie? Was tun Sie? Welche Worte wählen Sie?

Es ist aufschlußreich, daß Jesus das Gebet wählte. Er beschloß, für uns zu beten. „Ich bitte aber nicht nur für sie, sondern für alle, die durch das Zeugnis meiner Jünger von mir hören werden und an mich glauben. Sie alle sollen eins sein ... So ... sollen auch sie in uns fest miteinander verbunden sein. Dann werden sie die Welt überzeugen, daß du mich gesandt hast."[1]

Ist Ihnen schon einmal bewußt geworden, daß Jesus in diesem letzten Gebet auch für Sie gebetet hat? Sie müssen seine Liebe rot unterstreichen und gelb anmalen: „Ich bitte ... für alle, die durch das Zeugnis meiner Jünger von mir hören werden und an mich glauben." Damit meint er Sie. Als Jesus den Garten betrat, da hat er Sie in sein Gebet eingeschlossen. Als Jesus zum Himmel aufblickte, da waren Sie ein Teil seiner Vision. Als Jesus von dem Tag träumte, an dem wir dort sein werden, wo er ist, da sah er auch Sie an diesem Ort.

In seinem letzten Gebet kamen auch Sie vor. Seine letzten Schmerzen ertrug er für Sie. Sein letztes Leiden galt Ihnen.

Nun dreht er sich um, betritt den Garten und fordert Petrus, Jakobus und Johannes auf, mitzukommen. Er sagt ihnen: „Ich zerbreche fast unter der Last, die ich zu tragen habe", und fängt an zu beten.

Noch nie hat er sich so allein gefühlt. Was getan werden muß, kann nur er tun. Ein Engel ist dazu nicht in der Lage. Kein Engel hat die Macht, die Tore der Hölle aufzubrechen. Auch ein Mensch kann dies nicht tun. Kein Mensch besitzt die Reinheit, um die Machtansprüche der Sünde zu zerstören. Keine Macht auf Erden kann die Macht des Bösen herausfordern und sie besiegen – außer Gott.

„Der Geist ist willig, aber das Fleisch ist schwach", bekennt Jesus.

Jesus bat in seinem Menschsein darum, von dem befreit zu werden, was er in seiner Göttlichkeit sehen konnte. Jesus, der Zimmermann, fleht. Jesus, der Mensch, blickt in den schwarzen Abgrund und bittet: „Gibt es denn gar keinen anderen Weg?"

Kannte er die Antwort, bevor er die Frage stellte? Hoffte sein menschliches Herz, daß sein Vater im Himmel einen anderen Weg gefunden hatte? Wir wissen es nicht. Aber wir wissen, daß er darum bat, daß dieser Kelch an ihm vorübergehen möge. Wir wissen, daß er um einen Ausweg flehte. Wir wissen, daß es einen Zeitpunkt gab, an dem er, wenn er gekonnt hätte, der ganzen grauenvollen Situation den Rücken gekehrt und fortgegangen wäre.

Aber er konnte es nicht.

Er konnte es nicht tun, weil er Sie sah. Er sah Sie mitten in einer Welt, die alles andere als gerecht ist. Er sah Sie, hineingeworfen in den Fluß des Lebens, ohne daß Sie sich dies ausgesucht hätten. Er sah, wie Sie von denen, die Sie lieben, betrogen wurden. Er sah Sie, mit einem Körper, der krank, und einem Herzen, das schwach wird.

Er sah Sie in Ihrem eigenen Garten, umgeben von knorrigen Bäumen und schlafenden Freunden. Er sah Sie in den Abgrund Ihres Versagens und in die Öffnung Ihres eigenen Grabes starren.

Er sah Sie in Ihrem Garten Gethsemane – und er wollte nicht, daß Sie allein sind.

Er wollte, daß Sie wissen, daß er auch dort war. Er weiß, wie man sich fühlt, wenn sich andere Menschen gegen einen verschwören. Er weiß, wie es ist, wenn die Gedanken verworren sind. Er weiß, wie es ist, wenn man zwischen zwei Wünschen hin- und hergerissen wird. Er weiß, wie einem zumute ist, wenn einem der Gestank Satans in die Nase dringt. Und vielleicht als Wichtigstes von allem, weiß er, wie es ist, wenn man Gott anfleht, er möge doch seinen Plan ändern, und Gott dann sanft, aber bestimmt antwortet: „Nein."

Denn diese Antwort gibt Gott auch Jesus. Und Jesus akzeptiert die Antwort. Irgendwann in dieser mitternächtlichen Stunde kommt ein Engel der Barmherzigkeit über den erschöpften Körper des Mannes im Garten. Als er sich schließlich erhebt, ist die Qual aus seinen Augen verschwunden. Seine Hände ballen sich nicht mehr zur Faust. Sein Herz kämpft nicht mehr.

Die Schlacht ist gewonnen. Sie haben vielleicht geglaubt, sie wäre auf Golgatha geschlagen worden. Das stimmt nicht. Sie haben vielleicht gemeint, das Zeichen des Sieges wäre das leere Grab. Das stimmt nicht. Die letzte Schlacht wurde in Gethsemane gewonnen. Und das Zeichen des Sieges ist der Friede, der Jesus unter den Ölbäumen erfüllt.

Denn in diesem Garten hat er seine Entscheidung getroffen. Er wollte lieber für Sie in die Hölle gehen, als ohne Sie in den Himmel.

Freitag

Kapitel 22

Wenn sich die Welt
gegen uns wendet

„Von jetzt an werdet ihr den Menschensohn
an der rechten Seite Gottes sitzen ... sehen."
Lukas 12:37

„Steht auf, wir müssen gehen. Es kommt schon der Mann,
der sich gegen mich gewendet hat."[1]

Diese Worte waren im Blick auf Judas gesprochen.
Aber sie hätten ebenso im Blick auf jeden anderen Menschen gesagt werden können. Sie hätten im Blick auf Johannes, auf Petrus, auf Jakobus gesagt werden können. Sie
hätten im Blick auf Thomas, auf Andreas, auf Nathanael
gesagt werden können. Sie hätten im Blick auf die römischen Soldaten und die jüdischen Führer gesagt werden
können. Sie hätten im Blick auf Pilatus, Herodes und Kaiphas gesagt werden können. Sie hätten im Blick auf alle
Menschen gesagt werden können, die Jesus am vergangenen Sonntag noch zugejubelt hatten, ihn jedoch heute nacht
verließen.

Alle wandten sich in jener Nacht gegen Jesus. Alle.

Judas wandte sich gegen ihn. Was war dein Motiv,
Judas? Warum hast du das getan? Hast du versucht, die
Karten aufzudecken? Hast du es wegen des Geldes getan?
Wolltest du die Aufmerksamkeit auf dich lenken? Und
warum, lieber Judas, warum mußte es ein Kuß sein? Du hättest auch mit dem Finger auf Jesus zeigen können. Du hättest ihn auch einfach nur rufen können. Aber du hast mit

deinen Lippen seine Wange berührt und ihn geküßt. Eine Schlange tötet mit dem Mund.

Die Menschen wandten sich gegen ihn. Die ganze Schar. Wer gehörte zu dieser Schar? Wer waren die, die in der Nähe standen? Matthäus nennt sie einfach nur eine große Schar. Normale Leute wie Sie und ich, die ihre Rechnungen bezahlen, ihre Kinder großziehen und ihrer Arbeit nachgehen müssen. Einzeln hätten sie sich niemals gegen Jesus gewandt, aber gemeinsam wollten sie ihn umbringen. Selbst die sofortige Heilung eines abgeschlagenen Ohrs konnte sie nicht umstimmen. Sie waren alle mit der Blindheit des Pöbels geschlagen. Sie verstellten sich gegenseitig die rechte Sicht von Jesus.

Die Jünger wandten sich gegen ihn. „Entsetzt verließen ihn alle Jünger und flohen." [2] Diese Worte müssen Matthäus langsam aus der Feder geflossen sein. Zu dieser Gruppe gehörte auch er. Alle Jünger gehörten dazu. Jesus sagte ihnen, daß sie alle fliehen würden. Sie schworen das Gegenteil. Aber sie flohen trotzdem. Als sie sich zwischen ihrer eigenen Haut und ihrem Freund entscheiden mußten, rannten sie lieber davon. Ja, eine Weile blieben sie noch stehen. Petrus zog sogar das Schwert, er zielte auf den Nacken, aber zu viel mehr als einem Ohrläppchen reichte der Schlag nicht. Doch der Mut der Jünger war so schnell dahin, wie ihre Füße laufen konnten. Als sie sahen, daß Jesus verhaftet wurde, machten sie sich aus dem Staub.

Die geistlichen Leiter wandten sich gegen ihn. Das überrascht nicht. Es ist nur traurig. Schließlich sind sie die geistlichen Führer des Landes. Männer, denen das Amt anvertraut war, Gutes auszuteilen. Vorbilder für die Kinder. Die Pastoren und Bibellehrer der damaligen Zeit. „Die Hohenpriester und der ganze Gerichtshof waren versammelt. Sie suchten Zeugen, die durch ihre falschen Aussagen Jesus so belasten sollten, daß man ihn zum Tode verurteilen konnte." [3] Malen Sie diesen Abschnitt schwarz wegen der Ungerechtigkeit. Malen Sie die Verhaftung grün wegen der Eifersucht. Malen Sie die ganze Szene rot wegen des unschuldigen Blutes.

Und malen Sie Petrus in einer Ecke. Denn dort steht er. Er weiß nicht, wo er sonst hingehen soll, ist in seinem eigenen Fehler gefangen. Petrus tat genau das, was er mit aller Heftigkeit abgestritten hatte. Nur wenige Stunden zuvor hatte er voller Überzeugung versprochen: „Alle anderen werden in ihrem Glauben an dich ins Wanken kommen, aber ich nicht!" Doch nun mußte er jedes einzelne Wort wieder zurücknehmen.

Alle wandten sich gegen Jesus.

Auch wenn es Judas war, der Jesus den Kuß gab, so war doch der Verrat von allen begangen worden. Alle hatten dazu beigetragen, keiner hatte sich zu Jesus gestellt. Als Jesus den Garten verließ, ging er allein. Die Welt hatte sich gegen ihn gewandt. Er war verraten.

Verrat. Es ist eine Waffe, die sich nur in der Hand eines Menschen findet, den man liebt. Unsere Feinde besitzen diese Waffe nicht, nur ein Freund kann verraten. Verrat ist Meuterei. Es ist ein Vertrauensbruch. Nur Menschen, die unser Vertrauen haben, können in dieser Weise handeln.

Wenn es sich nur um einen Fremden handeln würde! Wenn es nur ein willkürlicher und nicht ein gezielter Angriff wäre! Wenn wir nur den Umständen zum Opfer fallen würden! Doch das tun wir nicht. Wir fallen einem Freund zum Opfer.

Ein Kuß so rauh wie Schmiergelpapier wird Ihnen auf die Wange gedrückt. Ein Versprechen, bei dem gleichzeitig hinter Ihrem Rücken die Finger überkreuzt werden. Wir schauen unsere Freunde an, doch die Freunde weichen unserem Blick aus. Wir hoffen, daß uns vom Gesetz her Gerechtigkeit zugesprochen wird – doch wir werden als Sündenbock hingestellt.

Wir sind verraten. Vom Kuß einer Schlange gebissen.

Das ist schlimmer als Ablehnung. Ablehnung schlägt eine Wunde, Verrat streut Salz hinein.

Das ist schlimmer als Einsamkeit. Einsamkeit läßt uns draußen in der Kälte stehen, Verrat schließt die Tür.

Das ist schlimmer als Spott. Spott sticht mit dem Messer zu, Verrat dreht das Messer in der Wunde um.

193

Das ist schlimmer als eine Beleidigung. Eine Beleidigung verletzt unseren Stolz, Verrat bricht uns das Herz.

Während ich nach bedeutungsverwandten Worten für Verrat suche, treten mir die Opfer von Verrat vor Augen. Der anonyme Brief, der gestern mit der Post kam: „Mein Mann hat mir gerade mitgeteilt, daß er vor zwei Jahren eine Affäre hatte", schrieb eine Frau. „Ich fühle mich so allein." Der Telefonanruf einer älteren Frau, deren drogensüchtiger Sohn ihr Geld entwendet hat. Mein Freund aus dem Mittelwesten, der mit der ganzen Familie umzog, weil ihm eine Arbeitsstelle zugesagt worden war, die er jedoch nie bekam. Die alleinerziehende Mutter, deren Ex-Mann seine neue Freundin mitbringt, wenn er kommt, um die Kinder fürs Wochenende abzuholen. Das siebenjährige Mädchen, das HIV-positiv ist. „Ich bin wütend auf meine Mutter", lauteten ihre Worte.

Verrat ... wenn sich die Welt gegen uns wendet.

Verrat ... wo der Liebe die Tür offen steht, steht die Tür auch offen für Verletzungen.

Wie reagieren wir, wenn wir Verrat erleben? Davonlaufen? Zornig werden? Es dem anderen heimzahlen? Irgendwie müssen wir reagieren. Wir wollen sehen, was Jesus tat.

Schauen wir uns zunächst einmal an, wie Jesus Judas sah: „Mein Freund! Was tust du?"[4]

Ich wäre niemals darauf gekommen, Judas mit „Freund" anzureden. Was Judas Jesus antat, war eine krasse Ungerechtigkeit. Es gibt keinen Hinweis darauf, daß Jesus Judas jemals benachteiligt hätte. Nichts läßt darauf schließen, daß Judas je ausgeschlossen oder übersehen wurde. Als Jesus den Jüngern während des letzten Abendmahls sagte, daß sein Verräter mit am Tisch saß, steckten die Jünger nicht die Köpfe zusammen und tuschelten: „Das ist Judas. Jesus hat uns gesagt, daß er das tun wird."

Sie tuschelten nichts dergleichen, weil Jesus nie eine Andeutung in dieser Richtung gemacht hatte. Jesus hatte es gewußt. Er hatte gewußt, was Judas tun würde, aber er verhielt sich so gegen den Verräter, als wäre dieser treu.

Die ganze Sache ist noch viel ungerechter, wenn man sich überlegt, daß der Verrat Judas' Einfall war. Nicht die geistlichen Führer kamen auf Judas zu, sondern Judas ging zu ihnen. „Was gebt ihr mir, wenn ich euch Jesus verrate?" fragte er.[5] Der Verrat wäre nicht ganz so bitter gewesen, wenn die Initiative von den geistlichen Leitern ausgegangen wäre, aber Judas war es, der die Initiative ergriff. Er ging mit dem Vorschlag des Verrats zu den Leitern.

Und Judas' Methode ... noch einmal die Frage: Warum mußte es ausgerechnet ein Kuß sein?[6]

Und warum mußte er ihn „Meister" nennen?[7] Das ist ein Ehrentitel. Die Unstimmigkeit in Judas' Worten und Taten – ich hätte ihn niemals „Freund" genannt.

Und doch nannte ihn Jesus genau so. Warum? Jesus konnte etwas sehen, das wir nicht sehen können. Ich will dies erklären.

Es gab einmal eine Person in unserem Leben, die Denalyn und mir sehr viel Mühe machte. Sie meldete sich mitten in der Nacht. Sie war fordernd und rücksichtslos. Sie schrie uns in der Öffentlichkeit an. Wenn sie einen Wunsch hatte, dann wollte sie, daß er sofort erfüllt wurde, und sie wollte, daß ihn niemand anders erfüllte als wir.

Doch wir baten sie nie, uns in Ruhe zu lassen. Wir sagten ihr nie, sie solle nicht immer nur uns auf die Nerven gehen. Wir versuchten nie, es ihr heimzuzahlen.

Schließlich war sie ja erst ein paar Monate alt.

Es war leicht, das Verhalten unserer kleinen Tochter zu vergeben, weil wir erkannt hatten, daß sie es nicht besser wußte.

Es liegt ein himmelweiter Unterschied zwischen einem unschuldigen Säugling und einem Judas, der seine Entscheidung ganz bewußt traf. Aber trotzdem gibt es eine Parallele in meiner Geschichte, und zwar folgende: Wenn wir den Grund für das Verhalten eines Menschen verstehen, können wir besser damit umgehen. Eine Möglichkeit, mit den Eigentümlichkeiten eines Menschen fertig zu werden, besteht in dem Versuch, zu verstehen, warum ein Mensch eigentümlich ist.

Jesus wußte, daß Judas von einem mächtigen Feind verführt worden war. Ihm war bewußt, wie listig die Einflüsterungen Satans waren (er hatte sie vor kurzem noch selbst im Ohr gehabt). Er wußte, wie schwer es für Judas war, das Gute zu tun.

Er rechtfertigte nicht, was Judas tat. Er spielte die Tat nicht herunter. Auch nahm er Judas die Entscheidung nicht ab. Aber er sah seinem Verräter in die Augen und versuchte zu verstehen.

Solange wir unseren Feind hassen, bleibt die Zellentür verschlossen und der Gefangene im Gefängnis. Aber wenn wir versuchen zu verstehen und unseren Feind aus unserem Haß entlassen, wird der Gefangene auf freien Fuß gesetzt, und dieser Gefangene sind Sie selbst.

Vielleicht gefällt Ihnen diese Vorstellung nicht. Vielleicht ist der Gedanke der Vergebung unrealistisch. Die Vorstellung, daß wir versuchen sollen, die Menschen in unserer Welt, die wie Judas sind, zu verstehen, erfordert vielleicht einfach zu viel Güte und Liebenswürdigkeit.

Aber ich will Ihnen mit einer Frage darauf antworten. Wie sieht denn Ihr Vorschlag aus? Wird das Problem dadurch gelöst, daß wir an unserem Zorn festhalten? Verschwindet der Schmerz, wenn wir es dem anderen heimzahlen? Bewirkt Haß irgend etwas Gutes? Ich will Ihren Schmerz nicht herunterspielen oder das Verhalten der anderen Menschen rechtfertigen. Aber ich will sagen, daß es hier auf der Erde nie Gerechtigkeit geben wird. Und wenn Sie darauf bestehen, daß Ihr Feind auch seinen Teil an Schmerz abbekommt, so wird dies auf lange Sicht Ihnen selbst nur weiteren Schaden zufügen.

Darf ich Sie vorsichtig, aber nachdrücklich an etwas erinnern, das Sie wissen, aber möglicherweise vergessen haben? Das Leben ist nicht gerecht.

Das ist kein Pessimismus, es ist schlicht eine Tatsache. Das ist keine Klage, aber das Leben ist nun einmal so. Mir gefällt das nicht. Ihnen auch nicht. Wir möchten, daß es im Leben gerecht zugeht. Seit damals, als das Kind, das ein paar Häuser weiter wohnte, ein Fahrrad bekam und wir nicht, sagen wir immer wieder dasselbe: „Das ist ungerecht."

Aber irgendwann müssen wir uns einmal die Frage stellen lassen: „Wer hat dir denn gesagt, daß es im Leben gerecht zugeht?"

Gott war es nicht. Er sagte nicht: „*Falls* euer Glaube immer wieder hart auf die Probe gestellt wird", er sagte: „*Wenn* euer Glaube immer wieder hart auf die Probe gestellt wird."[8] Schwierigkeiten sind im Paket inbegriffen. Und Verrat ist ein Teil der Schwierigkeiten. Seien Sie nicht überrascht, wenn Verrat an Ihnen geübt wird. Erwarten Sie nicht, daß es hier auf der Erde gerecht zugeht – richten Sie Ihren Blick vielmehr dorthin, wohin auch Jesus blickte.

Jesus blickte in die Zukunft. Hören Sie seine Worte: „Dann (in der Zukunft) werdet ihr den Menschensohn kommen sehen." Während Jesus durch die Hölle ging, hielt er seinen Blick auf den Himmel gerichtet. Als er von Feinden umgeben war, richtete er seine Gedanken auf seinen Vater. Als er auf der Erde verlassen wurde, war er mit seinem Herzen zu Hause. „Von jetzt an werdet ihr den Menschensohn an der rechten Seite Gottes sitzen und dann auf den Wolken des Himmels wiederkommen sehen."[9]

Es ist schon eine ganze Weile her, als ich einmal Skiunterricht nahm. Der Lehrer meinte, meine Fähigkeiten seien zwar ausbaufähig, aber im Moment böte ich einen eher traurigen Anblick. Er erklärte mir, ich würde zu viel auf meine Skier gucken. Ich erwiderte, daß ich das so machen müßte. Sie würden immer dorthin fahren, wo ich nicht hin wollte. „Hilft es denn, wenn Sie auf die Skier gucken?"

„Vermutlich nicht", mußte ich eingestehen. „Ich falle trotzdem dauernd hin."

Der Lehrer zeigte auf die herrlichen Berge am Horizont. „Versuchen Sie, dorthin zu schauen, wenn Sie fahren. Blicken Sie auf die Berge, dann können Sie besser das Gleichgewicht halten." Er hatte recht. Es funktionierte.

Man kann das Gleichgewicht am besten halten, wenn man die Augen auf den Horizont richtet. Genau das tat auch Jesus.

„Mein Königreich gehört nicht zu dieser Welt", sagte Jesus zu Pilatus. „Mein Reich ist von anderer Art."[10]

Als wir in Brasilien lebten, in Rio de Janeiro, erlebte ich, was es bedeutet, sich nach seiner Heimat zu sehnen. Wir liebten Brasilien. Die Menschen waren sehr freundlich, und die Kultur warmherzig – aber es war einfach nicht unsere Heimat.

Mein Büro lag in der Innenstadt von Rio, nur ein paar Straßen von der amerikanischen Botschaft entfernt. Von Zeit zu Zeit nahm ich mir mittags mein Essen und ging damit in die Botschaft. Es war, als würde ich für eine kurze Zeit nach Hause gehen. Ich schritt durch die hohe Tür und grüßte die Wachposten auf Englisch. Dann setzte ich mich in die Eingangshalle und griff nach einer amerikanischen Zeitung. Ich schaute nach dem Punktestand beim Boxen und der Rangliste beim Football. Ich kicherte über die Cartoons. Ich las sogar die Kaufgesuche. Es war einfach gut, an zu Hause zu denken.

Dann schlenderte ich einen der breiten Flure entlang und sah mir die Gemälde von Lincoln, Jefferson und Washington an. Manchmal hatte einer der Angestellten Zeit für ein Schwätzchen, und ich erfuhr die neuesten Nachrichten aus den Staaten.

Die Botschaft war wie ein Stück Heimat in einem fremden Land. Das Leben in einem fernen Land wird ein wenig leichter, wenn man gelegentlich die Heimat besuchen kann.

Jesus warf einen langen Blick in die Heimat. Lang genug, um seine Freunde zu zählen. „Ich könnte meinen Vater bitten, und er würde mir zwölf Armeen Engel geben." Diese Armee dort oben zu sehen, gab ihm Kraft für hier unten.

Übrigens, seine Freunde sind auch Ihre Freunde. Der Vater steht genauso treu zu Ihnen, wie er zu Jesus stand. Wenn Sie sich verraten fühlen, dann denken Sie daran.

Wenn Sie die Fackeln sehen und den Kuß des Verräters spüren, dann denken Sie an seine Worte: „Ich will dich nicht verlassen und nicht von dir weichen."[11]

Wenn sich die ganze Erde gegen Sie wendet, dann wendet sich der ganze Himmel Ihnen zu. Wenn Sie in einer abschüssigen Welt das Gleichgewicht behalten wollen, dann müssen Sie zu den Bergen hinaufsehen. Denken Sie an Ihre Heimat.

Kapitel 23

Wir haben die Wahl

*„Von jetzt an werdet ihr den Menschensohn
an der rechten Seite Gottes sitzen ... sehen."*
Lukas 12:37

Der berühmteste Prozeß der ganzen Geschichte steht kurz bevor.

Der Richter ist von kleiner Statur, eine Patriziergestalt mit scharfen Augen und kostbaren Gewändern. Das ergraute Haar ist kurz geschnitten, das Gesicht glatt rasiert. Er ist unruhig und nervös, weil er gezwungen ist, eine Entscheidung zu fällen, der er lieber ausweichen würde. Zwei Soldaten geleiten ihn die Steinstufen hinunter, die in den großen Hof führen. Die Morgensonne wirft ihre Strahlen auf den steinernen Boden.

Als er den Hof betritt, stehen die syrischen Soldaten, bekleidet mir kurzer Toga, stramm. Die Speere ragen gerade nach oben, die Augen blicken starr vor sich hin. Der Hof, auf dem sie stehen, ist ein Mosaik aus großen, braunen, glatten Steinen. In die Steine sind Spiele eingeritzt, mit denen sich die Soldaten die Zeit vertreiben, während sie auf die Verurteilung der Gefangenen warten.

Doch in Anwesenheit des Prokurators spielen sie nicht.

Ein königlicher Stuhl wird auf eine Plattform gestellt, zu der fünf Stufen hinaufführen. Der Richter steigt nach oben und nimmt Platz. Der Angeklagte wird in den Raum geführt und am Fuß der Stufen vor ihn hingestellt. Eine lange Reihe würdig gekleideter geistlicher Führer folgt; sie begeben sich zur Seite und bleiben dort stehen.

Pilatus blickt auf die einsame Gestalt.

„Sieht nicht wie ein Messias aus", murmelt er.

Die Füße sind geschwollen und schmutzig. Die Hände gebräunt. Die Knöchel stark.

Sieht eher wie ein Arbeiter als wie ein Lehrer aus. Und wie ein Unruhestifter sieht er schon gar nicht aus.

Das eine Auge ist blau unterlaufen und zugeschwollen. Mit dem anderen blickt er zu Boden. Die Unterlippe ist aufgeschlagen und verkrustet. Das Haar klebt blutverschmiert an der Stirn. Auf den Armen und Beinen sind rote Streifen zu sehen.

„Sollen wir ihm das Kleid ausziehen?" fragt ein Soldat.

„Nein. Das ist nicht nötig."

Es ist auch so zu sehen, was die Schläge angerichtet haben.

Der Prokurator hätte normalerweise nicht verlangt, den Gefangenen zu sehen. Die Erfahrung hatte ihn gelehrt, sich aus den jüdischen Streitereien herauszuhalten – besonders wenn es sich um religiöse Fragen handelte. Aber er mußte zugeben, daß er neugierig war, warum dieser Jesus die Leute so sehr in Aufregung versetzt hatte.

„Man sagt, dieser Mann würde das Volk aufhetzen?" fragt Pilatus laut, schaut dabei die Wachen an, die an seiner Seite stehen, und gibt ihnen zu verstehen, daß sie lachen und das Schweigen brechen dürfen. Sie machen sofort davon Gebrauch. Er rutscht auf dem Stuhl, der keine Rückenlehne besitzt, nach hinten und lehnt sich an die Wand. Wenn die Anklage einen anderen Inhalt gehabt hätte, würde Pilatus die ganze Angelegenheit mit einer Handbewegung erledigt und diesen Mann fortgeschickt haben. Doch die Beschuldigung enthielt Worte wie *Revolte* und *Steuern* und *Kaiser*. Deshalb ist er gezwungen, die Sache weiter zu verfolgen.

„Bist du der König der Juden?"

Zum ersten Mal blickt Jesus auf. Er hebt nicht den Kopf, aber er hebt die Augen. Er schaut unter seinen Brauen zu dem Prokurator empor. Pilatus ist über den Ton in der Stimme von Jesus überrascht.

„Du sagst es."

Noch bevor Pilatus etwas erwidern kann, höhnen die jüdischen Führer an der Seite des Hofs über den Angeklagten.

„Seht ihr, er hat überhaupt keinen Respekt."

„Er hetzt die Leute auf!"

„Er behauptet, ein König zu sein!"

Pilatus hört ihre Worte nicht. *„Du sagst es."* Keine Verteidigung. Keine Erklärung. Keine Panik. Der Galiläer schaut wieder zu Boden.

Irgend etwas an diesem Rabbi vom Lande fasziniert Pilatus. Er ist anders als die vielen gebrochenen Gestalten, die sich draußen zusammenrotten. Er ist nicht wie die Anführer mit den langen Bärten, die sich rühmen, einen souveränen Gott zu haben, und in der nächsten Minute trotzdem um Steuersenkung betteln können. Seine Augen sind nicht mit den feurigen Augen der Zeloten zu vergleichen, die eine schreckliche Plage für die Pax Romana sind, die Pilatus zu erhalten sucht. Er ist anders, dieser Messias aus dem Norden des Landes. Als Pilatus ihn anblickt, fallen ihm die Geschichten ein, die er gehört hat.

„Jetzt weiß ich es wieder", spricht er zu sich selbst, steht auf, schreitet die Stufen hinunter und geht zu einer der Galerien, die den Hof säumen. Er bleibt neben einer Balustrade stehen und lehnt sich an. Die Tauben fliegen auf, und ein trockenes Flügelschlagen ist zu hören, als sie auf die Straßen hinunterflattern.

Pilatus läßt sich die verschiedenen Berichte noch einmal durch den Kopf gehen. Die seltsame Geschichte von dem Mann drüben in Bethanien. *Wieviel Tage war er noch mal tot? Drei – nein, vier Tage. Und dieser Kerl, so wurde erzählt, hatte ihn aus dem Grab gerufen. Und die Versammlung in Bethsaida. Es waren wohl mehrere Tausend dort ... einer der Angestellten des Herodes hatte davon berichtet. Sie wollten ihn zum König machen. Ach ja, er hatte die Menge gespeist.* Pilatus dreht sich um und blickt auf die Kinder, die unten auf der Straße spielen. Einige schwatzen mit einem Wachsoldaten. *Sie hoffen, ein bißchen Geld zu bekommen, kein Zweifel.* Die Kinder sehen nicht gut aus. Schwach und mager. Strähnige Haare. *Wahrscheinlich Läuse.* Pilatus ist einerseits beunruhigt, weil der Wachsoldat überhaupt mit den Kindern redet, andererseits ist er beunruhigt, weil der Soldat den Kindern kein Geld gibt. Vor allem aber ist Pilatus in Unruhe darüber, daß solche Kinder überhaupt erst krank werden müssen. Aber sie werden krank. Es geschieht in Rom, und es geschieht in Jerusalem.

Er schaut erneut zu dem gebeugten Mann hinüber, der in seinem Haus steht. *Wir könnten schon einen König brauchen,* seufzt er. *Einen König, der aus diesem Durcheinander irgend etwas Gutes machen könnte.*

Es gab eine Zeit, in der Pilatus dachte, er wäre der Aufgabe gewachsen. Er kam in der Überzeugung nach Jerusalem, daß das, was nördlich des Mittelmeers gut war, auch östlich des Mittelmeers gut sein würde. Aber das war lange her. Das war ein anderer Pilatus gewesen. Das war damals, als schwarz noch schwarz und weiß noch weiß war. Das war damals, als seine Gesundheit noch besser und seine Träume noch unbedarfter waren. Das war, bevor er begann, Politik zu treiben. Hier ein wenig geben, um dort ein wenig zu nehmen. Zugeständnisse machen. Kompromisse schließen. Steuern erhöhen. Maßstäbe senken. Heute sah die Sache einfach anders aus.

Rom und die edlen Träume scheinen weit entfernt zu sein. Vielleicht ist er deshalb von dem Rabbi fasziniert. Irgend etwas an ihm erinnert ihn an seine eigenen Beweggründe, damals nach Jerusalem zu gehen ... erinnert ihn daran, wie er früher war. *Sie haben meinen Rücken auch gegeißelt, mein Freund. Sie haben meinen Rücken auch gegeißelt.*

Pilatus schaut zu den jüdischen Führern hinüber, die in der Ecke auf der anderen Seite des Hofes dicht zusammengedrängt stehen. Ihre hartnäckige Anklage ärgert ihn. Die Geißelhiebe reichen nicht aus. Der Spott befriedigt sie nicht.

Eifersüchtig, möchte er ihnen ins Gesicht sagen, aber er tut es nicht. *Eifersüchtige Geier, ihr halsstarrigen Kerle. Bringt eure eigenen Propheten um.*

Pilatus will Jesus freilassen. *Wenn ich nur einen Grund finde*, denkt er beinah laut. *Dann lasse ich dich frei.*

Seine Gedanken werden unterbrochen, weil ihm jemand auf die Schulter klopft. Ein Bote beugt sich zu ihm hin und flüstert ihm etwas ins Ohr. Seltsam. Seine Frau läßt ihm ausrichten, er solle sich aus dieser Sache 'raushalten. Es geht um irgendeinen Traum, den sie hatte.

Pilatus kehrt zu seinem Stuhl zurück, setzt sich hin und starrt Jesus an. „Sogar die Götter stehen auf deiner Seite?" bringt er hervor, ohne eine Erklärung abzugeben.

Er sitzt nicht zum ersten Mal auf diesem Stuhl. Es ist ein königlicher Stuhl: kobaltblau mit reich verzierten Beinen. Es ist der traditionelle Richterstuhl. Sobald Pilatus darauf sitzt, verwandelt er jeden Raum und jede Straße in einen Gerichtssaal. Von diesem Stuhl aus fällt er seine Entscheidungen.

Wie oft hat er schon darauf gesessen? Wie viele Geschichten hat er sich angehört? Wie viele Plädoyers hat er schon entgegengenommen? Wie viele schreckgeweitete Augen haben ihn schon angestarrt, um Gnade gefleht, um Freispruch gebettelt?

Aber die Augen des Nazareners sind ruhig, still. Sie schreien nicht. Sie funkeln ihn nicht an. Pilatus schaut genau hin, ob er Angst in ihnen findet … oder Zorn. Aber er kann nichts dergleichen entdecken. Was er sieht, bringt ihn erneut ins Wanken.

Er ist nicht zornig auf mich. Er hat keine Angst … er scheint zu verstehen.

Pilatus hat recht mit seiner Beobachtung. Jesus hat keine Angst. Er ist nicht zornig. Er ist nicht kurz davor, in Panik zu geraten. Denn er ist nicht überrascht. Jesus kennt seine Stunde, und diese Stunde ist jetzt gekommen.

Pilatus hat recht mit seiner Neugier. Wenn Jesus wirklich ein Anführer ist, wo sind dann seine Nachfolger? Wenn er tatsächlich der Messias ist, was beabsichtigt er dann zu tun? Wenn er wirklich ein Lehrer ist, warum sind die geistlichen Führer dann so zornig auf ihn?

Pilatus hat auch recht mit seiner Frage. „Was soll ich mit Jesus, eurem Messias, anfangen?"[1]

Vielleicht möchten auch Sie, genauso wie Pilatus, mehr über diesen Mann wissen, der Jesus heißt. Auch Sie rätseln an seinem Anspruch herum, und seine Leidenschaft geht Ihnen unter die Haut. Sie haben die Geschichten gehört: Gott, der von den Sternen herabsteigt, sich in Fleisch hüllt und einen Pfahl der Wahrheit auf der Erde errichtet. Sie haben, wie Pilatus, andere über ihn reden hören, jetzt wünschen Sie, daß er selbst spricht.

Was fängt man mit einem Menschen an, der behauptet, Gott zu sein, jedoch die Religion haßt? Was fängt man mit einem Menschen an, der sich selbst als den Retter bezeichnet, jedoch das religiöse System verurteilt? Was fängt man mit einem Mann an, der den Ort und die Zeit seines Todes kennt und sich trotzdem dorthin begibt?

Pilatus' Frage ist auch Ihre Frage: „Was soll ich mit diesem Mann anfangen, mit diesem Jesus?"

Sie haben zwei Möglichkeiten.

Sie können ihn ablehnen. Das ist eine Möglichkeit. Wie viele Menschen vor Ihnen können Sie beschließen, daß die Vorstellung, Gott würde ein Zimmermann werden, einfach zu absurd ist – und dann können Sie sich umdrehen und davongehen.

Oder Sie können ihn annehmen. Sie können sich mit ihm auf den Weg machen. Sie können inmitten Hunderter von anderen Stimmen auf seine Stimme hören und ihm folgen.

Pilatus hätte dies auch tun können. Er hörte an jenem Tag viele Stimmen – er hätte auch Christi Stimme hören können. Wenn Pilatus sich entschlossen hätte, sein Herz dem gegeißelten Messias zu öffnen, dann wäre seine Geschichte anders verlaufen.

Hören Sie, was er fragte: „Bist du der König der Juden?" Wenn wir an jenem Tag dabei gewesen wären, hätten wir gehört, mit welchem Unterton in der Stimme Pilatus diese Frage stellte. War es Spott? (Du . . . ein König?) Neugier? (Wer bist du?) Eine' ehrliche Frage? (Bist du wirklich der, der du zu sein behauptest?)

Wir möchten gern wissen, warum Pilatus diese Frage stellte. Auch Jesus wollte das wissen.

„Sagst du das von dir aus, oder haben dir's andere über mich gesagt?"[2]

Jesus will wissen, warum Pilatus das wissen will. Was wäre gewesen, wenn Pilatus einfach geantwortet hätte: „Ich frage das aus eigenem Interesse. Ich möchte es wissen. Ich möchte es wirklich wissen. Stimmt deine Behauptung, daß du der König bist?"

Wenn er gefragt hätte, Jesus hätte es ihm gesagt. Wenn er gefragt hätte, Jesus hätte ihn befreit. Aber Pilatus wollte es nicht wissen. Er drehte sich einfach um und erwiderte scharf: „Ich bin doch kein Jude." Pilatus fragte nicht, und deshalb sagte Jesus es ihm auch nicht.

Pilatus schwankt. Er ist wie ein junger Hund, der von zwei verschiedenen Leuten gerufen wird. Er geht einen Schritt auf die eine Stimme zu, bleibt dann stehen und tut einen Schritt in die andere Richtung. Viermal versucht er, Jesus freizulassen, und viermal schwenkt er in seinem Entschluß wieder um. Er versucht, dem Volk Barabbas zu geben; aber sie wollen Jesus als Verurteilten sehen. Er läßt Jesus geißeln; aber sie wollen ihn auf Golgatha sehen. Er erklärt, daß er an diesem Mann keine Schuld finden kann; sie klagen Pilatus an, das Gesetz zu brechen. Aus Angst davor, wer Jesus wirklich ist, versucht Pilatus ein letztes Mal, ihm die Freiheit zu geben; doch die Juden klagen ihn an, Verrat am Kaiser zu üben.

So viele Stimmen. Die Stimme des Kompromisses. Die Stimme der Berechnung. Die Stimme der Politik. Die Stimme des Gewissens.

Und die milde, feste Stimme Christi. „Du wärest machtlos, hätte dir Gott keine Macht über mich gegeben."[3]

Die Stimme von Jesus ist anders. Einzigartig. Er versucht nicht, ihn zu überreden, er fleht nicht. Er trägt nur seine Sache vor.

Pilatus dachte, er könnte sich der Entscheidung entziehen. Er wusch sich die Hände, er wollte nichts mit dem Fall Jesus zu tun haben. Er ergriff keine Partei.

Aber indem er keine Entscheidung traf, traf er dennoch eine Entscheidung.

Statt Gott um Gnade zu bitten, bat er um eine Schüssel mit Wasser. Statt Jesus zu bitten, bei ihm zu bleiben, schickte er ihn fort. Statt auf Christi Stimme zu hören, hörte er auf die Stimme des Volkes.

Eine Legende erzählt, daß Pilatus' Frau zum Glauben kam. Und eine andere Legende erzählt, daß Pilatus in der Ewigkeit seinen Platz in einem großen See haben wird, aus dem er täglich auftaucht und sich die Hände wäscht, in der Hoffnung, Vergebung zu erlangen. Er versucht in Ewigkeit, seine Schuld abzuwaschen ... nicht, weil er etwas Schlechtes tat, sondern weil er es unterließ, etwas Gutes zu tun.

Kapitel 24

Das größte Wunder

„Die Leute, die vorbeigingen,
beschimpften und verspotteten Jesus:
‚Du also wolltest den Tempel zerstören und in drei Tagen
wieder aufbauen! Dann rette dich doch jetzt selbst!
Komm vom Kreuz herunter,
wenn du wirklich der Sohn Gottes bist!'"
Matthäus 27:39–40

„Es ist komisch, daß der Termin zur Steuerabgabe und Ostern oft auf dieselbe Woche fallen. Dieses Jahr war es auch wieder so. Am Anfang der Woche standen zwei große Aufgaben vor mir: die Osterpredigt vorzubereiten und die Steuern zu zahlen.

Das Finanzamt möge es entschuldigen, aber die eine Aufgabe erscheint sehr himmlisch, die andere sehr irdisch. Im einen Moment beschäftige ich mich mit Golgatha, im anderen mit dem Scheckbuch. Eine Stunde lang bin ich von Ehrfurcht ergriffen, die nächste ist von Routine geprägt. Die eine Sache erinnert mich daran, daß Gott alles bezahlt hat, die andere, daß ich viel zahlen muß. (Beides, die Predigtvorbereitung und die Steuern, wecken Dankbarkeit in mir – Dankbarkeit für meinen Herrn und Dankbarkeit für drei kleine Steuersenkungen.)

Zwei Tage der Woche waren bereits vergangen, als mir plötzlich ein Licht aufging. Was für eine passende Situation, um über Gottes Opfer nachzudenken! Denn wenn das Kreuz nicht in einer normalen Woche, voll mit normalen Aufgaben einen Sinn ergibt, welchen Sinn hat es dann überhaupt?

Das ist die Schönheit des Kreuzes. Es ereignete sich in einer normalen Woche, und die beteiligten Personen waren Menschen aus Fleisch und Blut, wie auch Jesus aus Fleisch und Blut war.

Welche Woche, wenn nicht diese, hätte Jesus einen besseren Rahmen geboten, um seine Macht zu beweisen? Ein paar tausend Laib Brot und ein paar Dutzend Heilungen hätten seinem Image gutgetan. Oder noch besser, ein paar Pharisäer, mit Stummheit geschlagen, hätten das Leben vereinfacht.

Jesus, du solltest den Tempel nicht nur reinigen, nein, versetze ihn doch nach Jericho. Und wenn die geistlichen Leiter murren, dann laß es Frösche regnen. Wenn du von der Endzeit redest, dann zerreiß den Himmel und zeig allen, was du meinst.

Das ist die richtige Woche für ein großes Spektakel. Das ist die Stunde für das Unglaubliche. Du kannst sie alle zum Verstummen bringen, Jesus.

Aber er tut es nicht. Weder in Jerusalem. Noch im Obergemach. Noch am Kreuz.

Die Woche ist in vieler Hinsicht eine ganz gewöhnliche Woche. Ja, sicherlich, es ist eine Festwoche, aber die Feierlichkeiten hängen mit Passah zusammen, nicht mit Jesus. Die versammelte Menge ist zwar groß, aber sie kam nicht wegen des Messias.

Hinter den beiden Wundern, die Jesus vollbringt, stand nicht die Absicht, die Menschenmenge anzuziehen. Der verdorrte Feigenbaum hat zwar die Worte Jesu unterstrichen, aber kaum einer hat seinen Kopf nach ihm umgedreht. Das geheilte Ohr war zwar ein Segen für den Soldaten, aber Freunde gewann Jesus dadurch nicht.

Jesus stellte seine Macht nicht zur Schau.

Es war eine ganz normale Woche.

Eine normale Woche mit Kindern, die von ihren ungeduldigen Müttern angezogen wurden, und mit Vätern, die zur Arbeit hasteten. Eine Woche, in der Geschirr gespült und Fußböden gewischt wurden.

Auch die Natur ließ nicht ahnen, daß sich diese Woche von den Tausenden von Wochen, die es bisher gegeben hatte und die noch kommen würden, unterschied. Die Sonne nahm ihren gewohnten Lauf. Die Wolken zogen wie Wattebäusche über den judäischen Himmel. Das Gras war grün, und die Rohrkolben bewegten sich im Wind.

Noch vor Sonntag würde die Natur seufzen. Noch vor Sonntag würden die Felsen wanken. Noch vor Sonntag würde sich der Himmel in Schwarz kleiden. Aber das konnte man noch nicht wissen, wenn man Montag, Dienstag, Mittwoch oder Donnerstag betrachtete. Die Woche verriet keine Geheimnisse.

Auch die Menschen ließen nichts ahnen. Für die meisten war die Woche mit Vorfreude erfüllt, am Wochenende stand ein Fest bevor. Essenszutaten mußten gekauft, Häuser geputzt werden. Auf den Gesichtern der Menschen spiegelte sich keinerlei Vorahnung eines besonderen Ereignisses – denn sie wußten von keinem.

Man sollte denken, daß die Jünger irgend etwas vermutet hätten, aber sie vermuten nichts. Man könnte versuchen, sie auszuquetschen. Sie wissen nichts. Nur eins wissen sie sicher, daß der Blick seiner Augen noch konzentrierter erscheint – er kommt ihnen entschlossen vor ... aber sie sind nicht sicher, was diese Entschlossenheit beinhaltet.

Wenn Sie den Jüngern sagen, daß sie noch vor Freitag abend ihre einzige Hoffnung verlassen, so werden sie es Ihnen nicht glauben. Sagen Sie ihnen, daß Donnerstag nacht Verrat und Verleugnung beinhaltet, so werden sie spotten.

„Wir doch nicht!" werden sie voller Stolz entgegnen.

Für sie ist diese Woche eine Woche wie alle anderen auch. Den Jüngern ist nichts anzumerken.

Und vor allem: Jesus läßt nicht erkennen, was geschehen wird. Sein Wasser wird nicht zu Wein. Sein Esel fängt nicht an zu sprechen. Die Toten bleiben in ihren Gräbern, und die Blinden sind am Freitag noch genauso blind wie am Montag.

Man sollte meinen, die Himmel würden sich öffnen.

Man sollte meinen, Posaunen würden ertönen. Man sollte meinen, Engel würden alle Menschen der Welt nach Jerusalem bringen, damit sie Zeuge des Ereignisses sein könnten. Man sollte meinen, Gott selbst würde herabkommen und seinen Sohn segnen.

Aber er tut es nicht. Er läßt zu, daß der außergewöhnliche Augenblick in Gewöhnlichkeit eingehüllt ist. Eine Woche, in der alles vorhersagbar ist. Eine Woche, die mit Arbeit, Mahlzeiten und schreienden Säuglingen angefüllt ist.

Eine Woche, die Ihrer Woche sehr ähnlich sein mag. Es ist zu bezweifeln, daß in Ihrer Woche irgend etwas Spektakuläres geschehen ist. Keine freudigen Nachrichten, keine schrecklichen Nachrichten. Kein Erdbeben. Kein Sturm. Einfach eine durchschnittliche Woche mit Arbeit, Kindern und Warteschlangen an der Kasse.

Auch für die Leute in Jerusalem war es eine normale Woche. Die bemerkenswerteste Stunde der ganzen Menschheitsgeschichte war umgeben von der gewöhnlichsten Woche der gesamten Geschichte. Gott ist in der Stadt, und die meisten merken es nicht.

Jesus hätte irgend etwas Sensationelles tun können, um die Aufmerksamkeit der Leute auf sich zu ziehen. Warum tat er dies nicht? Warum hat er nicht von der Tempelmauer herunter einen Vorwärtssalto oder einen doppelten Rückwärtssalto gemacht und damit die Menschen in sprachloses Erstaunen versetzt? Als sie riefen: „Kreuzige ihn!", warum ließ er ihnen da nicht einfach die Nasen lang wachsen? Warum tritt der wunderwirkende Christus in dieser Woche nicht in Erscheinung? Warum vollbringt er keine aufsehenerregenden Zeichen?

Kein Engel schützte seinen Rücken mit einem Schild vor der Geißel. Kein heiliger Helm schirmte seine Stirn vor der Dornenkrone ab. Gott „kroch bis zum Stehkragen" in den Schmutz der Menschheit hinein, er stürzte in die tiefste Höhle des Todes und kam – lebendig – wieder hervor.

Doch auch als er wieder hervorkam, war dies kein spektakuläres Ereignis. Er trat einfach aus dem Grab heraus. Maria dachte, er wäre der Gärtner. Thomas benötigte einen handfesten Beweis. Jesus aß wie vorher, er redete wie immer, er brach den Jüngern, die nach Emmaus unterwegs waren, wie gewohnt das Brot.

Verstehen Sie?

Gott ruft uns in der Wirklichkeit dieser Welt. Er setzt keine Tricks ein, um mit uns zu reden. Er ändert weder die Konstellation der Sterne noch läßt er unsere Großeltern aus dem Grab wieder auferstehen, um mit uns zu reden. Das kleine Kruzifix aus Plastik, das sich auf Ihrem Armaturenbrett befindet, enthält etwa genauso viel Kraft wie der Kunststoff, der an Ihrem Rückspiegel hängt.

Es macht überhaupt keinen Unterschied, ob Sie Wassermann oder Steinbock sind oder aber an dem Tag geboren wurden, an dem man Kennedy erschoß. Gott handelt nicht mit Tricks. Er ist kein Geist aus der Flasche. Er ist weder ein Zauberer noch ein Talisman noch der Nachbar von oben. Er ist der Schöpfer des Alls, der hier inmitten unseres Alltags gegenwärtig ist, der eher durch das Schreien eines Babys oder einen hungrigen Magen spricht als durch Horoskope, Sternzeichen oder weinende Madonnas.

Wenn Sie eine übernatürliche Vision haben oder irgendeine seltsame Stimme in der Nacht hören, dann lassen Sie sich davon nicht allzusehr beeindrucken. Es könnte Gott sein, aber es könnte sich auch um eine Magenverstimmung handeln, und Sie wollen doch bestimmt nicht das eine mit dem anderen verwechseln.

Und Sie wollen doch auch bestimmt nicht das Unmögliche verpassen, nur weil Sie nach dem Unglaublichen Ausschau halten. Gott spricht in unserer Welt. Wir müssen nur lernen, ihn zu hören.

Erwarten Sie inmitten des normalen Alltags, daß er zu Ihnen spricht.

Benötigen Sie eine Bestätigung, daß er für Sie sorgt? Dann lassen Sie sich von dem täglichen Sonnenaufgang seine Treue verkündigen.

Würde es Ihnen helfen, ein Zeichen seiner Macht zu sehen? Dann nehmen Sie sich einmal einen Abend Zeit und lesen Sie, wie Ihr Körper funktioniert.

Sie fragen sich, ob sein Wort verläßlich ist? Schreiben Sie sich eine Liste der erfüllten Prophetien in der Bibel und der Verheißungen in Ihrem Leben auf.

Die Menschen, die in der letzten Woche von Jesus ein Wunder forderten, bekamen kein Wunder zu sehen und übersahen doch das größte Wunder. Sie verpaßten den Augenblick, als ein Grab für die Toten zum Thron eines Königs wurde.

Begehen Sie nicht den gleichen Fehler.

Ich muß immer noch daran denken, wie seltsam es ist, daß das Finanzamt und das leere Grab in derselben Woche unsere besondere Aufmerksamkeit fordern. Vielleicht ist es angemessen. Heißt es nicht, daß zwei Dinge im Leben sicher sind – der Tod und die Steuerzahlung? Wenn wir Gott kennen, kann er durch so etwas Gewöhnliches wie das zweite sprechen, um uns die Antwort auf das erste zu geben.

Kapitel 25

Ein Gebet,
das zu einer Entdeckung führt

„Mein Gott, mein Gott, warum hast du mich verlassen?"
Matthäus 27:46

Herr?
Ja.
Ich weiß, daß der Gedanke etwas absurd ist, aber ich muß dir etwas sagen, das mir immer wieder durch den Kopf geht.

Sprich weiter.

Ich mag diesen Vers nicht: „Mein Gott, mein Gott, warum hast du mich verlassen?" Das klingt nicht nach dir. Das klingt nicht wie das, was du sonst sagst.

Normalerweise liebe ich es, wenn du sprichst. Und ich höre dir zu. Ich stelle mir vor, welche Macht deine Stimme hat, wie deine Befehle donnern, welche Dynamik deine Anordnungen auslösen.

Wenn du so sprichst, höre ich es gern.

Erinnerst du dich noch an das Lied der Schöpfung, das du in die klangleere Ewigkeit hineingesungen hast? Herrlich, das bist du. Das war die Tat eines Gottes!

Und als du den Wellen gebotest, gegeneinanderzuschlagen, und sie zu tosen begannen, als du erklärtest, die Sterne sollten am Firmament leuchten, und schon flogen sie im All umher, als du verkündigtest, das Leben sollte existieren, und alles Leben begann? ... Oder das Flüstern des Atems in dem aus Lehm geformten Adam? Da warst du in Höchst-

214

form. So höre ich dich gern. Das ist die Stimme, die ich liebe.

Deshalb mag ich diesen Vers nicht. Bist du es wirklich, der da spricht? Stammen diese Worte von dir? Ist das tatsächlich deine Stimme? Die Stimme, die einen Busch in Flammen setzte, ein Meer teilte und Feuer vom Himmel sandte?

In diesem Vers ist deine Stimme anders.

Sieh dir doch mal den Satz an. Er beginnt mit einem „Warum" und endet mit einem Fragezeichen. Du stellst doch keine Fragen.

Was ist mit dem Ausrufungszeichen geschehen? Das ist doch dein Markenzeichen. Das ist die Unterschrift, die du ans Ende setzt. Das Zeichen, so hoch und so stark wie die Worte, die ihm vorausgehen.

Wir finden es am Ende des Befehls an Lazarus: „Komm heraus!"[1]

Es ist da, wenn du Dämonen austreibst: „Fort mit euch!"[2]

Es steht genauso unerschrocken da wie du selbst, als du über das Wasser gehst und deinen Nachfolgern sagst: „Habt keine Angst!"[3]

Deine Worte verdienen ein Ausrufungszeichen. Sie sind wie der Paukenschlag im Finale, der Kanonenschuß des Sieges, der Donner der siegreichen Streitwagen.

Deine Verben formen Täler und entzünden Jünger. Sprich, Gott! Du bist das Ausrufungszeichen des Lebens ...

Also, warum schwebt nun dieses Fragezeichen am Ende deiner Worte? Schwach. Gebeugt und gedrückt. Gekrümmt, als wäre es müde. Wenn es von dir wäre, dann würdest du es aufrichten. Mach es gerade. Laß es aufrecht stehen.

Und da ich sowieso schon offen mit dir rede – mir gefällt auch das Wort *verlassen* in diesem Satz nicht. Die Quelle des Lebens ... verlassen? Der Geber der Liebe ... allein? Der Vater allen Lebens ... isoliert?

Also, das kannst du doch nicht so meinen, oder? Kann sich ein Gott verlassen fühlen?

215

Könnten wir den Satz nicht ein bißchen verändern? Nicht viel. Nur das Verb.

Was schlägst du denn vor?

Wie wäre es mit *herausfordern?* „Mein Gott, mein Gott, warum hast du mich so herausgefordert?" Klingt das nicht besser? Jetzt können wir Beifall klatschen. Jetzt können wir unsere Banner heben und sie dir weihen. Jetzt können wir es unseren Kindern erklären. Jetzt ergibt es Sinn. Weißt du, dann stehst du als Held da. Ein Held. Die Geschichte ist voll von Helden.

Und wer ist ein Held, wenn nicht der, der eine Herausforderung überlebt?

Oder, wenn das nicht paßt, dann habe ich noch einen Vorschlag. Warum nicht *in Not bringen?* „Mein Gott, mein Gott, warum hast du mich in Not gebracht?" Ja, das ist es. Jetzt bist du ein Märtyrer, der für die Wahrheit eintritt. Ein Patriot, der vom Bösen durchbohrt ist. Ein tapferer, edler Soldat, der bis zum Schluß gekämpft hat. Blutüberströmt, geschlagen, aber siegreich.

In Not gebracht ist viel besser als *verlassen.* Du bist ein Märtyrer. Direkt neben Patrick Henry und Abraham Lincoln.

Du bist Gott, Jesus! Du konntest doch nicht verlassen werden. Du konntest doch nicht allein gelassen werden. Du konntest doch nicht im schrecklichsten Moment deines Lebens im Stich gelassen werden.

Verlassenheit. Das ist die Strafe für einen Verbrecher. Verlassenheit. Das ist das Leiden, das die Schlimmsten erdulden müssen. Verlassenheit. Das ist für die Bösen – nicht für dich. Nicht du, der König der Könige. Nicht du, der Anfang und das Ende. Nicht du, der einzige, der nicht wie wir geboren wurde. Schließlich hat Johannes dich doch das Lamm Gottes genannt, oder?

Was für ein Name! Du bist ohne Zweifel das Lamm Gottes. Das makellose, fehlerlose Lamm. Ich kann hören, wie Johannes die Worte ausspricht. Ich kann sehen, wie er aufblickt. Ich kann sehen, wie er lächelt, auf dich zeigt und

so laut ausruft, daß es das ganze Jordantal hören kann:
„Seht, das ist Gottes Opferlamm ..."

Und noch ehe er seinen Satz zu Ende gebracht hat, richten sich alle Augen auf dich. Jung, braungebrannt, kräftig. Breite Schultern und starke Arme.

„Seht, das ist Gottes Opferlamm ..."

Gefällt dir der Vers?

Ja, natürlich, Gott. Es ist einer meiner Lieblingsverse. Das bist du.

Und was ist mit dem zweiten Teil des Satzes?

Wie bitte?

Der zweite Teil des Satzes.

Hm, ich muß mal überlegen, ob ich mich daran erinnere. „Seht, das ist Gottes Opferlamm, das die Sünden aller Menschen hinwegtragen wird."[4] Ist das richtig, Gott?

Ja, das stimmt. Denk mal darüber nach, wozu das Lamm Gottes gekommen ist.

„Das die Sünden aller Menschen hinwegtragen wird." Moment mal. „Die Sünden hinwegtragen ..." Über diese Worte habe ich noch nie nachgedacht.

Ich habe sie schon gelesen, aber nie über sie nachgedacht. Ich dachte, daß du, na ja, ich weiß nicht, daß du die Sünde einfach fortgeschickt hast. Sie verbannt hast. Ich dachte, du hättest dich einfach vor die Sündenberge gestellt und ihnen geboten, sich davonzuheben. Wie du es mit den Dämonen gemacht hast. So wie du es mit den Heuchlern im Tempel gemacht hast.

Ich dachte einfach, du hättest das Böse mit einem Befehl weggejagt. Mir ist nie aufgefallen, daß du es weggetragen hast. Es ist mir nie in den Sinn gekommen, daß du es sogar berührt hast – oder noch schlimmer, daß es dich berührt hat.

Das muß ja ein schrecklicher Moment gewesen sein. Ich weiß, wie es ist, wenn man von der Sünde berührt wird. Ich weiß, wie ekelhaft es ist. Weißt du noch, wie ich früher war? Bevor ich dich kannte, habe ich mich in diesem Schmutz gesuhlt. Ich habe die Sünde nicht nur berührt, ich habe sie geliebt. Ich habe sie getrunken. Ich habe mit ihr getanzt. Ich war mitten darin.

Aber warum erzähle ich dir das? Du erinnerst dich ja auch daran. Du warst ja derjenige, der mich gesehen hat. Du warst derjenige, der mich gefunden hat. Ich war einsam. Ich hatte Angst. Erinnerst du dich noch? „Warum? Warum gerade ich? Warum mußte all das Schreckliche passieren?"

Ich weiß, daß das keine eigentliche Frage war. Es war auch nicht die richtige Frage. Aber ich wußte nicht, was ich sonst hätte fragen sollen. Weißt du, Gott, ich war so verwirrt. So verzweifelt. Das bewirkt die Sünde. Die Sünde macht, daß man Schiffbruch erleidet, verwaist ist, davontreibt. Die Sünde bewirkt, daß man verlassen –

Oh. Oh.

Oh, mein Gott. Hast du das erlebt? Du meinst, die Sünde hat bei dir dasselbe bewirkt wie bei mir?

Oh, das tut mir leid. Das tut mir wirklich leid. Das wußte ich nicht. Das habe ich nicht verstanden. Du warst wirklich allein, nicht wahr?

Jesus, deine Frage war ernst gemeint, oder? Du hattest wirklich Angst. Du warst wirklich allein. So wie ich. Nur, ich hatte es verdient. Und du nicht.

Vergib mir, ich habe nicht gewußt, was ich da sage.

Sonntag

Kapitel 26

Das verborgene Grab

„[Er] legte ihn in das Grab,
das er für sich selbst in einen Felsen hatte hauen lassen.
Dann verschloß er den Eingang des Grabes
mit einem großen Stein und ging fort. "
Matthäus 27:60

Der Weg nach Golgatha war von Straßenlärm erfüllt, er war tückisch und gefährlich. Und dabei trug ich nicht einmal ein Kreuz.

Als ich darüber nachdachte, den letzten Schritten Christi nach Golgatha zu folgen, hatte ich mir ausgemalt, seine letzten Stunden in meinem Herzen in Stille betrachten zu können, um mir die letzten schrecklichen Bilder seines Lebens vor Augen zu führen. Aber ich hatte mich getäuscht.

Wer die Via Dolorosa hinaufsteigt, kann den Schritten des Heilands nicht in Ruhe folgen. Er muß sich vielmehr mühsam gegen einen Strom von Verkäufern, Soldaten, Straßenhändlern und Kindern vorwärts kämpfen.

„Paßt auf eure Brieftaschen auf", ermahnte uns Joe.

Das tue ich schon längst, dachte ich.

Joe Shulam ist ein messianischer Jude, der in Jerusalem aufgewachsen ist und sowohl bei Juden als auch bei Heiden in hoher Achtung steht. Er hat eine Rabbinerschule besucht, zusätzlich Archäologie studiert und ist als Lehrer und Forscher qualifiziert. Aber die Zuneigung vieler Menschen hat er sich dadurch gewonnen, daß seine Hingabe dem Messias und dem verlorenen Haus Israels gilt. Unser Leiter war kein Touristenführer, sondern ein Zelot.

Und wenn man von einem Zeloten aufgefordert wird, auf seine Brieftasche achtzugeben, dann sollte man diese Warnung lieber befolgen.

Alle paar Schritte verstellte mir ein Straßenhändler den Weg und schwenkte Ohrringe oder Tücher vor meinem Gesicht hin und her. Wie kann ich in einem solchen Marktgetümmel den letzten Weg von Jesus betrachten?

Ein Markt, genau das ist die Via Dolorosa. Ein Stück Weg, der einen regelrechten Engpaß bildet, so daß sich die Leiber aneinander vorbeidrängen müssen. Wo die Gasse rechts und links nicht von hohen Steinmauern eingegrenzt ist, reihen sich jahrhundertealte Läden aneinander, in denen alles von Spielzeug über Kleider bis zu Turbanen und Compaktdisketten feilgeboten wird. An einer Stelle führt die Straße an einem Fleischmarkt vorbei. Der Gestank drehte mir den Magen um, und mein Blick fiel auf die Innereien von Schafen. Ich versuchte, Joe einzuholen, und fragte: „War diese Straße auch zur Zeit Christi ein Fleischmarkt?"

„Ja", antwortete er. „Um zum Kreuz zu gelangen, mußte er durch ein Schlachthaus hindurchgehen."

Es dauerte ein paar Minuten, bis mir die Bedeutung dieser Worte aufging.

„Bleibt dicht zusammen", rief Joe über die Menschenmenge hinweg. „Die Kirche ist gleich um die Ecke."

In der Kirche werde ich mehr Glück haben, sagte ich mir. Schon wieder hatte ich mich getäuscht.

Die Grabeskirche besteht aus eintausendsiebenhundert Jahren Religion, die um einen Felsen herum gebaut wurde. Im Jahre 326 n. Chr. kam die Kaiserin Helena, die Mutter Konstantin des Großen, nach Jerusalem und suchte nach dem Hügel, auf dem Christus gekreuzigt worden war. Bischof Makarios von Jerusalem führte sie zu einem schroffen Felsvorsprung nordwestlich vor der Stadtmauer. Ein etwa sechs Meter hoher zerklüfteter Granitbrocken, auf dem ein von den Römern erbauter Jupitertempel stand. Der Hügel war von einem Friedhof umgeben, lauter Felswände, übersät mit Gräbern, die mit Steinen verschlossen waren.

Helena ließ den heidnischen Tempel abreißen und baute statt dessen eine Kapelle. Seitdem hatten alle Besucher die gleiche Idee.

Das Ergebnis ist ein Opferhügel, der vor lauter Schmuck nicht zu sehen ist. Nachdem ich die hohe Eingangshalle der Kathedrale betreten hatte und ein Dutzend Steinstufen hinaufgestiegen war, stand ich vor dem Gipfel des Felsens. Ein Glaskasten bedeckt die Spitze, und mehr als die Spitze ist auch nicht zu sehen. Unter einem Altar ist ein mit Gold ausgeschlagenes Loch zu entdecken, in dem möglicherweise das Kreuz gesteckt hat. Drei Ikonen des Gekreuzigten mit länglichen Gesichtern hängen an Kreuzen hinter dem Altar.

Goldene Lampen. Madonnenstatuen. Kerzen und gedämpftes Licht. Ich wußte nicht, was ich denken sollte. Ich war berührt durch den Ort, an dem ich mich befand, und zugleich verwirrt durch das, was ich sah.

Ich drehte mich um, stieg die Stufen wieder hinab und ging in Richtung Grab.

Das traditionelle Grab Christi befindet sich unter demselben Dach wie die traditionelle Stelle von Golgatha. Man muß die Kirche nicht verlassen, um das Grab zu sehen, allerdings ist man auf seine Phantasie angewiesen.

Vor zweitausend Jahren, bevor Millionen von Touristen erschienen, war dies ein Friedhof. Heute ist es eine Kirche. Die Kuppel hoch oben ist mit Gemälden verziert. Ich blieb stehen und versuchte mir vorzustellen, wie dieser Platz damals ausgesehen hatte. Es gelang mir nicht.

Eine reich verzierte Grabstätte kennzeichnet den traditionellen Platz des Grabes Jesu. Dreiundvierzig Lampen hängen über dem Eingang, und ein Leuchter steht davor. Er besteht aus Marmor und ist an den Ecken mit goldenen Blättern verziert.

Ein erhöhter Steinpfad führt zum Eingang des Grabes. Ein Priester mit schwarzer Kutte, einem schwarzen Bart und einem schwarzen Hut stand vor dem Eingang Wache. Seine Aufgabe bestand darin, die heilige Stätte sauber zu halten. Mehr als fünfzig Leute warteten in einer Schlange vor dem

Eingang, aber der Priester ließ sie nicht ein. Ich verstand zwar den Grund der Verzögerung nicht, aber ich verstand, wie lange sie dauern sollte.

„Zwanzig Minuten. Zwanzig Minuten."

Ein Murren ging durch die Menge. Ich murrte auch. Ich ging so nahe an den Eingang heran, wie ich nur konnte. Der Fußboden bestand ebenfalls aus Marmor, und von der Decke hingen Lampen.

Langsam dämmerte mir, was mit diesem Weg alles zusammenhing. Die heilige Straße, auf der es von Händlern wimmelte. Das Kreuz, das unter einem Altar verborgen war. Der Eingang zum Grab, der von einem Priester verstellt wurde.

Ich hatte gerade ein paar Worte vor mich hingemurmelt, daß der Tempel durchaus eine zweite Reinigung brauchen könnte, als ich jemanden rufen hörte. „Kein Problem, kommt hierher." Es war Joe Shulam. Was er uns dann zeigte, werde ich nie vergessen.

Er führte aus durch eine verborgene Tür aus dem Kuppelgewölbe heraus, und wir betraten einen kahlen Raum. Er war dunkel und roch modrig. Er war ungepflegt und staubig. Offensichtlich kein Ort, der für Touristen gedacht war.

Während sich unsere Augen noch an die Dunkelheit gewöhnten, begann Joe zu sprechen: „Ungefähr sechs solcher Räume sind gefunden worden, aber man führt nur selten Besucher hinein." Hinter Joe befand sich eine schmale Öffnung. Ein Grab, das in den Fels hineingehauen war. Etwa ein Meter zwanzig hoch. Und genauso breit.

„Wäre es nicht Ironie", fragte er mit einem Lächeln, „wenn das hier der richtige Platz wäre? Er ist schmutzig und vernachlässigt. Er ist vergessen. Das Grab dort drüben ist kunstvoll geschmückt und verziert. Dieses hier ist schlicht und wird von niemandem beachtet. Wäre es nicht Ironie, wenn dies hier der Platz wäre, an dem unser Herr begraben wurde?"

Ich ging zu der Öffnung und beugte mich wie der Apostel Johannes hinein, als er in das Grab schauen wollte. Und ebenso wie Johannes war ich überrascht bei dem Anblick, der sich mir bot. Kein großer Raum, wie ich ihn mir beim Lesen vorgestellt hatte, sondern eine kleine Höhle, von einer schwachen Lampe beleuchtet.

„Geh ruhig hinein", forderte Joe mich auf. Das mußte er mir nicht zweimal sagen.

Drei Schritte über den Steinfußboden, und schon war ich am Ende der Grabkammer angelangt. Durch die niedrige Decke war ich gezwungen, mich gebückt zu halten. Ich lehnte mich gegen die kalte, rauhe Wand. Meine Augen mußten sich auch hier erst an das Dunkel gewöhnen. Während ich darauf wartete, daß sich meine Augen auf das dämmrige Licht einstellten, umgab mich Stille, die erste Stille des ganzen Tages. Langsam konnte ich nachvollziehen, wo ich war: in einem Grab. Ein Grab, in dem auch der Leib Christi gelegen haben konnte. Ein Grab, das den Leib Gottes umschlossen haben konnte. Ein Grab, das Zeuge des gewaltigsten Augenblicks der Geschichte gewesen sein mochte.

„Fünf Menschen konnten in einem solchen Grab bestattet werden." Joe betrat das Grab und stellte sich neben mich. Ein Ehepaar aus unserer Gruppe kam hinter ihm her. „Zwei oder drei Tote legte man hier auf die Erde. Und hier in die Höhlungen konnte man noch zwei weitere Leichname legen."

„An einen solchen Ort hat Gott sich begeben", sagte jemand still.

Ja, so war es. Gott begab sich in einen dunklen, engen Raum, in dem man Platzangst bekam, und ließ zu, daß er von außen verschlossen wurde. Das Licht der Welt wurde in Leinentücher gewickelt und in eine Grabkammer gelegt, die so schwarz wie Ebenholz war. Die Hoffnung der Menschheit wurde in ein Grab eingeschlossen.

Wir wagten nicht zu sprechen. Wir konnten es einfach nicht.

Die kunstvoll verzierten Altäre waren vergessen. Zwischen diesem Ort und der von einem Priester bewachten

Grabstätte lagen Welten. Was Menschen unternommen hatten, um zu verzieren, wozu Gott in die Welt kam, hatte keine Bedeutung mehr.

Was ich in diesem Augenblick erkannte, war möglicherweise mehr, als ich je bisher erkannt hatte: Wie weit war Gott gegangen! Er ging weiter als der Gott im brennenden Dornbusch. Er ging weiter als der Säugling, der in Windeln gewickelt in einer Futterkrippe lag. Er ging weiter als der erwachsene Heiland in Nazareth. Er ging sogar weiter als der König der Könige, der an einen Stamm genagelt und am Kreuz auf einem Hügel aufgerichtet wurde. Gott ging noch weiter: er ging bis in ein Grab hinein.

Nichts ist schwärzer als ein Grab, nichts so leblos wie eine Totengruft, nichts überdauert die Zeit länger als ein Grabgewölbe.

Aber er ging in das Grabgewölbe.

Wenn Sie wieder einmal von einer immer dunkler werdenden Welt der Angst umschlossen werden, dann denken Sie daran. Wenn der Schmerz in einer Welt des Schreckens erneut auf Sie einhämmert, dann denken Sie an das Grab. Wenn wieder einmal ein schwerer Stein den Weg zum Frieden verschließt, dann denken Sie an das leere, staubige Grab vor den Toren Jerusalems.

Dieses Grab ist nicht leicht zu finden. Um es zu sehen, muß man den Druck von Menschen, die um unsere Aufmerksamkeit werben, hinter sich lassen. Man muß vielleicht an goldenen Altären und verzierten Statuen vorbeischlüpfen. Um das Grab zu sehen, muß man möglicherweise sogar an der Kammer neben dem Priester vorbeigehen und sich in einen Vorraum schleichen und selber suchen. Am schwersten ist das Grab manchmal in einer Kirche zu finden.

Aber es ist da.

Und wenn Sie es entdeckt haben, dann beugen Sie sich, treten still ein und schauen sich genau um. Denn dort, an der Felswand, können Sie vielleicht die verkohlten Spuren einer göttlichen Explosion erkennen.

Kapitel 27

Ich glaube,
diesen Weg vergesse ich nie

„Auch der Menschensohn ist nicht gekommen,
um sich dienen zu lassen.
Er kam, um selbst zu dienen und mit seinem Leben
dafür zu bezahlen, daß viele Menschen
aus der Gewalt des Bösen befreit werden."
Matthäus 20:28

„Und was soll ich mit Jesus anfangen?" Pilatus stellte diese Frage als erster, doch haben wir sie uns schon alle gestellt. Es ist eine berechtigte Frage. Eine notwendige Frage. Was soll man mit einem solchen Mann anfangen? Er nannte sich selbst Gott, aber trug menschliche Kleidung. Er nannte sich selbst Messias, aber führte nie eine Armee an. Er wurde als König betrachtet, aber die einzige Krone, die er je trug, bestand aus Dornen. Die Menschen ehrten ihn wie eine königliche Hoheit, aber das einzige Königsgewand, das er je trug, war aus Spott gewebt.

Kein Wunder, daß Pilatus verwirrt war. Welche Erklärung läßt sich für einen solchen Mann finden?

Die Möglichkeit einer Antwort besteht darin, sich auf den Weg zu machen. Auf seinen Weg. Auf seinen letzten Weg. Und genau das haben wir getan. Wir sind seinen Schritten gefolgt und haben in seinem Schatten gestanden. Von Jericho nach Jerusalem. Vom Tempel in den Garten. Vom Garten in den Gerichtshof. Vom Palast des Pilatus an das Kreuz von Golgatha. Wir haben die Wege betrachtet, die er ging – zornig in den Tempel, erschöpft nach Gethsemane, schmerzbeladen die Via Dolorosa hinauf. Und wir sahen, wie er in göttlicher Kraft das Grab leer hinter sich zurückließ.

Hoffentlich haben Sie, während Sie als Zuschauer seinen Weg verfolgt haben, auch über Ihren eigenen Weg nachgedacht, denn jeder von uns hat seinen eigenen Weg nach Jerusalem. Unseren eigenen Weg durch entleerte Religion. Unseren eigenen Weg auf dem schmalen Pfad der Ablehnung. Und jeder von uns muß, wie Pilatus, ein Urteil über Jesus fällen.

Pilatus hörte auf die Stimme der Menschen und ließ Jesus seinen Weg allein gehen.

Handeln wir auch so?

Ich möchte gern abschließen mit der Geschichte von drei Wegen. Der Geschichte von drei Sklaven ... und dem Weg, der sie in die Freiheit führte.

Mary Barbour wußte, was Sklaverei war. Aus eigener Erfahrung. Sie erinnerte sich noch an die Sklavenbesitzer. Sie konnte noch die Plantage beschreiben und das Sklavenhaus aus Lehmwänden mit den Schlafplätzen. Die langen Nächte. Die heißen Tage. Die harten Peitschen. Einsamkeit. Mary Barbour könnte Ihnen davon erzählen. Mary Barbour war selbst eine Sklavin.

Aber noch lieber würde Sie Ihnen von der Freiheit erzählen. Und das tat sie auch.

Im Jahre 1935 klopfte ein Angestellter des „Federal Writers' Project" an ihre Tür in Raleigh, North Carolina. Das „Federal Writers' Project" war eine von der Regierung unterstützte Aktion, die zum Ziel hatte, die Erinnerungen ehemaliger Sklaven schriftlich festzuhalten. Über zweitausend Menschen wurden interviewt. Diese letzten Stimmen, die stellvertretend für 246 Jahre der Sklaverei in Amerika sprachen, redeten mit ungeschliffener Wortgewalt.

Sie erzählten, daß sie weder lesen noch schreiben, weder kaufen noch verkaufen durften. Es war ihnen nur dann erlaubt, in die Kirche zu gehen, wenn sie dazu eingeladen wurden. Die Peitsche gehörte zum Alltag. Harte Arbeit gehörte zum Leben.

Und als die Freiheit kam, waren sie nicht darauf vorbereitet. Sie wanderten die Straßen entlang und suchten nach Arbeit. Sie fielen Menschen zum Opfer, die diese Lage ausnutzten. Viele landeten wieder auf ihrer alten Plantage.

Doch eine Erinnerung stand allen noch besonders lebendig vor Augen, und diese wurde entsprechend häufig erzählt. Die Nacht, in der die Yankees kamen. Der Tag, an dem der Sklavenbesitzer sagte, sie könnten gehen. Der Morgen, an dem sie zum „Herrschaftshaus" hinaufgingen und es leer fanden.

Und keiner hat die Einzelheiten von der Geschichte der Befreiung so genau erzählt wie Mary Barbour. Sie war zehn Jahre alt in jener Nacht, als ihr Vater sie weckte und sie zu dem Wagen führte, der sie in die Freiheit bringen sollte.

Bevor Sie Mary Barbours Worte lesen, stellen Sie sich vor, wie sie auf ihrer Veranda in Raleigh sitzt. Es ist im Jahre 1935. Mary Barbour hat die Achtzig schon überschritten. Während sie nachdenkt, schaukelt sie hin und her. Ihr schmächtiger Körper versinkt fast in dem großen Schaukelstuhl. Ihre gebrechlichen Finger zittern, als sie sich die Nase reibt. Alte, aber lebendige Augen starren ins Weite, als würde sie in ein fernes Land am Horizont blicken. Sie selbst lehnen sich gemütlich an einen Pfosten und hören der Geschichte zu.

„Eins der ersten Dinge, an die ich mich erinnere, ist, wie mich mein Papi mitten in der Nacht aufweckt, mich im Dunkeln anzieht und mir die ganze Zeit sagt, ich soll still sein. Einer von den Zwillingen hat ein bißchen geschrien, und Papi hat ihm die Hand auf den Mund gelegt, damit er still ist.

Als wir angezogen waren, ging er 'raus und guckte sich 'ne Minute lang um, dann kam er wieder 'rein und holte uns. Wir schlichen aus dem Haus und den Waldpfad lang.

Papi hat einen der Zwillinge geschleppt und mich an der Hand gehalten. Mami hat die beiden andern getragen.

Ich glaube, diesen Weg vergesse ich nie. Die Büsche sind mir an die Beine geschlagen, der Wind hat in den Bäumen geseufzt, die Eulen und Nachtschwalben haben sich von den hohen Bäumen aus zugerufen. Ich war nur halb wach und starr vor Schreck, aber nach einer Weile haben wir das Dickicht hinter uns gelassen, und da stehen die Maulesel und der Wagen. Da ist die Decke unten im Wagen, und wir Kinder haben uns draufgelegt. Und Papi und Mami sind vorne draufgestiegen und losgefahren.

Ich war müde, aber ich hab' auch Angst gehabt, und deshalb hab' ich bei der Fahrt Papi und Mami zugehört. Papi hat Mami von den Yankees erzählt. Daß sie auf die Plantage gekommen sind, die Maisspeicher und die Räucherkammern angezündet und alles kaputtgemacht haben. Ganz leise hat er ihr gesagt, daß sie Herrn Jordan gepackt und in die Nähe von Norfolk gebracht haben, und daß er die Maulesel und den Wagen gestohlen hat und geflohen ist."[1]

Ein Schimmer von Befreiung. Ein kleines Stück der Errettung. Sechzig Jahre später seufzt in Mary Barbours Erinnerung noch immer der Wind in den Bäumen, und die Nachtschwalben und Eulen rufen sich immer noch zu.

Den Weg in die Freiheit vergißt man nie wieder. Der Weg von der Sklaverei in die Befreiung bleibt in der Erinnerung immer lebendig. Es ist nicht nur ein Weg, es ist eine Erlösung. Die Ketten werden geöffnet, und man ahnt vielleicht zum ersten Mal im Leben, was Freiheit ist. „Ich glaube, diesen Weg vergesse ich nie ..."

Erinnern Sie sich noch an Ihren Weg? Wo waren Sie in jener Nacht, als sich die Tür öffnete? Wissen Sie noch, wie der Vater Sie an die Hand nahm? Wer ging neben Ihnen an dem Tag, als Sie befreit wurden? Haben Sie das Geschehen noch vor Augen? Können Sie den Weg noch unter den Füßen spüren?

Ich hoffe es. Ich hoffe, daß sich der Moment, als der Vater Sie im Dunkeln aufweckte und Sie den Weg entlangführte, unauslöschlich in Ihre Seele eingeprägt hat. Keine Erinnerung ist dieser einen Erinnerung gleich. Denn wenn er Sie frei macht, dann sind Sie wirklich frei.

Ehemalige Sklaven können die Stunde der Befreiung gut beschreiben.

Darf ich von meiner erzählen?

Eine Kinderstunde in einer kleinen Stadt im Westen von Texas. Ich weiß nicht, was außergewöhnlicher ist: daß ein Lehrer versuchte, einer Gruppe von Zehnjährigen den Römerbrief zu erklären, oder daß ich mich noch an das erinnere, was er sagte.

Der Unterrichtsraum war mittelgroß, es gab noch etwa ein Dutzend ähnlicher Räume in der kleinen Gemeinde. Auf meinem Pult waren Schnitzereien anderer Kinder zu sehen, unter dem Pult klebte Kaugummi. Es standen noch etwa zwanzig weitere Pulte im Raum, doch nur vier oder fünf waren besetzt.

Wir saßen alle hinten und waren viel zu stolz, als daß wir Interesse am Unterricht gezeigt hätten. Gestärkte Jeans. Knöchelhohe Tennisschuhe. Es war Sommer, und die langsam untergehende Sonne tauchte das Fenster in Gold.

Der Lehrer war ein ernster Mann. Ich sehe immer noch seine kurz geschnittenen Haare vor mir. Sein Bauch guckt aus dem Jackett hervor, und er macht sich nicht die Mühe, es zuzuknöpfen; der Schlips endet auf der Hälfte der Brust. Er hat einen schwarzen Leberfleck auf der Stirn, eine sanfte Stimme und ein freundliches Lächeln und hat keine Ahnung von der Welt der Kinder im Jahre 1965. Und er weiß es nicht einmal.

Seine Notizen liegen unter einer schweren schwarzen Bibel auf einem Rednerpult. Er hat uns den Rücken zugekehrt, und sein Jackett hebt und senkt sich über den Gürtel, während er etwas an die Tafel schreibt. Er spricht mit großer Begeisterung. Er hat keinen Hang zum Theatralischen, aber heute abend haben seine Worte Feuer.

Nur Gott weiß, warum ich ihm an jenem Abend zuhörte. Der Text handelte von Römer Kapitel 6. Die Tafel war mit ellenlangen Worten und Schaubildern übersät. Irgendwann, während der Lehrer beschrieb, wie Jesus ins Grab ging und wieder herauskam, geschah es. Der Edelstein der Gnade wurde herausgegriffen und umgedreht, so daß ich ihn von einem neuen Blickwinkel aus sehen konnte ... und der Anblick raubte mir den Atem.

Ich sah keinen Moralkodex. Ich sah keine Kirche. Ich sah nicht zehn Gebote oder finstere Dämonen. Ich sah, was auch ein anderes zehnjähriges Kind, Mary Barbour, gesehen hatte. Ich sah, wie mein himmlischer Vater in meine dunkle Nacht hereintrat, mich aus dem Schlaf weckte und mich liebevoll hinausführte, nein, hinaustrug in die Freiheit.

„Ich glaube, diesen Weg vergesse ich nie."

Ich sagte meinem Lehrer nichts davon. Ich sagte meinen Freunden nichts davon. Ich weiß nicht einmal, ob ich Gott irgend etwas sagte. Ich wußte nicht, was ich sagen sollte. Ich wußte nicht, was ich tun sollte. Aber trotz allem, was ich nicht wußte, gab es eine Sache, der ich mir absolut sicher war: Ich wollte bei ihm sein.

Ich erklärte meinem Papa, daß ich bereit sei, Gott mein Leben zu geben. Er meinte, ich sei noch zu jung, um diese Entscheidung zu treffen. Er wollte herausfinden, was ich alles wußte. Ich sagte ihm, Jesus wäre im Himmel, und ich wollte bei ihm sein. Und das reichte meinem Papa.

Bis zum heutigen Tag frage ich mich, ob meine Liebe je reiner war als in jener ersten Stunde. Ich sehne mich nach der Gewißheit jenes Glaubens. Wenn man mir erzählt hätte, daß Jesus in der Hölle wäre, ich hätte es geglaubt. Genauso selbstverständlich, wie Mary Barbour in den Wagen stieg, war es für mich, meinen Glauben öffentlich zu bekennen und mich taufen zu lassen.

So ist das. Wenn unser himmlischer Vater kommt, um uns aus der Sklaverei zu befreien, dann stellen wir keine Fragen, dann folgen wir einfach nur den Anweisungen.

Dann greifen wir nach seiner Hand. Wir gehen den Weg. Wir lassen die Knechtschaft hinter uns. Und wir vergessen es nie, nie wieder.

Mary Barbour hatte es nicht vergessen. Ich habe es nicht vergessen. Und auch Tigyne hatte es nicht vergessen.

Tigyne gehörte zum Stamm der Wallamo in Zentraläthiopien. In der Zeit vor dem Zweiten Weltkrieg brachten Missionare diesem Stamm, der Satan anbetete, die Botschaft von Christus. Einer der ersten, die sich bekehrten, war Tigyne. Raymond Davis hieß der Missionar, der ihn kennenlernte ... und befreite.

Tigyne war ein Sklave. Seine Entscheidung, Jesus zu folgen, mißfiel seinem Herrn, und deshalb verbot er ihm, an der biblischen Unterweisung oder an den Gottesdiensten teilzunehmen. Häufig schlug er Tigyne wegen seines Glaubens und demütigte ihn. Doch der junge Christ war gewillt, diesen Preis zu zahlen.

Es gab noch einen anderen Preis, den er jedoch nicht zahlen konnte. Er war nicht in der Lage, sich seine Freiheit zu erkaufen. Sein Herr war bereit, ihn für nur zwölf Dollar freizulassen, aber für diesen Sklaven, der nie irgendein Einkommen besessen hatte, hätte die Summe genausogut eine Million Dollar lauten können.

Als die Missionare erfuhren, daß Tigynes Besitzer bereit war, ihn für Geld freizulassen, besprachen sie die Sache, legten Geld zusammen und erkauften ihm die Freiheit.

Jetzt war Tigyne frei – sowohl geistlich als auch was seinen Körper betraf. Bis zum Lebensende war er den Männern dankbar, die ihn befreit hatten.

Nicht lange nach dem Tag seiner Befreiung wurden die Missionare aus Äthiopien ausgewiesen. Vierundzwanzig Jahre vergingen, bis Raymond Davis nach Wallamo zurückkehrte. Während dieses Vierteljahrhunderts blieb Tigyne ein lebendiges Zeugnis für die Kraft der Freiheit. Er sehnte sich danach, Davis wiederzusehen.

Als er hörte, daß sein Freund zurückkehren sollte, kam er mehrere Tage nacheinander auf die Missionsstation, um dort zu warten. Angaben von Datum und Zeit bedeuteten nicht viel für Tigyne, deshalb kam er täglich, um nach Davis Ausschau zu halten.

Schließlich traf Davis ein. Er saß in einem Wagen, der von einem anderen Missionar gesteuert wurde.

Als Tigyne sah, wie der Wagen um die Ecke bog, rannte er ans Autofenster, ergriff Davis Hand und begann, sie unaufhörlich zu küssen. Der Fahrer drosselte die Geschwindigkeit, damit Tigyne nebenher laufen konnte. Im Laufen rief er seinen Freunden zu: „Seht! Seht! Einer von denen, die mich befreit haben, ist zurückgekehrt!"

Schließlich hielt der Wagen an. Davis stieg aus, und Tigyne fiel auf die Knie, umschlang mit seinen Armen die Beine seines Freundes und küßte dessen staubige Schuhe. Davis beugte sich herunter, richtete Tigyne auf, und dann lagen sie einander in den Armen und weinten. [2]

Drei ehemalige Sklaven. Der eine wurde von der Herrschaft der Menschen befreit, der andere von der Herrschaft der Sünde und der dritte von beidem. Drei Wege. Ein Ziel – die Freiheit.

Es ist ein Weg, den sie nie wieder vergessen werden.

„Ich glaube, diesen Weg vergesse ich nie ..." Ich bete, daß Sie weder Ihren Weg noch den Weg von Jesus je vergessen: Seinen letzten Weg von Jericho nach Jerusalem. Denn es war dieser Weg, der Ihnen die Hoffnung auf Freiheit gegeben hat.

Seinen letzten Weg durch den Tempel von Jerusalem. Denn auf diesem Weg hat er die falsche Religiosität angeprangert.

Seinen letzten Weg auf den Ölberg. Denn dort hat er versprochen, wiederzukommen und Sie nach Hause zu bringen.

Und seinen letzten Weg vom Palast des Pilatus an das Kreuz auf Golgatha. Ohne Schuhe, mit blutigen Füßen stolpert er einen steinigen, schmalen Pfad hinauf. Aber genauso unauslöschlich wie der Schmerz, den der Balken auf seinem wunden Rücken verursacht, ist die Vision, die er vor Augen hat: Er sieht, wie Sie und er zusammen gehen.

Er konnte den Augenblick sehen, in dem er in Ihr Leben treten würde; in Ihre dunkle Kammer, um Sie aus dem Schlaf zu wecken und in die Freiheit zu führen.

Doch der Weg ist noch nicht zu Ende. Das Ziel ist noch nicht erreicht. Das letzte Stück des Wegs liegt noch vor ihm.

„Ich komme zurück", hat er versprochen. Und um seine Worte zu beweisen, zerriß er den Vorhang im Tempel und zerschlug die Tore des Todes. Er wird zurückkommen.

Wie der Missionar wird er zu seinen Anhängern zurückkehren. Und wie Tigyne werden auch wir dann außer uns vor Freude sein.

„Der, der uns befreit hat, ist zurückgekehrt!" werden wir rufen.

Und dann werden wir das Ende des Wegs erreichen, und wir werden an seiner Festtafel Platz nehmen – für immer.

Bis dann – wir sehen uns an seinem Tisch wieder!

Studienführer

Kapitel 1

Zu klein, zu alt,
zu gut für diese Welt

1. *Es war eine gewisse Ehre, ausgewählt zu werden ... es war etwas Besonderes, wenn die Wahl auf einen fiel, selbst wenn es nur darum ging, Gräben auszuheben. Doch genauso, wie es eine Ehre war, ausgewählt zu werden, war es eine gewisse Schande, zurückzublieben. Schon wieder.*

A. Beschreiben Sie ein Erlebnis, bei dem Sie anläßlich irgendeines Ereignisses besonders ausgewählt wurden. Wie haben Sie sich gefühlt? An welche Einzelheiten erinnern Sie sich am meisten? Hat es je ein Ereignis gegeben, bei dem Sie sehr gern dabei gewesen wären, jedoch nicht in die engere Wahl kamen? Wenn dies der Fall war, welche Gefühle hat das in Ihnen ausgelöst?

B. Lesen Sie Matthäus 20:1-16. Versetzen Sie sich in die Lage der Personen, die in der Geschichte vorkommen. Wie würden Sie sich fühlen, wenn Sie zu den Arbeitern gehörten, die am Anfang des Tages eingestellt wurden? Oder wenn Sie zu denen gehörten, die in der elften Stunde eingestellt wurden? Was versucht Jesus durch die Rede des Weinbergbesitzers in den Versen 13 bis 15 deutlich zu machen? In welcher Weise veranschaulicht Vers 16 die gute Nachricht des Evangeliums?

2. *Wenn einem oft genug gesagt wird, daß nur die faulen Früchte in die Mülltonne kommen, dann fängt man irgendwann an es zu glauben. Schließlich glaubt man: „Ich bin zu klein, ich bin zu alt."*

A. Haben Sie sich jemals wie eine „faule Frucht" gefühlt oder gemeint, Sie wären „zu klein oder zu alt"? Wodurch wurden diese Gefühle in Ihnen hervorgerufen? Was würde Ihrer Meinung nach Max Lucado zu dieser Selbsteinschätzung sagen?

B. Lesen Sie Johannes 1:43-51. In welcher Hinsicht betrachteten einige Leute Jesus als „faule Frucht" (siehe Vers 46)? Wie hat Jesus auf diese Beurteilung reagiert?

C. Lesen Sie 1 Korinther 1:26-29. Wie sah der Hintergrund der Menschen aus, die zur Gemeinde in Korinth gehörten? Welche Schlußfolgerung können wir daraus im Blick auf die Kriterien ziehen, nach denen Gott Menschen beurteilt? Was sagt Vers 29 über die Gründe aus, die Gott dazu bewegen, diese Wahl zu treffen?

3. *Gott besitzt eine eigentümliche Leidenschaft für die Verlorenen. Haben Sie das schon bemerkt?*

A. Haben Sie Gottes eigentümliche Leidenschaft für die Verlorenen schon bemerkt? Wenn dies der Fall ist, dann beschreiben Sie, was Ihnen aufgefallen ist.

B. Lesen Sie Jakobus 1:27 und 2:5. In welcher Weise zeigt Gott seine eigentümliche Leidenschaft für die Verlorenen in diesen beiden Versen? Wie sollte unser Verhalten gegenüber diesen Menschen aussehen? Warum?

C. Lesen Sie Matthäus 11:19. Mit welchen Menschen hat Jesus damals Umgang gepflegt? Wie reagiert er auf die Anklagen seiner Gegner? Was können Sie daraus über Gottes eigentümliche Leidenschaft für die Verlorenen ablesen?

4. *Warum hat er Sie ausgewählt? Warum hat er mich ausgewählt? Ehrlich. Warum? Was haben wir, das er brauchen würde?*

A. Lesen Sie Römer 9:10-16. Auf welcher Grundlage hat Gott nach den Worten von Paulus Isaak augewählt? Was hatte Isaak, das Gott gebrauchen wollte?

B. Lesen Sie Deuteronomium 7:7-8. Welchen Grund nennt Gott in diesem Abschnitt für seine Liebe zu Israel? Warum hat er Israel erwählt? In welcher Hinsicht entspricht die Erwählung Israels genau der Erwählung, die uns gilt?

5. *„Mensch, Junge, fühlt sich doch ganz gut an, ausgewählt zu werden, oder?"*

A. Vorausgetzt, Sie haben Jesus als Ihren Heiland angenommen, haben Sie schon einmal wirklich darüber nachgedacht, was es bedeutet, ausgewählt zu sein? Welche Gefühle weckt das in Ihnen?

B. Lesen Sie Epheser 1:11-12 und 1 Petrus 2:9. Was sagen diese Abschnitte über unsere Erwählung durch Gott aus? Wie wirkt sich die Erwählung auf unser Leben aus? In welcher Weise sollte Gottes Wahl, mit der er uns berufen hat, die Art, wie wir leben, verändern? Verändert sie Ihr Leben? Warum oder warum nicht?

Kapitel 2

Von Jericho nach Jerusalem

1. *Besser mit Gottes Wort im Herzen in den Kampf ziehen als mit einer mächtigen Waffe in der Hand.*

A. Lesen Sie Matthäus 20:17-19. In welcher Hinsicht sprechen diese Verse davon, daß Jesus in einen Kampf zog? In welcher Weise war Gottes Wort in seinem Herzen? Wie können Sie seinem Beispiel folgen?

B. Lesen Sie 1 Samuel 17:45-47. Wie äußerte sich bei David, daß er mit Gottes Wort im Herzen in den Kampf gegen Goliath zog? Wie beschreibt David in Vers 45 den Kampf? In welcher Weise gewinnen wir nach Aussage von Vers 47 die Kämpfe, in denen wir stehen? In welcher Weise beweist unser tägliches Handeln, daß wir diesem Vers entweder glauben oder nicht glauben? Was zeigt sich in Ihrem täglichen Handeln?

2. *Die Art, wie ein Mensch stirbt, sagt viel über ihn aus.*

A. Warum sagt die Art, wie ein Mensch stirbt, viel über ihn aus? Kannten Sie einen Menschen, dessen Tod viel über ihn aussagte? Lesen Sie Lukas 9:51. In welcher Hinsicht sagt dieser Vers und der Tod von Jesus viel über ihn aus?

B. Lesen Sie Johannes 15:13. Was sagt dieser Vers über die Liebe Jesu zu Ihnen? Was löst das in Ihnen aus?

3. *Vergessen wir alle Vorstellungen, Jesus wäre in eine
Falle geraten. Wir müssen Abstand von jeder Theorie
nehmen, Jesus hätte sich verrechnet. Wir müssen jede
Spekulation ignorieren, das Kreuz wäre ein Versuch gewesen, in letzter Minute eine sterbende Mission zu retten. Wenn diese Worte irgend etwas zu sagen haben,
dann sagen sie uns, daß Jesus – planmäßig – starb.
Keine Überraschung. Kein Zögern. Kein Stocken.*

A. Lesen Sie Lukas 18:31-34. Was sagte Jesus seinen
Jüngern über das, was geschehen sollte? Warum mußten
diese Dinge nach Aussage von Vers 31 geschehen?

B. Lesen Sie Apostelgeschichte 2:22-23 und 4:27-28.
Was entnehmen Sie diesen Versen über den Tod Jesu? In
Lukas 18:31-34 verstanden die Jünger nicht, was Jesus
sagte. Verstanden sie seine Worte in der Apostelgeschichte?
Wenn ja, welche Auswirkungen hatte dieses Verständnis bei
ihnen? Welche Auswirkungen hätte dieses Verständnis in
Ihrem Leben?

C. Lesen Sie Johannes 10:14-18. Wer sind die Schafe
in diesem Abschnitt? Was will Jesus für sie tun? Was erfahren Sie aus Vers 18 über die Kreuzigung? In welcher
Weise bestätigt dieser Abschnitt, was Max Lucado in dem
oben genannten Zitat geschrieben hat?

Kapitel 3

Der General, der sich opfert

1. *Nur wenige übernehmen die Verantwortung für die Fehler anderer Menschen. Und die allerwenigsten nehmen die Schuld für Fehler auf sich, die noch gar nicht begangen wurden. Eisenhower tat dies. Als Folge davon wurde er zum Helden. Jesus tat dies. Als Folge davon ist er unser Retter.*

A. Überlegen Sie, ob es Leiter gibt, die Sie bewundert haben. Haben sie Verantwortung für die Fehler anderer Menschen übernommen? Wenn ja, nennen Sie einige Beispiele. Warum fällt es uns schwer, die Verantwortung für die Fehler anderer Menschen zu übernehmen? Inwiefern ähnelt General Eisenhowers Tat der Tat Jesu? In welcher Hinsicht unterscheidet sie sich von ihr?

B. Lesen Sie Matthäus 20:25-28. Was macht uns nach den Worten von Jesus groß? Wie werden wir nach der Aussage Jesu zu Ersten? In welcher Weise sollen wir seinem Beispiel folgen? Nennen Sie mehrere praktische Beispiele, wie Sie seinem Vorbild in dieser Woche folgen können.

C. Lesen Sie Römer 5:6-8. Für wen starb Christus? In welcher Weise zeigt der Tod Jesu seine unermeßliche Liebe zu uns? In welcher Hinsicht verdeutlicht dieser Abschnitt das Prinzip, das sich in obigem Zitat als Zusammenfassung des Kapitels äußert?

2. *Golgatha ist ein Zusammenspiel der erhabenen Größe Gottes und seiner tiefen Hingabe. Es ist der widerhal-*

*lende Donnerschlag, als Gottes Souveränität mit seiner
Liebe zusammenprallte. Die Vermählung des himmli-
schen Königtums mit der himmlischen Barmherzigkeit.
Ja selbst das Werkzeug des Kreuzes ist symbolisch, der
vertikale Stamm der Heiligkeit kreuzt den horizontalen
Stamm der Liebe.*

A. Was können Sie sich leichter vorstellen, Gottes Heiligkeit oder seine Liebe? Erklären Sie Ihre Antwort. Wieso
stellt das Kreuz ein Symbol der Überschneidung dieser beiden Merkmale dar?

B. Lesen Sie Römer 3:25-26 und 11:22. Inwiefern bestätigen diese Verse das obige Zitat von Max Lucado? In
welcher Weise ist das Kreuz eine Antwort sowohl auf Gottes Gerechtigkeit als auch auf seine Liebe?

3. *Jesus schrieb keine Nachricht, sondern er bezahlte den
Preis. Er nahm nicht nur die Schuld auf sich, er ergriff
die Sünde. Er selbst wurde zum Lösegeld. Er ist der General, der für den Gefreiten stirbt, der König, der für
den Bauern leidet, der Meister, der sich für den Knecht
opfert.*

A. Auf welche Weise wurde Jesus für uns zum Lösegeld? In welcher Hinsicht unterschied sich sein Tod bei weitem von dem Tod jedes anderen Menschen, der bereit wäre,
für einen Freund zu sterben?

B. Lesen Sie 2 Korinther 5:21. Wie paßt dieser Vers zu
Max Lucados Erkenntnis in obigem Zitat? Was sagt der Vers
darüber aus, warum Jesus für uns zur Sünde wurde?

C. Lesen Sie Galater 3:13-14. Wie hat Christus uns von
dem Fluch des Gesetzes erlöst? Warum tat er das (Vers 14)?
Wie können wir uns nach Aussage dieses Verses sein Werk
am Kreuz zunutze machen? Haben Sie es sich zunutze gemacht? Erklären Sie Ihre Antwort.

Kapitel 4

Häßliche Religion

1. *Wir sind im Unrecht, wenn wir denken, Gott sei zu beschäftigt, als daß kleine Leute zu ihm kommen dürften, oder er lege so viel Wert auf Umgangsformen, daß wir uns ihm nicht nahen können, wenn uns diese Formen nicht geläufig sind. Wenn die Menschen, die Christus am nächsten stehen, anderen Leuten den Zugang zu ihm verwehren, so ist das Ergebnis eine leere, unechte Religion. Eine häßliche Religion.*

A. Haben Sie häßliche Religion schon einmal in der Praxis erlebt? Wenn ja, wie sah sie aus? Welche Auswirkungen hatte dies auf die Menschen? Welchen Eindruck hat das bei Ihnen hinterlassen? Wenn überhaupt, was haben Sie unternommen?

B. Lesen Sie Matthäus 20:29-34. Warum hat Ihrer Meinung nach das Volk die beiden blinden Männer zurückgewiesen? Wie hätten Sie sich gefühlt, wenn Sie einer der beiden Blinden gewesen wären? Die Antwort auf die Frage Jesu scheint völlig offensichtlich zu sein – warum hat Jesus Ihrer Vermutung nach die Frage gestellt? Was taten die Blinden, nachdem Jesus sie geheilt hatte? Warum taten sie das Ihrer Meinung nach?

C. Lesen Sie Hesekiel 34:1-10. In diesem Abschnitt benutzt Hesekiel den Ausdruck *Hirten*, um die Leiter des Volkes Gottes zu bezeichnen. Was ist bei den Hirten in diesem Abschnitt nicht in Ordnung? Helfen sie den Menschen, zu Gott zu kommen, oder hindern sie die Menschen daran? Wie sieht Gottes Haltung gegen diese Hirten aus? Reagiert er mit Sanftmut oder mit Härte? In welcher Hinsicht bestärkt oder widerspricht dieser Abschnitt dem genannten Zitat von Max Lucado?

2. *Irgendwie wußten diese beiden Bettler, daß Gott die richtige Herzenshaltung wichtiger ist als die richtige Kleidung oder Vorgehensweise. Irgendwie wußten sie, daß das, was ihnen an Methode fehlte, durch ihre Motive wieder wettgemacht werden konnte. Deshalb schrien sie aus ganzer Kraft. Und sie wurden gehört.*

A. Wieso ist uns manchmal die richtige Kleidung oder Vorgehensweise wichtiger als die richtige Herzenseinstellung? Warum gerät man so leicht in diese Falle? Wie können Sie vermeiden, in diese Falle zu geraten?
B. Lesen Sie 2 Chronik 30:18-20. Welchem Problem stand das Volk in diesem Abschnitt gegenüber? Wie sah die Lösung für das Problem aus? Wie antwortete Gott dem Volk in diesem Fall? Warum?
C. Lesen Sie Jesaja 29:13. Worüber beklagt sich der Herr in diesem Vers? Wie kann man erkennen, wann das Herz eines Menschen fern von Gott ist? In welcher Hinsicht bestätigt dieser Abschnitt, was Lucado im obengenannten Zitat darlegt?
D. Lesen Sie Psalm 51:18-19. Inwiefern enthält dieser Abschnitt dieselbe Ausssage wie das obige Zitat von Max Lucado? Welche „Opfer" möchte Gott gern von uns haben? Inwiefern sind diese Opfer schwerer darzubringen als äußerliche Opfer? Wie erfüllen Sie diesen Wunsch Gottes?

3. *Paradox. Es zeigte sich, daß unter all den vielen Menschen, die sich an jenem Tag auf der Straße befanden, diese beiden die klarste Vision hatten – sogar noch bevor sie sehen konnten.*

A. Welcher Art ist die Vision, von der Max Lucado in diesem Zitat spricht? Wie sieht Ihre Vision aus?

B. Vergleichen Sie Matthäus 16:1-3 mit Lukas 8:10. Wie zeigen diese Abschnitte, daß es durchaus möglich ist, rein körperlich eine gute Sehfähigkeit zu haben und trotzdem geistlich blind zu sein? Wie kann man seine geistliche Sicht verbessern?

C. Lesen Sie 1 Korinther 1:28-29. Inwiefern hilft dieser Abschnitt, das obige Zitat von Max Lucado zu erklären? Was ist die besondere Aussage von Vers 29? Inwiefern hilft Vers 29, zu erklären, was geistliche Blindheit ist?

Kapitel 5

Sei nicht nur aktiv – halte an

1. *Der Sabbat ist der Tag, an dem Gottes Kinder in einem frem-*
den Land die Hand ihres Vaters fest drücken und sagen:
„Ich weiß nicht, wo ich bin. Ich weiß auch nicht, wie ich
nach Hause komme. Aber du weißt es, und das ist genug."

A. Was meint Max Lucado, wenn er sagt, daß wir in
einem fremden Land leben? In welcher Hinsicht ist der
Sabbat eine Möglichkeit, uns neu zu orientieren? Auf was
sollten wir am Sabbat unsere Aufmerksamkeit richten?
B. Lesen Sie Exodus 20:8-11. Was bedeutet es, den
Sabbat zu *heiligen?* Wer hat diesen Tag heilig *gemacht*
(Vers 11)? Welcher Grund wird dafür genannt, daß wir an
diesem Tag keine Arbeit verrichten sollen? Haben Sie es
sich zur Gewohnheit gemacht, an einem von sieben Tagen
auf Ihre Arbeit zu verzichten? Warum oder warum nicht?
C. Lesen Sie Psalm 122:1. Warum „freut" sich der Psalmist in diesem Vers? In welcher Verbindung steht dies zu
Lucados obigem Zitat? Kennen Sie die Erfahrung, von der
der Psalmist spricht? Warum oder warum nicht?

2. *Wenn Jesus trotz eines äußerst vollen Programms Zeit*
fand, anzuhalten und sich zur Stille hinzusetzen, meinen
Sie nicht, daß wir das dann auch tun können?

A. Was denken Sie, warum Jesus inmitten eines „vollen
Programms Zeit fand, anzuhalten und sich zur Stille hinzu-

setzen"? Wenn er dies brauchte, warum meinen wir dann so oft, wir benötigten es nicht? Was geschieht, wenn wir es unterlassen? Was geschieht in Ihrem Leben?

B. Lesen Sie Lukas 4:16. Welche Gewohnheit hatte Jesus nach Aussage dieses Verses am Sabbattag? Hat dies für uns eine Bedeutung? Wenn ja, welche?

3. *Bremsen Sie. Wenn Gott es geboten hat, dann müssen Sie es tun. Wenn Jesus in seinem Leben diesem Gebot folgte, dann müssen Sie es auch tun. Gott sorgt immer noch für das Manna. Vertrauen Sie ihm.*

A. Fällt es Ihnen schwer, zu bremsen? Erklären Sie Ihre Antwort. Was meint Max Lucado, wenn er schreibt: „Gott sorgt immer noch für das Manna. Vertrauen Sie ihm"? Könnte es sein, daß wir uns deshalb nicht einen Tag in der Woche Zeit nehmen, um nein zur Arbeit und ja zur Anbetung zu sagen, weil wir nicht darauf vertrauen, daß Gott für das Manna sorgen wird? Wenn dies der Fall ist, wie können wir unsere Gewohnheiten ändern?

B. Lesen Sie Psalm 92:1-7. Beachten Sie die Überschrift dieses Psalms. Für welchen Tag ist er geschrieben? Was hat dies zu bedeuten? Wer ist der Mittelpunkt dieses Psalms? Inwiefern beeinflußt dieser Mittelpunkt die Antwort des Psalmisten? Wie sieht Ihre Antwort auf diesen Mittelpunkt aus?

C. Lesen Sie Lukas 10:38-42. Was ist nach Aussage von Vers 42 nötig? Warum nennt Jesus diese Sache das Bessere? Beachten Sie, daß dieses Bessere gewählt werden muß. Was wählen Sie? In welcher Hinsicht kann denen, die es wählen, diese eine Sache nicht genommen werden?

4. *Behalten Sie das Kreuz immer im Blick, dann finden Sie den Weg nach Hause. Das ist der Sinn des Ruhetags: Unser Körper soll sich entspannen, aber vor allem sollen wir unseren Blick neu ausrichten. Ein Tag, an dem Sie sich neu orientieren, damit Sie den Weg nach Hause finden.*

A. Nennen Sie mehrere Möglichkeiten, wie Sie eine klare Sicht des Kreuzes an Ihrem Horizont bewahren können.

B. Lesen Sie Hebräer 12:2-3. Worauf sollen wir schauen? Was bewirkt dies nach Aussage von Vers 3? Umgekehrt, wenn wir versäumen, die richtige Blickrichtung zu wahren, welche zwei Dinge geschehen dann unvermeidlich? Könnte dieses Versäumnis der Grund dafür sein, daß wir müde geworden sind oder den Mut haben sinken lassen?

C. Lesen Sie Psalm 62:2-3 und 6-9. Wo findet David Ruhe? Warum ist das für ihn der alleinige Weg? Wen ermahnt David in Vers 5? Welche Bedeutung hat das? Warum wiederholt er diese Sätze? Wen ermahnt er in Vers 8? Wozu ermahnt er sie? Welchen Grund gibt er für seine Ermahnung an?

D. Denken Sie über Ihre eigenen Erfahrungen nach, die Sie mit dem Sabbattag gemacht haben. Nehmen Sie sich regelmäßig einen von sieben Tagen Zeit, um sich auszuruhen und Ihren Blick neu auf Gott auszurichten? Wenn nicht, warum nicht? Wenn ja: inwieweit läßt sich Ihre Erfahrung mit der des Verfassers von Psalm 92 vergleichen? Gibt es irgendwelche Punkte, die Sie in Ihrer Beachtung des Sabbats ändern möchten? Falls ja, welche?

Kapitel 6

Risikobereite Liebe

1. *Das Salböl war einen Jahreslohn wert. Vielleicht das einzig Wertvolle, das Maria besaß. Es entsprach nicht der Logik, so zu handeln, aber seit wann wird Liebe von Logik geleitet?*

A. Beschreiben Sie Ihre spontane Reaktion auf die Tat dieser Frau. Fanden Sie diese Tat unsinnig? Übertrieben? Tiefgründig? Ergreifend? Ist Liebe unlogisch? Oder was meint Max Lucado, wenn er davon spricht, daß Liebe nicht von Logik *geleitet* wird?

B. Lesen Sie Johannes 12:1-8. Mit welcher Person können Sie sich am meisten identifizieren? Warum? In welcher Hinsicht ging Maria mit ihrem Tun ein Risiko ein? Versuchen Sie, ähnliche Möglichkeiten zu beschreiben, mit denen Sie heute ein solches Risiko eingehen können.

C. Lesen Sie Matthäus 26:6-13. Wieso war die Tat der Frau etwas Schönes? In welcher Weise war sie ein Symbol für das, was geschehen würde? Warum hat Jesus Ihrer Meinung nach gesagt, was in Vers 13 zu lesen ist?

2. *Es gibt eine Zeit für risikobereite Liebe. Es gibt eine Zeit für verschwenderische Gesten. Es gibt eine Zeit, in der man die Person, die man liebt, mit seiner Liebe überschütten kann. Und wenn diese Zeit gekommen ist – dann ergreif sie und verpasse sie nicht.*

A. Was sind geeignete Zeiten für risikobereite Liebe? Beschreiben Sie solche Gelegenheiten. Bei welchen Anlässen haben Sie sich schon einmal entschlossen, risikobereite Liebe zu zeigen? Was hatte dies zur Folge? Würden Sie noch einmal so handeln? Warum?

B. Lesen Sie Sprüche 3:27-28. Was sagen diese Verse darüber, wie wir die Gelegenheit ergreifen und risikobereite Liebe ausdrücken sollten? Was können Sie dazu beitragen, wenn Sie auf diesem Gebiet Fortschritte machen wollen?

C. Lesen Sie Philipper 2:25-30. Was beinhaltet die risikobereite Liebe, die in diesem Abschnitt beschrieben wird? Warum wurde dieses Risiko eingegangen? Was war die Folge? War das die Sache Ihrer Meinung nach wert? Warum?

3. *Der Preis des praktischen Handelns ist manchmal höher als die Verschwendung. Aber der Lohn der risikobereiten Liebe ist immer größer als der Preis, den sie kostet.*

A. Warum kosten praktische Überlegungen manchmal mehr als Verschwendung? Stimmen Sie der Aussage zu, daß der Lohn der risikobereiten Liebe immer größer ist als der Preis, den sie kostet? Warum oder warum nicht?

B. Lesen Sie Lukas 6:32-35. Nennen Sie die verschiedenen Möglichkeiten der risikobereiten Liebe, die Jesus in diesem Abschnitt anführt. Warum enthält jeder dieser Fälle ein Risiko? Warum ermutigt uns Jesus dazu, dieses Risiko einzugehen? Welche Belohnung wird uns versprochen, wenn wir solche Risiken eingehen?

4. *Machen Sie sich die Mühe. Nehmen Sie sich die Zeit. Schreiben Sie den Brief. Gehen Sie hin und entschuldigen Sie sich. Machen Sie die Reise. Kaufen Sie das Geschenk. Tun Sie es. Wenn Sie die Gelegenheit ergreifen, werden Sie froh sein. Wenn Sie die Gelegenheit verpassen, werden Sie es bedauern.*

A. Welche Gelegenheiten bieten sich Ihnen gerade jetzt, risikobereite Liebe zu erweisen? Schreiben Sie diese Chancen auf. Was hält Sie davon ab, das Risiko einzugehen? Was denken Sie über Max Lucados Behauptung: „Wenn Sie die Gelegenheit ergreifen, werden Sie froh sein. Wenn Sie die Gelegenheit verpassen, werden Sie es bedauern"?

B. Lesen Sie Jakobus 4:17. Was hat dieser Vers mit risikobereiter Liebe zu tun? Wie sieht Ihre Reaktion darauf aus?

Kapitel 7

Der Mann mit dem Esel

1. *Manchmal möchte ich meine Tiere lieber behalten. Manchmal, wenn Gott etwas haben will, tue ich so, als wüßte ich nicht, daß er es braucht.*

A. Können Sie sich damit identifizieren, was Lucado in diesem Zitat sagt? Beschreiben Sie eine Erfahrung, wo Sie sich wie Max Lucado gefühlt haben.

B. Lesen Sie Matthäus 21:1-7. Wie lange wartete der Besitzer des Esels nach Aussage von Vers 3 auf die Bitte Jesu hin mit seiner Antwort? Was ist Ihrer Meinung nach der Grund dafür, daß er in dieser Weise reagierte? Reagieren Sie normalerweise auch so? Warum oder warum nicht?

C. Vergleichen Sie Matthäus 21:3 mit Psalm 50:9-12 und Apostelgeschichte 17:24-25. Was benötigt Gott nach Aussage dieser Verse von uns? Was haben wir, worauf er nicht verzichten könnte? Warum benötigte Jesus den Esel? Warum benötigt Gott irgend etwas von uns? Warum ist es ein sehr großes Vorrecht, wenn wir gebeten werden, ihm das zu geben, was wir haben?

2. *Jeder von uns besitzt einen Esel. Sie und ich, jeder hat etwas in seinem Leben, das Jesus und seine Geschichte – wie der Esel – ein Stück Wegs weiterbringen kann.*

A. Machen Sie einmal Inventur und zählen Sie Ihre Esel. Was haben Sie, „das Jesus und seine Geschichte ein

Stück Wegs weiterbringen kann"? Welche Talente haben Sie? Welche Mittel? Welche Fähigkeiten? Welche Gaben?

B. Lesen Sie Römer 12:6-8. Achten Sie darauf, in welchem Geist dieser Abschnitt geschrieben ist. Paulus fordert uns auf, unsere Gaben, worin sie auch bestehen mögen, einzusetzen. Erkennen Sie bei den hier aufgelisteten Gaben solche, die auch Sie haben? Wissen Sie, was Ihre Gaben sind? Setzen Sie Ihre Gaben ein?

C. Lesen Sie Matthäus 25:14-30. Mit welchem der drei Knechte können Sie sich am besten identifizieren? Warum? Was haben die ersten beiden Knechte ihrem Herrn durch ihr Verhalten vermittelt? Was hat der dritte Knecht seinem Herrn vermittelt? Was ist der Kernpunkt, den Jesus mit dieser Geschichte verdeutlichen will?

3. *Es könnte sein, daß Gott den Rücken Ihres Esels besteigen und in die Tore einer nächsten Stadt, einer neuen Nation, eines weiteren Herzens einziehen möchte. Ermöglichen Sie ihm dies Tun? Geben Sie ihm Ihren Esel? Oder zögern Sie?*

A. Warum zögern wir manchmal, wenn wir glauben, Gott möchte etwas gebrauchen, das wir haben? Welchen Ihrer Esel möchte Gott Ihrer Meinung nach besteigen? Beschreiben Sie, welche Gedanken Ihnen dazu kommen.

B. Lesen Sie 2 Korinther 9:7. In welcher Beziehung steht dieser Vers zu der Auslieferung unseres Esels? Was bedeutet es, sich etwas „im Herzen vorzunehmen"? Was ist falsch daran, wenn man unwillig oder aus Zwang gibt? Warum liebt Gott einen fröhlichen Geber?

4. *Gott gebraucht kleine Samenkörner und bringt zum Schluß eine große Ernte ein. Er reitet auf dem Rücken eines Esels – kein Pferd, kein Wagen – sondern nur ein Esel.*

A. Warum erwählt Gott Ihrer Meinung nach die kleinen Dinge, um sich zu verherrlichen? Warum nicht große

Dinge? Zögern Sie manchmal, Gott kleine Dinge zu geben, weil Sie meinen, sie wären nicht wichtig oder nicht gut genug?

B. Lesen Sie Jeremia 9:22-23. Warum sollten sich die Weisen nicht ihrer Weisheit, die Starken nicht ihrer Stärke und die Reichen nicht ihres Reichtums rühmen? In welcher Beziehung steht dieser Abschnitt zu dem obigen Zitat von Max Lucado?

C. Lesen Sie Richter 7:1-8. Warum hat Gott Ihrer Meinung nach die Zahl der Truppen Gideons von 32 000 auf 10 000 und dann sogar auf 300 reduziert? Was erkennen Sie aus Gottes beharrlichem Hinweis, daß er die kleinen Dinge gebraucht?

Kapitel 8

Händler und Heuchler

1. *Wollen Sie Gott erzürnen? Dann stellen Sie sich Menschen in den Weg, die ihn sehen wollen. Wollen Sie seinen Zorn spüren? Dann beuten Sie die Menschen im Namen Gottes aus.*

A. Versuchen Sie sich an einige öffentlich bekannt gewordene Fälle zu erinnern, in denen Menschen, die aus Glaubensdingen ein Geschäft gemacht haben, andere im Namen Gottes ausgebeutet haben. Wie gingen sie vor? Was geschah mit ihnen? Was geschah mit den Menschen? Beschreiben Sie, wie Sie „das Feuer des göttlichen Zorns" in diesen Fällen möglicherweise erkennen konnten.

B. Lesen Sie Matthäus 21:12-17. Was machte Jesus in diesem Fall so zornig? Was können Sie daraus über Jesus lernen? Hat dies irgendwelche Folgen für Sie? Wenn ja, welche?

C. Lesen Sie Titus 1:10-11. Wie beschreibt Paulus diejenigen, die aus „reiner Gewinnsucht" lehren? Was tun diese Leute? Wie sollen wir darauf reagieren?

2. *Achten Sie gut darauf, was die Fernsehevangelisten sagen. Analysieren Sie die Worte der Rundfunkprediger. Achten Sie darauf, was in der Ansprache betont wird. Was ist der Schwerpunkt? Ihre Errettung oder Ihre Spende? Prüfen Sie, was gesagt wird. Wird für die offenen Rechnungen von gestern ständig um Geld gebettelt?*

Wird Ihnen Heilung versprochen, wenn Sie etwas spenden, und die Hölle, wenn Sie es nicht tun? Dann ignorieren Sie den Sprecher.

A. Wie sorgfältig analysieren Sie die geistlichen Botschaften, die Sie aufnehmen, sei es durch Literatur, Fernsehen, Rundfunk oder direkt von einem Sprecher? Wie kann Ihre Analyse zuverlässiger werden? Wenn Sie eine ungute Botschaft hören, was tun Sie dann normalerweise?

B. Lesen Sie 1 Timotheus 6:3-11. Wie beschreibt Paulus in Vers 5 jene Menschen, die glauben, Frömmigkeit brächte ihnen finanziellen Gewinn? Was ist nach seinen Worten in Wahrheit Gewinn (Vers 6)? Was geschieht mit vielen, die dem Geld nachjagen (Vers 10)? Wie sollen wir auf ein derartiges Verhalten reagieren (Vers 11)?

C. Lesen Sie Römer 16:17-18. Wie lautet Paulus' Ermahnung in Vers 17? Folgen Sie dieser ernsten Aufforderung? Wie wachsam sind Sie in dieser Hinsicht?

4. *Es gibt Händler in Gottes Haus. Lassen Sie sich nicht von ihrem Aussehen verführen. Lassen Sie sich nicht von ihren Worten blenden. Seien Sie vorsichtig. Vergessen Sie nicht, warum Jesus den Tempel reinigte. Wer dem Tempel am nächsten steht, steht ihm möglicherweise am fernsten.*

A. Warum trifft Ihrer Meinung nach so häufig zu, daß „die, die dem Tempel am nächsten stehen, ihm möglicherweise am fernsten stehen"? Wann ist dies ein persönliches Problem für Sie?

B. Lesen Sie 1 Thessalonicher 5:21. Was wird uns hier geboten? Wie können Sie diese Aufforderung in die Tat umsetzen?

C. Lesen Sie Apostelgeschichte 20:28-35. Wozu ermahnt Paulus die Epheser in Vers 28? Warum spricht er diese Warnung aus (Vers 29)? Worin besteht in diesem Fall der beste Schutz für Gottes Volk (Vers 32)? Womit beweist

Paulus unter anderem seine Aufrichtigkeit (Verse 33-34)? Weshalb ist die Aussage Jesu in Vers 35 ein ausgezeichneter Maßstab, mit dessen Hilfe wir Lehren, die wir hören, prüfen können?

Kapitel 9

Mut, erneut zu träumen

1. *Gott freut sich immer, wenn wir es wagen zu träumen. Wir sind Gott eigentlich sehr ähnlich, wenn wir träumen. Der Meister jubelt über alles Neue. Er freut sich darüber, das Alte zu erweitern. Er selbst schrieb das Buch, das davon handelt, daß Unmögliches möglich wird.*

A. Wieviel Erfahrung haben Sie im Träumen? Falls es Ihnen schwerfällt, warum ist das Ihrer Meinung nach der Fall? Wenn Sie träumen, wovon träumen Sie dann?

B. Lesen Sie Jesaja 43:18-19. Welchen Eindruck vermittelt Ihnen dieser Abschnitt im Blick auf die Freude, die Gott an Neuem hat? Warum muß uns Gott Ihrer Meinung nach in dieser Weise daran erinnern?

C. Lesen Sie 2 Korinther 5:17. Warum ist es lebenswichtig, daß sich Christen immer wieder vor Augen führen, daß sie eine *neue* Kreatur sind? Welche Auswirkungen hat dies?

2. *Gott kann lauen Glauben nicht ertragen. Er wird zornig über eine Religion, die nur auf äußerliche Show bedacht ist, das Dienen jedoch außer acht läßt – und genau so sah die Religion aus, der Jesus in seiner letzten Woche begegnete. Aber nicht nur in der letzten Woche, sondern auch während seines gesamten Wirkens.*

A. Lesen Sie Matthäus 21:18-22. In welcher Hinsicht sind die geistlichen Führer Israels wie der Feigenbaum in den Versen 18-19? Hat es in Ihrem Leben schon einmal eine Zeit gegeben, in der man Sie in dieser Weise hätte beschreiben können? Welche Art Feigenbaum sind Sie zur Zeit?

B. Lesen Sie Lukas 18:9-14. Welcher von den beiden Männern in der Geschichte Jesu hatte einen lauen Glauben? Welcher war stark? Was sagte Jesus über diese beiden Männer? Mit welchem der beiden können Sie sich am ehesten identifizieren?

C. Lesen Sie Offenbarung 3:15-16. Wie sieht die Reaktion von Jesus auf eine Gemeinde aus, die lau ist? Was meinen Sie, warum er in diesem Abschnitt so anschaulich spricht? Welche Zeichen lassen sich im Leben eines Menschen finden, dessen Glaube lau ist?

3. *Es geht nicht darum, an eine Religion zu glauben, sondern an Gott. Es geht um einen widerstandsfähigen, wagemutigen Glauben, der darauf vertraut, daß Gott das tun wird, was richtig ist, und zwar immer. Und daß Gott das tun wird, was nötig ist – alles, was nötig ist –, um seine Kinder nach Hause zu bringen.*

A. Wie sieht der Unterschied aus, wenn wir an unseren Glauben glauben oder an Gott glauben?

B. Lesen Sie Genesis 18:23-25. Achten Sie auf Abrahams Frage in Vers 25. Welche Antwort erwartet er? Erwarten Sie dieselbe Antwort? Welche Erwartung haben Sie auf dem Hintergrund dieser Frage, vom Handeln Gottes in Ihrem Leben?

C. Lesen Sie Hiob 19:25-27. Obwohl Hiob schreckliche Seelenqualen durchsteht, bleibt seine Erwartung unerschütterlich. Wie lautet sie? Auf wen richtet sich seine ganze Hoffnung? Wie verändert diese Hoffnung seine Sicht?

D. Lesen Sie 2 Timotheus 4:7-8. Beschreiben Sie, welche große Hoffnung Paulus erfüllte, als sich sein Leben dem

Ende zuneigte. Auf wen richtet sich seine gesamte Hoffnung? Erwartete er, nach Hause gebracht zu werden? Ist
dies auch Ihre Erwartung?

4. *Gott will, daß Sie fliegen. Er will, daß Sie unbeschwert
von der Schuld der Vergangenheit fliegen können. Er
will, daß Sie frei von den Ängsten der Gegenwart fliegen können. Er will, daß Sie ungebunden durch das
Grab der Zukunft fliegen können.*

A. Werden Sie von irgendeiner Angst, von der Max
Lucado in seinem Zitat spricht, gefangengehalten? Wenn ja,
von welcher Angst? Was wäre nötig, damit Sie anfangen
könnten, frei und ungebunden zu fliegen?

B. Lesen Sie Hebräer 2:14-15. Warum hat Jesus nach
Aussage dieser Verse menschliche Gestalt angenommen?
Welche Freiheit hat er für uns gewonnen (Vers 15)?

C. Lesen Sie Matthäus 11:28. An welchen Ort sollen wir
nach den Anweisungen dieses Verses fliegen? Wie können
Sie dies praktisch tun? Tun Sie es gerade jetzt? Warum oder
warum nicht?

Kapitel 10

Von Schwielen und Barmherzigkeit

1. *Für Eltern ist kein Preis zu hoch. Sie würden alles zahlen, um ihr Kind zu retten. Kein Kraftaufwand ist zu
groß. Sie würden keine Mühe scheuen. Eltern nehmen
alles auf sich, um ihr Kind wiederzufinden.*

A. Wenn Sie Kinder haben, welchen Preis wären Sie bereit zu zahlen, um sie zu retten? Welche Mühen würden Sie
auf sich nehmen? Wie weit würden Sie gehen?

B. Lesen Sie Matthäus 18:12-14. Welche Art von Mühe
beschreibt Jesus in dieser Geschichte? Wie setzt er die Geschichte mit Gottes tatsächlichem Handeln in Verbindung
(Vers 14)?

C. Lesen Sie 1 Johannes 3:16. Wie definiert Johannes in
diesem Vers Liebe? Wie paßt dies zu obigem Zitat von Lucado?

2. *Gott ist mitten in allen Dingen, die zu Ihrer Welt
gehören. Er hat seinen Wohnsitz nicht in einer fernen
Galaxie. Er hat sich nicht aus der Geschichte zurückgezogen. Er hat nicht beschlossen, sich auf einen Thron
in einem fernen strahlenden Schloß zu setzen.*

A. Beschreiben Sie, welches Bild Sie gegenwärtig von
Gott haben. Hatten Sie immer dieses Bild? Wenn es sich
gewandelt hat, dann beschreiben Sie diese Wandlung. Gab
es eine Zeit, in der Sie dachten, Gott sei weit entfernt?
Wenn ja, wie hat sich Ihre Vorstellung geändert?

B. Lesen Sie Psalm 139:1-12. Wie nahe ist Ihnen Gott nach Aussage dieser Verse gerade jetzt? Welche Gefühle weckt das in Ihnen?

C. Lesen Sie Hebräer 10:19-23. Woher können wir die Zuversicht nehmen, daß wir uns Gott nahen dürfen (Vers 19)? Wieso können wir uns Gott durch Jesus nahen (Vers 22)? Warum können wir „am Bekenntnis der Hoffnung festhalten und nicht wanken" (Vers 23)?

3. *Gott hat Geduld, wenn wir Fehler machen. Er ist langmütig, wenn wir stolpern. Er wird nicht zornig, wenn wir ihm unsere Fragen stellen. Er wendet sich nicht von uns ab, wenn wir uns mühsam vorankämpfen. Aber wenn wir wiederholt seine Botschaft ablehnen, wenn wir unser Ohr gegenüber seinem Ruf verschließen, wenn er sogar die Geschichte ändert, um unsere Aufmerksamkeit zu gewinnen und wir selbst dann noch nicht zuhören, dann geht er auf unsere Wünsche ein.*

A. In welcher Weise lehnen wir wiederholt Gottes Botschaft ab? Wie verschließen wir unser Ohr gegen seinen Ruf? Was meint Lucado damit, daß Gott auf unsere Wünsche eingeht?

B. Lesen Sie Psalm 103:8-14. Was sagt dieser Abschnitt darüber, wie Gott auf unsere Fehler reagiert? Inwiefern hilft Vers 14, Vers 10 zu erklären? Nun lesen Sie Psalm 103:3-4. Wenn Gott über alle Ihre Sünden Buch führen würde, könnten Sie dann bestehen? Welche Begründung gibt dieser Abschnitt dafür, daß wir Gott fürchten sollen?

C. Lesen Sie Matthäus 21:33-46. Würden Sie den Grundbesitzer in diesem Gleichnis als geduldigen Mann beschreiben? Warum oder warum nicht? Was ist die Hauptaussage, die Jesus mit Hilfe dieser Geschichte verdeutlichen will? Warum verstanden die Hohenpriester und Phärisäer Ihrer Meinung nach, daß Jesus sie in dieser Geschichte meinte (Vers 45)?

4. *Gott kommt zu Ihrem Haus, er tritt zur Tür und klopft an. Aber es liegt an Ihnen, ob Sie ihn hereinlassen.*

A. Warum schlägt Gott Ihrer Meinung nach die Tür nicht einfach ein?

B. Lesen Sie Hesekiel 33:11. Was ist Gottes Wunsch für den Gottlosen, wie es hier in diesem Vers ausgedrückt wird? Wessen Aufgabe ist es, von den gottlosen Wegen umzukehren? Was ist die Folge dieser Umkehr? Was geschieht, wenn die Gottlosen nicht umkehren?

C. Lesen Sie Jakobus 4:8. Was ist nach Jakobus' Worten unser Anteil an dem Prozeß, den er hier beschreibt? Was ist Gottes Anteil? Was ist das Ergebnis?

Kapitel 11

Sie sind eingeladen

1. *Gott ist ein Gott, der einlädt. Gott ist ein Gott, der ruft. Gott ist ein Gott, der die Tür öffnet, mit der Hand winkt und Wanderer an einen gedeckten Tisch ruft. Aber er lädt uns nicht nur zu einer Mahlzeit ein, sondern zum Leben.*

A. Lesen Sie Matthäus 22:1-14. Zählen Sie, wie oft die Worte *einladen* oder *bitten* benutzt werden. Was können Sie daraus über den Kern des Gleichnisses erfahren? Wer spricht die Einladung aus? Für wen sind die Boten unterwegs?

B. Lesen Sie Deuteronomium 30:15-16 und 19-20. Welche Wahlmöglichkeiten hat Gott den Israeliten vorgelegt? Wie sahen die Folgen der jeweiligen Entscheidung aus? Gottes Wunsch war eindeutig, daß sie eine bestimmte Entscheidung treffen sollten. Welche von beiden?

2. *Es muß den Vater traurig machen, wenn wir ihm auf seine konkrete Einladung nur eine vage Antwort geben.*

A. Was denken Sie, wie der Vater sich fühlt, wenn wir ihm nur vage Antworten auf seine Einladung geben? Wie würden Sie sich fühlen, wenn Sie eine solche Antwort bekämen? Wie würden Sie auf eine solche Antwort reagieren?

B. Lesen Sie Lukas 14:16-24. Wie lauteten die Entschuldigungen, die in dieser Geschichte vorgebracht wurden, um nicht zum Festmahl zu erscheinen? Kommt Ihnen irgendeine dieser Entschuldigungen aus Ihrem eigenen Leben oder dem eines Bekannten vertraut vor? Welche Entschuldigungen bringen wir vor, um nicht auf Gottes Einladung einzugehen? Wie hat sich der Herr in dieser Geschichte gegen die verhalten, die seine Einladung ablehnten? Was versuchte Jesus damit zu sagen?

3. *Gott zu kennen bedeutet, seine Einladung anzunehmen, nicht nur, sie zu hören, zu studieren und anzuerkennen, sondern sie anzunehmen. Es ist möglich, viel über Gottes Einladung zu wissen, jedoch nie persönlich darauf zu reagieren.*

A. Weshalb ermöglicht uns die Annahme von Gottes Einladung, ihn kennenzulernen? Was hindert Menschen, auf Gottes Einladung zu reagieren?

B. Lesen Sie 2 Timotheus 3:7. In welcher Beziehung steht dieser Vers zu obigem Zitat? Nennen Sie mehrere Beispiele für die Situation, die Paulus hier beschreibt.

C. Lesen Sie Matthäus 7:24-27 und Jakobus 1:22-25. Was ist die Hauptaussage beider Abschnitte? Warum ist es so leicht, in die Falle zu geraten, die in beiden Stellen beschrieben wird? Sind Sie schon einmal in eine solche Falle geraten? Wenn ja, wie sind Sie wieder herausgekommen?

4. *Wir können wählen, wo wir die Ewigkeit verbringen wollen. Die größte Entscheidung überläßt Gott uns selbst. Die wichtigste Entscheidung dürfen wir allein fällen. Was machen Sie mit Gottes Einladung?*

A. Beantworten Sie Max Lucados Frage: Was machen Sie mit Gottes Einladung?

B. Lesen Sie Jesaja 55:1-3 und 6-7. Wie lautet Gottes Einladung in diesem Abschnitt? Wer ist eingeladen? Wie lautet das Angebot? Welchen Gewinn bringt es? Haben Sie diese Einladung schon angenommen?

C. Lesen Sie Römer 10:9-13. Wie lautet die Einladung in diesem Abschnitt? Wie kann man diese Einladung annehmen? Welchen Gewinn bringt es, sie anzunehmen? Wer kann sie annehmen? Haben Sie diese Einladung schon angenommen?

Kapitel 12

Mund-zu-Mund-Manipulation

1. *Sie hatten die erste Lektion über die Qualitäten eines Leiters nicht gelernt: „Wer ein Orchester leiten will, muß der Menge den Rücken zukehren."*

A. Was bedeutet die hier zitierte Maxime für Sie? Ergibt sie für Sie einen Sinn? Warum oder warum nicht?

B. Lesen Sie Matthäus 21:23-27. Inwieweit veranschaulicht Vers 26 die Wahrheit der oben zitierten Maxime?

C. Lesen Sie Johannes 12:42-43. Was war das Hauptproblem der Leiter, das hier in diesem Abschnitt beschrieben wird? Haben Sie sich an den Rat der obigen Maxime gehalten? Was hatte ihr Verhalten zur Folge?

D. Lesen Sie 1 Korinther 11:1. Worauf ist Paulus' Aufmerksamkeit gerichtet, während er diese Worte schreibt? Ist sein Rücken den Zuhörern oder dem Orchester zugewandt? Wenn Sie Ihre Aufgabe als Leiter wahrnehmen – sei es zu Hause, am Arbeitsplatz oder in einer anderen Umgebung –, halten Sie sich dann diesen Satz vor Augen? Wie würde sich die Art Ihres Leitens dadurch verändern?

2. *Gott hat deutlich gesagt, daß ein aufrichtiger Diener niemals Schmeichelei als Werkzeug einsetzen darf. Schmeichelei ist nichts weiter als nett verpackte Unehrlichkeit. Jesus hat nie geschmeichelt, und auch seine Nachfolger sollten dieses Mittel nicht einsetzen.*

A. Was ist das Grundproblem bei Schmeichelei? Wie fühlen Sie sich, wenn Menschen dieses Mittel einsetzen, um etwas Bestimmtes von Ihnen zu bekommen?

B. Lesen Sie Matthäus 22:15-22. Warum ist Vers 16 ein Beispiel für pure Schmeichelei? Wie hat Jesus darauf geantwortet? Warum benutzte er den Ausdruck *Heuchler*, um diese Menschen zu beschreiben?

C. Lesen Sie Psalm 12:3 und Sprüche 28:33. Wodurch kommt die Meinung des Herrn über Schmeichelei in diesen Versen zum Ausdruck? Warum findet Gott Zurechtweisung besser als Schmeichelei?

3. *Auch im Leib Christi gibt es Menschen, die ein kleines Revier finden und an nichts anderes mehr denken können. Es gibt Mitglieder in der Familie Gottes, die auf ein kontroverses Thema stoßen und dann den Anspruch erheben, in dieser Sache die einzig richtige Meinung zu vertreten. In jeder Gemeinde gibt es mindestens eine eigensinnige Person, die eine Einzelheit der Botschaft meisterhaft beherrscht und daraus eine Mission oder einen eigenen Dienst gemacht hat.*

A. Sind Sie schon einmal in eine Situation hineingeraten, wie Max Lucado sie hier beschreibt? Wenn ja, erklären Sie die Situation. Was ist geschehen?

B. Lesen Sie Römer 14:19-22. Was ist das Hauptproblem, wenn man ein ungeklärtes Thema zur Streitfrage erhebt (Vers 20)? Wie sollen wir mit unseren kleinen Revieren umgehen (Vers 22)? Wie soll ganz allgemein unsere Haltung zu solchen Fragen aussehen (Vers 19)?

C. Lesen Sie 1 Korinther 1:10-17. Inwieweit sind die Korinther in die Falle geraten, die Lucado in obigem Zitat beschreibt? Was geschieht, wenn wir zulassen, daß kleine Kontroversen den Leib Christi spalten (Vers 17)? Wie geschieht das?

4. *Vergiß dein Revier einmal für eine Weile. Erforsche doch ein paar neue Korallenriffe. Erkunde eine andere Gegend. Man gewinnt viel, wenn man den Mund schließt und die Augen öffnet.*

A. Fällt es Ihnen schwer, Ihr Revier einmal für eine kleine Weile zu vergessen? Wenn ja, warum? Was können Sie tun, damit es Ihnen leichter fällt?

B. Lesen Sie Sprüche 10:19 und Jakobus 1:19. Welchen ähnlichen Rat geben Salomo und Jakobus? Wie gut befolgen Sie diesen Rat? Was können Sie tun, um dem Rat besser zu folgen?

C. Lesen Sie Römer 14:1. Wie sollen wir nach dieser Anweisung mit denen umgehen, die wir als schwach im Glauben betrachten? Was sollen wir nicht tun? Paulus setzt in diesen Versen voraus, daß es durchaus Fragen gibt, über die man streiten kann. Setzen wir dies auch voraus? Welche Art von Themen fallen am ehesten unter diese Kategorie?

Kapitel 13

Was niemand zu träumen wagte

1. *Gott tat das, was wir nicht zu träumen wagten. Er tat, was wir uns nicht vorstellen konnten. Er wurde zum Menschen, damit wir ihm vertrauen können. Er wurde zum Opfer, damit wir ihn kennenlernen können. Und er besiegte den Tod, damit wir ihm folgen können.*

A. Wann hat Gott in Ihrem Leben zum letzten Mal etwas getan, das Sie vollkommen überrascht hat? Beschreiben Sie das Erlebnis.

B. Lesen Sie Matthäus 22:41-46. Was war für die Pharisäer an der Frage von Jesus so vollkommen überraschend? Warum war es so schwer, die Frage zu beantworten? Was denken Sie, warum es nach diesem Vorfall niemand mehr wagte, Jesus Fragen zu stellen?

C. Lesen Sie 1 Korinther 2:9. Was ist die Hauptaussage dieses Verses? Wem wurden diese göttlichen Überraschungen gegeben? Erfüllen Sie die Bedingungen für irgendeine dieser Überraschungen?

2. *Nur ein Gott konnte sich einen so „verrückten" Plan ausdenken. Nur ein Schöpfer, der nicht von den Grenzen der Logik eingeschränkt ist, konnte eine solche Liebesgabe anbieten.*

A. Warum nennt Max Lucado Gottes Plan „verrückt"? Stimmen Sie ihm zu? Warum oder warum nicht?

B. Lesen Sie 1 Korinther 1:18-25. Warum nennt Paulus die Predigt des Evangeliums eine „Torheit"? Was ist die Hauptaussage dieses Abschnitts (Vers 25)? Warum erscheint Gottes Plan der menschlichen Weisheit wie Torheit?

3. *Was der Mensch nicht tun kann, tut Gott.*

A. Beschreiben Sie Ereignisse in Ihrem Leben, in denen Gott das tat, was für Sie unmöglich war.

B. Lesen Sie Hiob 42:2, Jeremia 32:17, Matthäus 19:26 und Lukas 1:37. Was ist die durchgängige Botschaft aller vier Verse? Welche Zuversicht erhalten Sie dadurch?

4. *Wenn es um die Ewigkeit geht, um Vergebung, Sinn und Wahrheit, dann gehen Sie zur Krippe. Knien Sie sich mit den Hirten nieder. Beten Sie den Gott an, der wagte, das zu tun, was kein Mensch zu träumen wagte.*

A. Inwiefern ist die Krippe ein Symbol für Ewigkeit, Vergebung, Sinn und Wahrheit? Warum soll es gut sein, sich mit den Hirten niederzuknien?

B. Lesen Sie Römer 8:3. Was tat Gott nach Aussage dieses Verses, was ansonsten umöglich war? Was hat er vollbracht? Wie tat er es?

C. Lesen Sie Epheser 3:20-21. Wozu ist Gott nach Aussage dieser Verse in der Lage? Was kann er vollbringen? Wie kann er es vollbringen? Wo zeigt sich diese Kraft? Was ist die Folge dieses Wirkens? Wie lange halten die Folgen an? Warum stärkt dieser Abschnitt unsere Zuversicht in Gott?

Kapitel 14

Der Cursor oder das Kreuz?

1. *Computerglaube. Kein Knien. Kein Weinen. Keine Dankbarkeit. Keine Gefühle. Großartig – bis man einen Fehler macht.*

A. Haben Sie persönlich Erfahrung mit dem Computerglauben? Wenn ja, welche Gefühle hat dieser bei Ihnen hinterlassen? Was hat er vollbracht? Wie und warum haben Sie sich davon abgewandt?

B. Lesen Sie Matthäus 23:1-36. Nennen Sie die vom Computerglauben gekennzeichneten Fehler, die Jesus brandmarkt. Kommt es vor, daß Ihnen einer dieser Fehler Probleme bereitet? Welcher? Wie entziehen Sie sich dem Zugriff dieses Fehlverhaltens?

2. *Wie würden Sie die Lücke im nachfolgenden Satz ausfüllen? Ein Mensch kann durch _____ vor Gott bestehen.*

A. Füllen Sie die Lücke so aus, wie es Ihnen richtig erscheint.

B. Lesen Sie Epheser 2:8-9. Was wird dem Glauben in diesem Vers gegenübergestellt? Was ist bezüglich der Werke problematisch? Warum ist Prahlerei so schlimm?

C. Lesen Sie Galater 2:15-16. Was ist das Schlüsselelement, durch das ein Mensch vor Gott bestehen kann? Wie viele Menschen werden dadurch gerecht, daß sie das Gesetz

befolgen? Worauf verlassen Sie sich, um vor Gott zu bestehen?

3. *Sechsunddreißig Verse voll Feuer wurden in einer Frage*
zusammengefaßt: „Wie wollt ihr der höllischen Ver-
dammnis entrinnen?" Eine gute Frage. Eine gute Frage
für die Pharisäer, eine gute Frage für Sie und für mich.

A. Wie wollen Sie der höllischen Verdammnis entrinnen?

B. Lesen Sie Römer 2:5. Was ist das Kennzeichen derer, die „sich selbst Zorn ansammeln auf den Tag des Zor-
nes Gottes"? Wann wird das gerechte Gericht Gottes offen-
bart werden? Wie groß ist die Gewißheit?

C. Lesen Sie Hebräer 2:2-3 und 12:25. Wie lautet die
Frage in beiden Abschnitten? Welche Antwort wird erwartet?

4. *Warum sonst ist er wohl als Ihr persönlicher Heiland*
bekannt?

A. Ist Jesus Ihr persönlicher Heiland? Woher wissen Sie
das?

B. Lesen Sie Johannes 1:12. Wie wird Jesus nach den
Worten von Johannes zu unserem persönlichen Heiland?

C. Lesen Sie 1 Johannes 4:14-15. Was müssen wir tun,
um sicher zu sein, daß Gott in uns lebt?

Kapitel 15

Einfacher Glaube

1. *Oh, diese Haltung einer Fünfjährigen! Diese einfache, schlichte Leidenschaft zu leben, die kaum abwarten kann, daß ein neuer Morgen kommt! Eine Lebensphilosophie, die lautet: „Vertiefe dich ins Spiel, lache von ganzem Herzen, und die Sorgen überlaß deinem Vater."*

A. Beobachten Sie einmal eine halbe Stunde lang Kinder beim Spielen. Was fällt Ihnen auf? Welche Elemente ihres Spiels wünschen Sie sich in Ihrem eigenen Leben wieder ganz neu? Was hindert Sie daran, diese Dinge zu ergreifen?

B. Lesen Sie Matthäus 18:3-4. In welcher Hinsicht bestand Jesus darauf, daß wir wie Kinder werden sollen? Was hat es zur Folge, wenn wir nicht wie Kinder werden?

C. Lesen Sie 2 Korinther 11:3. Welches Anliegen drückt Paulus in diesem Vers aus? Warum sollte dieses Anliegen für uns immer Priorität haben?

2. *Komplizierter Glaube stammt nicht von Gott. Lesen Sie Matthäus 23; das wird Sie davon überzeugen. Hier haben Sie das vernichtende Urteil Jesu über „Jahrmarktreligion" oder „Kirmesglauben".*

A. Was meint Max Lucado mit „Kirmesglauben"? Warum greift Christus diesen Glauben so hart an?

B. Lesen Sie Matthäus 23:37-38. Was wünschte Jesus für Jerusalem? Wie reagierten die Menschen darauf? Was hatte dies zur Folge?

3. *Wie kann unser Glaube einfacher werden? Wie können wir den ganzen unnötigen Ballast loswerden? Wie können wir zu der Freude kommen, die uns so erfüllt, daß wir gern aufwachen? Ganz einfach. Wir müssen uns von den Vermittlern trennen.*

A. Was meint Lucado mit „Vermittlern"? Wer sind die Vermittler in unserer Gesellschaft?

B. Lesen Sie Johannes 10:10. Wozu kam Jesus nach Aussage dieses Verses auf die Welt? Klingt das kompliziert? Warum oder warum nicht? Ist das, wovon Jesus in diesem Vers spricht, Ihre eigene Erfahrung? Warum oder warum nicht?

C. Lesen Sie 1 Timotheus 2:5. Wer ist der einzige Mittler zwischen Gott und den Menschen? Welche Auswirkungen hat dies für unser tägliches Leben?

4. *Suchen Sie den einfachen Glauben. Beschäftigen Sie sich mit dem Wichtigen. Konzentrieren Sie sich auf das Wesentliche. Sehnen Sie sich nach Gott.*

A. Warum verlieren wir Ihrer Meinung nach die Weisheit, die sich in diesem Zitat von Max Lucado äußert, immer wieder so schnell aus den Augen? Wodurch kommt es, daß wir das Leben und unseren Glauben immer wieder kompliziert machen? Wie können wir uns selbst von unnötiger Kompliziertheit befreien?

B. Lesen Sie Psalm 42:1-2. Stellt dieser Abschnitt das Bild eines einfachen oder eines komplizierten Glaubens dar? Klingen diese Verse für Sie verlockend? Warum oder warum nicht? Kennen Sie Menschen, in deren Glauben sich dieser Abschnitt widerspiegelt? Was tun diese Menschen, um diese Art des Glaubens zu stärken?

C. Lesen Sie Philipper 3:7-9. Von welcher Leidenschaft oder Hingabe wurde Paulus nach Aussage dieser Verse in seinem Leben getrieben? Woher empfing diese Hingabe ihre Kraft? Handelte es sich um eine einfache oder eine komplizierte Leidenschaft? Wenn Sie Ihre Hingabe mit der von Paulus vergleichen, zu welchem Ergebnis kommen Sie dann?

Kapitel 16

Überleben

1. *Jesus spricht offen und ehrlich über das Leben, zu dem wir berufen sind. Es gibt keine Garantie dafür, daß wir unversehrt davonkommen, nur weil wir zu ihm gehören. Es findet sich keine Verheißung in der Bibel, die besagt, daß man vom Kampf befreit ist, wenn man dem König folgt. Nein, oft ist gerade das Gegenteil der Fall.*

A. Können Sie die Aussage dieses Zitats aus Ihrer eigenen Erfahrung bestätigen? Erklären Sie Ihre Antwort.

B. Lesen Sie Matthäus 24:1-14. Wie unterscheidet sich Vers 6 von der Auflistung der Bedrängnisse, die kommen werden? Auf was gründet sich dieses Gebot? Wie läßt es sich, unabhängig davon, in welcher Situation wir uns befinden, anwenden?

C. Lesen Sie Johannes 15:18-19 und 16:33. Welche Verheißungen spricht Jesus an diesen beiden Stellen aus? Wie sollen wir auf die Not, die wir im Leben erfahren, reagieren (16:33)? Wie können wir dies tun (16:33)?

D. Lesen Sie 2 Timotheus 3:12. Welche Erwartung äußert Paulus in diesem Vers? Wen betrifft dies? Wie gehen Sie mit dieser Verheißung um?

2. *Die Geretteten mögen nahe an den Felsrand kommen, vielleicht stolpern sie sogar und rutschen ab. Aber sie werden sich mit ihren Krallen in den Felsen Gottes klammern und sich festhalten.*

A. Sind Sie schon einmal nahe an den Felsrand geraten? Wie kam es dazu? Durch was wurden Sie wieder in den Bereich der geistlichen Sicherheit zurückgezogen?

B. Lesen Sie Matthäus 24:13. Sehen Sie diesen Vers als eine Verheißung oder als Drohung an? Was denken Sie, wie er gemeint ist?

C. Lesen Sie Kolosser 1:22-23. Inwiefern sind diese Verse lediglich eine Erweiterung von Matthäus 24:13?

3. *Die Jünger bekamen Mut durch die Zusicherung, daß die Aufgabe vollendet werden würde. Weil sie die Möglichkeit hatten, im Kampf fest zu stehen, gingen sie am Ende als Sieger hervor. Sie waren überlegen ... und auch wir sind überlegen.*

A. Weshalb waren die Jünger überlegen? In welcher Hinsicht sind auch wir in gleicher Weise überlegen?

B. Lesen Sie Matthäus 24:30-31. Welche Ermutigung können Menschen, die in Bedrängnis sind, diesem Abschnitt entnehmen? Wieso ist es eine Ermutigung? Werden auch Sie dadurch ermutigt? Warum oder warum nicht?

C. Lesen Sie Philipper 1:6. Welche Verheißung steht in diesem Vers? Ist sie an eine Bedingung geknüpft? In welcher Weise soll diese Verheißung Ihnen in Ihrem Glaubensleben helfen? Erfahren Sie diese Hilfe?

4. *Ich kann mich natürlich auch irren, aber ich denke, der Befehl, der den Leiden der Erde ein Ende setzen und den Beginn der Freuden des Himmels ankündigen wird, besteht aus zwei Worten: „Schluß jetzt."*

A. Warum ist die Erklärung „Schluß jetzt" ein angemessener Startschuß für die Freuden des Himmels? Wenn Sie raten müßten, wie diese letzten Worte heißen, was würden Sie vermuten? Warum?

B. Lesen Sie 1 Thessalonicher 4:16-18. In welcher Hinsicht soll uns dieser Abschnitt ermutigen? Welches Bild haben Sie vor Augen, wenn Sie diese Verse lesen? Warum ist es wichtig, daß der Herr selbst vom Himmel herabkommt?

C. Lesen Sie Offenbarung 19:11-16. Welches Bild von Christus sehen Sie hier? Wirkt dieses Bild ermutigend oder entmutigend auf Sie? Warum?

Kapitel 17

Geschichten von Sandburgen

1. *Zwei Erbauer von zwei Burgen. Sie ähneln sich in vielerlei Hinsicht. Sie machen aus kleinen Körnchen großartige Gebilde. Aus dem Nichts gestalten sie etwas Sichtbares. Sie sind fleißig und entschlossen. Und bei beiden steigt die Flut, das Ende wird kommen.*

A. Betrachten Sie Ihr Leben und überlegen Sie, welche Art von Burgen Sie bisher gebaut haben. Welche Haltung haben Sie gegenüber diesen Burgen eingenommen? Wenn morgen die Flut käme, was würden Sie dann empfinden?

B. Lesen Sie Lukas 12:16-21. Welche Art von Burg baute der Mann in dieser Geschichte? Welche Art von Flut trat in seinem Leben auf? Was war das Ergebnis? Was wollte Jesus damit sagen?

C. Lesen Sie Hebräer 9:27. Wie sieht die Bestimmung eines jeden Menschen aus? Um was für eine Art von Flut handelt es sich? Sind Sie auf diese Flut vorbereitet?

2. *Sie kennen bestimmt Menschen, die mit dieser Welt so umgehen, als handelte es sich um ein bleibendes Zuhause. Aber das ist diese Welt nicht. Sie kennen bestimmt Menschen, die so viel Zeit und Kraft in dieses Leben investieren, als würde es für immer Bestand haben. Aber das hat dieses Leben nicht. Sie kennen bestimmt Menschen, die so stolz sind auf das, was sie* *zustande gebracht haben, daß sie hoffen, die Welt nie verlassen zu müssen – aber sie müssen diese Welt verlassen.*

A. In welcher Hinsicht verhalten Sie sich der Welt gegenüber manchmal so, als würde es sich um ein bleibendes Zuhause handeln? In welcher Hinsicht verhalten wir uns so, als würde dieses Leben für immer Bestand haben? Wie oft legen wir an einem gewöhlichen Tag eine Pause ein und machen uns bewußt, daß wir eines Tages diese Welt verlassen werden?

B. Lesen Sie Matthäus 16:26-27. Beantworten Sie die beiden Fragen in Vers 26. Freuen Sie sich auf das Ereignis, das in Vers 27 beschrieben wird, oder sind Sie etwas nervös, wenn Sie daran denken? Warum?

C. Lesen Sie Jakobus 4:13-14. Auf welche Weise würde sich vieles in unseren Handlungen radikal ändern, wenn wir uns die Botschaft dieses Abschnitts fortwährend vor Augen hielten? Warum verliert man diese Botschaft scheinbar so schnell wieder aus den Augen?

3. *Ich weiß nicht viel, aber ich weiß, wie man sich auf einer Reise verhält. Wenig Gepäck. Nur leichtes Essen. Ein Schläfchen halten. Und aussteigen, wenn man sein Ziel erreicht hat.*

A. Was soll uns dieses Zitat über die Art und Weise, wie wir unser tägliches Leben führen, verdeutlichen?

B. Lesen Sie Hebräer 11:8-10. Wie wandte Abraham die Weisheit in seinem Leben an, die sich in obigem Zitat von Max Lucado äußert? Welcher Schlüsselfaktor befähigte ihn dazu, mit leichtem Gepäck zu reisen? Wie läßt sich Vers 10 für uns genauso anwenden, wie es für Abraham möglich war? Warum ist es für uns in gewisser Hinsicht schwieriger als für Abraham, die Weisheit von Vers 10 zu erkennen?

C. Lesen Sie Hebräer 11:13-16. Wie könnte dieser Abschnitt für den Rest unseres Lebens zu einem Leitfaden werden? Weshalb könnte uns eine Menge Schmerz erspart bleiben, wenn wir uns nach diesen Versen richten?

4. *Machen Sie sich auf und bauen Sie, aber bauen Sie mit dem Herzen eines Kindes. Wenn die Sonne untergeht und die Flut steigt – dann klatschen Sie in die Hände. Ziehen Sie den Hut vor dem Weg, den das Leben nimmt, greifen Sie nach der Hand Ihres Vaters und gehen Sie nach Hause.*

A. Was bedeutet es, mit dem Herzen eines Kindes zu bauen? In welchem Verhältnis steht das genannte Zitat zur Anbetung?

B. Lesen Sie Lukas 19:11-13. Was bedeutet die Aufforderung in Vers 13 für uns? Was erwartet Jesus von uns, bis er zurückkommt? Was unternehmen Sie, um dieser Aufforderung nachzukommen?

C. Lesen Sie 1 Korinther 3:10-15. Was liegt Paulus im Blick auf unsere Arbeit zum Bau der Gemeinde am Herzen (Vers 10)? Auf welches Fundament bauen wir (Vers 11)? Was meint Paulus mit den verschiedenen Baumaterialien, die er erwähnt (Vers 12)? Welcher Tag bringt ans Licht, wie wir gebaut haben (Vers 13)? Was hat unser Bauen zur Folge (Verse 14-15)? Wie steht es mit Ihrem Bau?

Kapitel 18

Seid bereit

1. *Es überrascht Sie vielleicht, daß Jesus unser Bereitsein zum Thema seiner letzten Predigt machte. Mich hat es auch überrascht. Ich hätte über Liebe, über die Familie oder die Bedeutung der Gemeinde gepredigt. Jesus wählte ein anderes Thema. Er predigte über etwas, das viele heute für altmodisch halten. Er predigte darüber, daß wir für den Himmel bereit sein sollten, damit wir nicht in die Hölle kommen.*

A. Was glauben Sie, warum Jesus unser Bereitsein zum Thema seiner letzten Predigt machte? Welche Wirkung hat diese letzte Predigt auf Sie?

B. Lesen Sie Matthäus 24:36–25:13. Welcher Grund wird in diesem Abschnitt wiederholt für die Aufforderung genannt, wachsam zu sein? Sind Sie wachsam? Wenn ja, wie? Wenn nein, warum nicht?

2. *Jesus sagt nicht, daß er vielleicht wiederkehren oder möglicherweise wiederkommen wird, sondern daß er ganz gewiß wiederkommt.*

A. Wenn Sie wissen, daß etwas absolut sicher geschehen wird, wie bereiten Sie sich dann darauf vor? Bereiten Sie sich in der gleichen Weise auf das Wiederkommen Christi vor?

B. Lesen Sie Matthäus 16:27 und 24:44, Lukas 12:40 und Johannes 14:3. Was haben diese Verse gemeinsam? Was hat es normalerweise zu bedeuten, wenn etwas mehrfach wiederholt wird?

3. *Die Hölle ist der Platz, den sich ein Mensch ausgesucht hat, der sich selbst mehr liebt als Gott, der die Sünde mehr liebt als seinen Heiland, der diese Welt mehr liebt als Gottes Welt. Das Gericht ist der Augenblick, in dem Gott den rebellischen Menschen ansieht und sagt: „Ich akzeptiere deine Entscheidung."*

A. Wenn Sie an die Hölle denken, haben Sie dann einen Ort vor Augen, den die Menschen sich selbst aussuchen? Warum oder warum nicht?

B. Lesen Sie 1 Thessalonicher 1:5-10. Was ermöglicht den Thessalonichern den Eingang in den Himmel (Vers 10)? Wer wird bei der Rückkehr des Herrn bestraft werden (Vers 8)? Wie werden diese Menschen bestraft werden (Vers 9)? In welcher Gruppe sehen Sie sich selbst?

4. *Die Aufgabe, die wir hier auf der Erde zu erfüllen haben, ist einzigartig – wir müssen unser ewiges Zuhause wählen. Wir können uns viele falsche Entscheidungen im Leben leisten. Wir können den falschen Beruf wählen und trotzdem überleben, wir können in die falsche Stadt ziehen und trotzdem überleben, in das falsche Haus, und trotzdem überleben. Wir können sogar den falschen Ehepartner wählen und trotzdem überleben. Aber es gibt eine Entscheidung, bei der wir keinen Fehler machen dürfen, und diese Entscheidung betrifft die Frage, wo wir die Ewigkeit verbringen werden.*

A. Haben Sie schon eine Entscheidung hinsichtlich der Frage getroffen, wo Sie die Ewigkeit verbringen werden? Wenn ja, wie lautet diese Entscheidung? Wenn nicht, warum nicht?

B. Lesen Sie Johannes 3:16-18. Was trifft nach Aussage von Vers 18 auf einen Menschen zu, der an Jesus glaubt?

Was trifft auf einen Menschen zu, der nicht an Jesus glaubt? Warum hat Gott seinen Sohn in diese Welt gesandt (Vers 17)? Geben Sie Vers 16 mit eigenen Worten wieder.

C. Lesen Sie Johannes 20:31. Warum hat Johannes sein Evangelium geschrieben? Was sagt dieser Vers darüber aus, wie Sie ewiges Leben empfangen können?

D. Lesen Sie Apostelgeschichte 17:29-34. Worüber hat Gott in der Vergangenheit hinweggesehen? Welches Ereignis steht nach Vers 31 noch aus? Wie haben die Menschen auf Paulus' Botschaft reagiert (Verse 32-34)? Mit welcher Gruppe können Sie sich am ehesten identifizieren?

Kapitel 19

Die Leute mit der Rose

1. *Die wahre Natur unseres Herzens zeigt sich darin, wie wir auf unattraktive Menschen reagieren. „Sag mir, wen du liebst, und ich sage dir, wer du bist", schrieb Houssaye.*

A. Wie reagieren Sie auf unattraktive Menschen? Was halten Sie von Houssayes Aussage?

B. Lesen Sie Matthäus 25:31-46. Wie lassen sich die beiden Gruppen beschreiben, die hier vertreten sind? Was geschieht mit ihnen? Welche Merkmale zeichnen die jeweilige Gruppe aus? Beachten Sie Vers 46. Welcher Zeitrahmen wird bei beiden Gruppen erwähnt?

2. *Die Erretteten zeichnen sich durch ihre Liebe zu den Geringen und Verachteten aus.*

A. Stimmen Sie diesem Zitat von Max Lucado zu? Warum oder warum nicht?

B. Lesen Sie Hebräer 13:1-3. Was bedeutet es, fest in der brüderlichen Liebe zu bleiben? Wie lautet die Ermahnung von Vers 2? Inwieweit ist Vers 3 eine praktische Anwendung des obigen Zitats von Max Lucado?

C. Lesen Sie Jakobus 2:1-9. Mit welchem Problem setzt sich dieser Abschnitt vor allem auseinander? Wie sieht Jakobus' Lösung aus? Weshalb ist Vers 8 der Schlüsselvers des Abschnitts?

3. *Jesus lebt in den Menschen, die niemand beachtet. Er hat Wohnung genommen in denen, die übersehen werden. Er ist gekommen, um unter den Kranken zu wohnen. Wenn wir Gott sehen wollen, dann müssen wir zu den Zerbrochenen und Geschlagenen gehen, dort werden wir ihn sehen.*

A. Wann haben Sie Jesus zum letzten Mal unter den Zerbrochenen und Geschlagenen gesehen? Beschreiben Sie Ihre Erfahrung.

B. Lesen Sie Matthäus 10:42. Was können wir unter anderem tun, um ganz sicher eine Belohnung zu erhalten? Steht diese Belohnung im Zusammenhang mit einem großen Opfer? Worauf gründet sie sich?

C. Lesen Sie Matthäus 11:2-6. Welche Frage stellte Johannes der Täufer an Jesus? Wie hat Jesus diese Frage beantwortet? Welche Bedeutung hat dies für das obige Zitat von Lucado?

Kapitel 20

Vom Besten bedient

1. *Für einige ist das Abendmahl eine Schlafenszeit, in der man Oblaten ißt und Wein trinkt, die Seele jedoch bleibt unberührt. Aber das war ursprünglich nicht der Sinn des Abendmahls. Es sollte eine Ich-kann-nicht-glauben-daß-ich-gemeint-bin-zwick-mich-mal-ich-träume-Einladung sein, um an Gottes Tisch zu sitzen und vom König persönlich bedient zu werden.*

A. Bitte, seien Sie an dieser Stelle ehrlich – welche Einstellung haben Sie bisher zum Abendmahl gehabt, welche Haltung haben Sie eingenommen? Macht Sie Lucados Zitat betroffen?

B. Lesen Sie Matthäus 26:17-30. Versuchen Sie sich vorzustellen, wie es gewesen wäre, wenn Sie zusammen mit dem Erlöser bei diesem Mahl am Tisch gesessen hätten. Welche Gedanken kommen Ihnen? Wie fühlen Sie sich dabei? Was denken Sie über die Worte von Jesus in Vers 29?

2. *Es ist der Tisch des Herrn, an den Sie treten. Es ist das Mahl des Herrn, das Sie zu sich nehmen. Wie Jesus damals für seine Jünger betete, so tritt er auch heute vor Gott für uns ein. Wenn Sie an den Tisch geladen werden, dann wird die Einladung vielleicht von einem Boten überreicht, aber es ist Jesus, der sie geschrieben hat.*

A. Wer ist der Bote, den Lucado in diesem Zitat erwähnt? Warum ist es wichtig, sich daran zu erinnnern, daß es Jesus ist, der Sie an den Tisch ruft?

B. Lesen Sie Johannes 17:20-23. Um was bittet Jesus in diesem Abschnitt vor allem anderen? Warum ist das besonders im Blick auf das Abendmahl von Bedeutung?

3. *Was auf Erden geschieht, ist nur ein Aufwärm-Training für das, was im Himmel geschehen wird. Wenn Sie nun das nächste Mal von einem Boten an den Tisch gerufen werden, dann lassen Sie alles fallen, was Sie gerade tun, und gehen Sie hin. Lassen Sie sich segnen, lassen Sie sich speisen, und haben Sie vor allem darüber Sicherheit, daß Sie, wenn er Sie nach Hause ruft, immer noch an seinem Tisch essen dürfen.*

A. Was meint Max Lucado, wenn er schreibt: „Haben Sie vor allem Sicherheit darüber, daß Sie, wenn er Sie nach Hause ruft, immer noch an seinem Tisch essen dürfen"? Worauf sollten wir achten?

B. Lesen Sie Lukas 22:14-18. Welches Wort benutzt Jesus, um zu beschreiben, was ihn beim Abendmahl mit seinen Jüngern bewegte? Welches Ereignis in der Zukunft wird in den Versen 16 und 18 hervorgehoben? Haben Sie diese Betonung vor Augen, wenn Sie zum Tisch des Herrn gehen?

C. Lesen Sie 1 Korinther 11:26. Bildet dieser Vers eine Ergänzung von Ihrem Verständnis des Abendmahls? Welchen Einfluß soll diese Aussage auf die Art und Weise haben, wie wir unser Leben als Christen führen?

Kapitel 21

Er hat Sie erwählt

1. *Jesus wußte, daß er, noch bevor der Kampf vorbei war, gefangen genommen würde. Er wußte, daß vor dem Sieg die Niederlage stand. Er wußte, daß vor dem Thron der Kelch käme. Er wußte, daß vor dem Licht des Sonntags die Schwärze des Freitags herabfallen würde.*

A. Welche Empfindungen weckt in Ihnen die Erkenntnis, daß Jesus Angst hatte? Warum?

B. Lesen Sie Matthäus 26:36-46. Wie beschreibt Jesus die Todesqual in seiner Seele (Vers 38)? Was sagt Ihnen seine Körperhaltung (Vers 39)? In welcher Hinsicht wurden die Ereignisse in diesem Abschnitt als Kampf dargestellt?

2. *Ist Ihnen schon einmal bewußt geworden, daß Jesus in diesem letzten Gebet auch für Sie gebetet hat? Sie müssen seine Liebe rot unterstreichen und gelb anmalen: „Ich bitte ... für alle, die durch das Zeugnis meiner Jünger von mir hören werden und an mich glauben." Damit meint er Sie. Als Jesus den Garten betrat, da hat er Sie in sein Gebet eingeschlossen. Als Jesus zum Himmel aufblickte, da waren Sie ein Teil seiner Vision. Als Jesus von dem Tag träumte, an dem wir dort sein werden, wo er ist, da sah er auch Sie an diesem Ort.*

A. Welche Auswirkung hat die Erkenntnis für Sie, daß Jesus selbst dann an Sie dachte, als er sich auf das Kreuz vorbereitete?

B. Lesen Sie Johannes 17:24. Wie lautet die konkrete Bitte, die Jesus in diesem Vers ausspricht? Warum äußert er diese Bitte? Welche Gefühle löst diese Bitte in Ihnen aus? Warum?

3. *In diesem Garten hat er seine Entscheidung getroffen. Er wollte lieber für Sie in die Hölle gehen, als ohne Sie in den Himmel.*

A. Wieso ist Jesus für Sie in die Hölle gegangen? Welche Auswirkungen sollte dieses Wissen auf die Art und Weise unserer Lebensführung haben? Hat es Auswirkungen? Wenn ja, welche? Wenn nein, warum nicht?

B. Lesen Sie Epheser 4:7-10. Welches Licht wirft dieser Abschnitt auf das obige Zitat von Max Lucado? Welche Bedeutung haben die Worte „damit er alles erfülle" oder „Jetzt ist er Herr über alles"?

C. Lesen Sie Hebräer 12:2. Warum hat Jesus nach Aussage dieses Verses das Kreuz erduldet und die Schande nicht geachtet? Welche Bedeutung hat es, daß er sich zur Rechten des Thrones Gottes gesetzt hat?

Kapitel 22

Wenn sich die Welt gegen uns wendet

1. *Verrat ist eine Waffe, die sich nur in der Hand eines Menschen findet, den man liebt. Unsere Feinde besitzen diese Waffe nicht, nur ein Freund kann verraten. Verrat ist Meuterei. Es ist ein Vertrauensbruch. Nur Menschen, die unser Vertrauen haben, können in dieser Weise handeln.*

A. Sind Sie schon einmal verraten worden? Wenn ja, was hat Sie dabei am meisten verletzt?

B. Lesen Sie Matthäus 26:47-56. In diesem Abschnitt wird ein zweifacher Verrat beschrieben. Nennen Sie beide Geschehnisse.

2. *Wenn wir den Grund für das Verhalten eines Menschen verstehen, können wir besser damit umgehen. Eine Möglichkeit, mit den Eigentümlichkeiten eines Menschen fertig zu werden, besteht in dem Versuch, zu verstehen, warum ein Mensch eigentümlich ist.*

A. Auf welchem Weg können Sie versuchen, die Eigentümlichkeiten eines Menschen zu verstehen? Wie können Sie dahin kommen, wenigstens teilweise den Grund für das Verhalten eines Menschen zu verstehen?

B. Lesen Sie Galater 6:2. Was müssen Sie zunächst wissen, um die Last eines anderen Menschen tragen zu können? Wie kommen Sie zu diesem Wissen?

C. Lesen Sie Philipper 2:19-21. Warum wollte Paulus Timotheus zu den Philippern schicken? Was können wir daraus über Timotheus' Beziehung zu den Philippern entnehmen?

D. Lesen Sie Hebräer 12:14. Was wird uns dringend gesagt? Wie können wir das erreichen? Warum ist es so wichtig, dieses zu erreichen?

3. *Solange wir unseren Feind hassen, bleibt die Zellentür verschlossen und der Gefangene im Gefängnis. Aber wenn wir versuchen, zu verstehen und unseren Feind aus unserem Haß entlassen, wird der Gefangene auf freien Fuß gesetzt, und dieser Gefangene sind Sie selbst.*

A. Warum macht Haß Sie zu einem Gefangenen? Sind Sie zur Zeit ein Gefangener durch Haß?

B. Lesen Sie Matthäus 5:43-48. Welche Anweisungen gibt uns Jesus hier zum Umgang mit unseren Feinden? Wie können Sie dies in die Praxis umsetzen?

C. Lesen Sie Hebräer 12:15. Was bewirkt Bitterkeit in einem Menschen? Was bewirkt sie bei den Menschen, die mit dem Betreffenden zusammenleben? Welche Anweisungen erhalten wir für den Umgang mit Bitterkeit?

4. *Wenn Sie in einer abschüssigen Welt das Gleichgewicht behalten wollen, dann müssen Sie zu den Bergen hinaufsehen. Denken Sie an Ihre Heimat.*

A. Lesen Sie Johannes 18:36. Von welcher Welt sprach Jesus hier? Welchen Beweis erbrachte er, um zu zeigen, daß sein Königreich nicht von dieser Welt war?

B. Lesen Sie Psalm 25:15. Wie lautet das Rezept des Psalmisten, um in einer aus den Fugen geratenen Welt aufrecht bleiben zu können?

C. Lesen Sie Psalm 73:2-5 und 13-20. Wodurch wurde der Kampf, mit dem der Psalmist in den Versen 2-5 im Blick auf seine Herzenshaltung zu tun hatte, ausgelöst? Welche

Auswirkungen hatte es, daß er seinen Blick auf das Diesseits richtete (Verse 13-14)? Wie gewann er sein geistliches Gleichgewicht zurück (Verse 16-17)? Wie lautete schließlich seine Einschätzung der Situation (Verse 18-20)? Inwiefern stellt dieser Abschnitt eine Wiederholung der Botschaft von Max Lucados obigem Zitat dar?

Kapitel 23

Wir haben die Wahl

1. *Jesus hat keine Angst. Er ist nicht zornig. Er ist nicht kurz davor, in Panik zu geraten. Denn er ist nicht überrascht. Jesus kennt seine Stunde, und diese Stunde ist jetzt gekommen.*

A. Lesen Sie Johannes 2:4; 7:6,8,30; 8:20; 13:1. Welche Entwicklung erkennen Sie in diesen Versen? Weshalb lassen diese Stellen erkennen, daß Jesus sich seines Auftrags absolut sicher war?

2. *Vielleicht möchten auch Sie, genauso wie Pilatus, mehr über diesen Mann wissen, der Jesus heißt. Auch Sie rätseln an seinem Anspruch herum, und seine Leidenschaft geht Ihnen unter die Haut. Sie haben die Geschichten gehört: Gott, der von den Sternen herabsteigt, sich in Fleisch hüllt und einen Pfahl der Wahrheit auf der Erde errichtet. Sie haben, wie Pilatus, andere über ihn reden hören, jetzt wünschen Sie, daß er selbst spricht.*

A. Sind Sie auf Jesus neugierig? In welcher Weise? Gibt er Ihnen Rätsel auf? In welcher Weise? Mit welchen Geschichten von ihm kommen Sie am wenigsten zurecht? Warum?

B. Lesen Sie Lukas 22:67-70. Welchen Anspruch erhebt Jesus in diesem Abschnitt? Warum ist dies der erstaunlichste Anspruch, den er überhaupt erheben kann?

3. *Sie haben zwei Möglichkeiten. Sie können ihn ablehnen. Das ist eine Möglichkeit. Wie viele Menschen vor Ihnen können Sie beschließen, daß die Vorstellung, Gott würde ein Zimmermann werden, einfach zu absurd ist – und dann können Sie sich umdrehen und davongehen. Oder Sie können ihn annehmen. Sie können sich mit ihm auf den Weg begeben. Sie können inmitten Hunderter von anderen Stimmen auf seine Stimme hören und ihm folgen.*

A. Welche Entscheidung haben Sie im Blick auf Jesus getroffen? Auf welche Stimme hören Sie inmitten Hunderter anderer Stimmen, die um Ihre Aufmerksamkeit wetteifern?

B. Lesen Sie Johannes 6:60-69. Warum wandten sich einige Jünger von Jesus ab und folgten ihm nicht mehr? Warum folgte Petrus Jesus weiter? Welche Entscheidung werden Sie wahrscheinlich treffen? Warum?

4. *Pilatus dachte, er könnte sich der Entscheidung entziehen. Er wusch sich die Hände, er wollte nichts mit dem Fall Jesus zu tun haben. Er ergriff keine Partei. Aber indem er keine Entscheidung traf, traf er dennoch eine Entscheidung.*

A. Wieso traf Pilatus dadurch, daß er keine Entscheidung traf, letztlich doch eine Entscheidung? Inwiefern können wir genau denselben Fehler machen?

B. Lesen Sie Matthäus 12:30. Auf welche Weise warnt uns dieser Vers davor, abzuwarten und uns aus allem herauszuhalten?

C. Lesen Sie Johannes 5:22-29. Inwiefern besagt dieser Abschnitt, daß es unmöglich ist, gegenüber Jesus neutral zu sein?

Kapitel 24

Das größte Wunder

1. *Das ist die Schönheit des Kreuzes. Es ereignete sich in einer normalen Woche, und die beteiligten Personen waren Menschen aus Fleisch und Blut, wie auch Jesus aus Fleisch und Blut war.*

A. Warum ist es schön, daß sich die Kreuzigung in einer normalen Woche ereignete und Menschen aus Fleisch und Blut daran beteiligt waren? Was bedeutet Ihnen der Alltag jener Woche?

2. *Gott ruft uns in der Wirklichkeit dieser Welt. Er setzt keine Tricks ein, um mit uns zu reden. Er ändert weder die Konstellation der Sterne noch läßt er unsere Großeltern aus dem Grab wieder auferstehen, um mit uns zu reden. Das kleine Kruzifix aus Plastik, das sich auf Ihrem Armaturenbrett befindet, enthält etwa genausoviel Kraft wie der Kunststoff, der an Ihrem Rückspiegel hängt.*

A. Wünschen Sie sich manchmal, daß Gott dadurch zu Ihnen redet, daß er „die Konstellation der Sterne" verändert oder sonstige Zeichen tut? Erklären Sie Ihre Antwort. Was hat die biblische Betonung des *Glaubens* damit zu tun, daß sich Gott normaler Methoden der Kommunikation bedient, um sich uns mitzuteilen?

B. Lesen Sie 2 Korinther 5:18-20. Was hat Gott uns gegeben (Vers 18)? Was hat er uns anvertraut (Vers 19)? Welchen Titel hat Gott uns verliehen (Vers 20)? Wie sieht Ihre Rolle bei diesem Auftrag aus?

C. In Apostelgeschichte 10 lesen wir, daß ein Engel Kornelius beauftragte, nach Petrus zu schicken, damit dieser ihm das Evangelium erkläre. Der Engel hatte keine Schwierigkeiten, sich Kornelius mitzuteilen. Warum hat der Engel Ihrer Meinung nach nicht selbst Kornelius das Evangelium erklärt?

3. *Sie wollen doch auch bestimmt nicht das Unmögliche verpassen, nur weil Sie nach dem Unglaublichen Ausschau halten. Gott spricht in unserer Welt. Wir müssen nur lernen, ihn zu hören. Erwarten Sie inmitten des normalen Alltags, daß er zu Ihnen spricht.*

A. Erwarten Sie inmitten des normalen Alltags, daß Gott zu Ihnen spricht? Wenn ja, wie? Was haben Sie bisher entdeckt?

B. Lesen Sie Psalm 19:1-4. In welcher Weise spricht Gott auch heute noch durch ganz normale Dinge? Welche Auswirkungen hat seine Botschaft auf Ihr Leben?

C. Lesen Sie Apostelgeschichte 17:26-28. Was will Gott dadurch bewirken (Vers 27), daß er das Leben der Menschen lenkt (Vers 26)? Auf welche Weise ist Gott „nicht fern von einem jeden unter uns"? Welcher Zusammenhang besteht zwischen Vers 28 und dem obigen Zitat von Max Lucado?

4. *Die Menschen, die in der letzten Woche von Jesus ein Wunder forderten, bekamen kein Wunder zu sehen und übersahen doch das größte Wunder. Sie verpaßten den Augenblick, als ein Grab für die Toten zum Thron eines Königs wurde.*

A. Ist es möglich, so viel Interesse am Übernatürlichen zu haben, daß wir dabei Gott übersehen? Wenn ja, wie geschieht es?

B. Lesen Sie Matthäus 12:39-40. Warum ist es nach den Worten Jesu falsch, ein Wunder als Zeichen zu fordern? Welches Zeichen gab er den Menschen, die ein Zeichen forderten? Was können wir aus diesem Gespräch lernen?

Kapitel 25

Ein Gebet, das zu einer Entdeckung führt

1. *Du bist Gott, Jesus! Du konntest doch nicht verlassen werden. Du konntest doch nicht allein gelassen werden. Du konntest doch nicht im schrecklichsten Moment deines Lebens im Stich gelassen werden.*

A. Warum fällt es uns so schwer zu akzeptieren, daß Jesus am Kreuz tatsächlich eine Zeitlang von Gott verlassen war? Warum war er Ihrer Meinung nach verlassen?

B. Lesen Sie Matthäus 27:45-50. Welches Bild tritt Ihnen in dieser Szene am deutlichsten vor Augen?

C. Lesen Sie Psalm 22:2. Was denken Sie darüber, wenn Sie lesen, daß selbst die Worte, die Jesus am Kreuz ausgerufen hat, Hunderte von Jahren vorher prophezeit wurden?

2. *Ich dachte, daß du die Sünde einfach fortgeschickt hast. Sie verbannt hast. Ich dachte, du hättest dich einfach vor die Sündenberge gestellt und ihnen geboten, sich davonzuheben. Wie du es mit den Dämonen gemacht hast. So wie du es mit den Heuchlern im Tempel gemacht hast. Ich dachte einfach, du hättest das Böse mit einem Befehl weggejagt. Mir ist nicht aufgefallen, daß du es weggetragen hast. Es ist mir nie in den Sinn gekommen, daß du es sogar berührt hast – oder noch schlimmer, daß es dich berührt hat.*

A. Warum ist es für Gott nicht möglich, die Sünde einfach nur fortzuschicken? Warum mußte sie hinaus*getragen* werden?

B. Lesen Sie 2 Korinther 5:21. Was hat Gott mit dem gemacht, der ohne Sünde war? Wer ist die Person ohne Sünde? Für wen hat er das getan? Warum hat er es getan? Wie sieht Ihre Reaktion darauf aus?

C. Lesen Sie Galater 3:13-14. Wer hat uns von dem Fluch des Gesetzes erlöst? Wie hat er das gemacht? Warum hat er es gemacht?

3. *Jesus, deine Frage war ernst gemeint, oder? Du hattest wirklich Angst. Du warst wirklich allein. So wie ich. Nur, ich hatte es verdient. Und du nicht.*

A. Warum haben wir es verdient, allein gelassen zu werden? Warum hatte Jesus es nicht verdient? Warum hat Gott unsere Rollen vertauscht?

B. Lesen Sie Jesaja 53:4-5. Wie oft kommt in diesem Abschnitt jene Rollenvertauschung vor? Welch hauptsächlichen Eindruck hinterläßt dieser Abschnitt bei Ihnen?

C. Lesen Sie 1 Petrus 3:18. Wofür ist Christus gestorben? Welcher Rollentausch wird hier beschrieben? Was war der Zweck dieses Tausches? Haben Sie persönlich für sich angenommen, was dieser Vers beschreibt?

Kapitel 26

Das verborgene Grab

1. *Ich versuchte, Joe einzuholen, und fragte: „War diese Straße auch zur Zeit Christi ein Fleischmarkt?" „Ja", antwortete er. „Um zum Kreuz zu gelangen, mußte er durch ein Schlachthaus hindurchgehen."*

A. Was ist an der Beobachtung in diesem Zitat besonders bewegend?

B. Lesen Sie Matthäus 27:26-31. Was war Ihrer Meinung nach die grausamste Folter, mit der Jesus gequält wurde? Warum, denken Sie, ließ Gott das alles zu?

C. Lesen Sie 1 Korinther 5:7. Was war ein Passahlamm (siehe Exodus 12:1-13)? Wieso war Christus unser Passahlamm?

2. *„Wäre es nicht Ironie", fragte er mit einem Lächeln, „wenn das hier der richtige Platz wäre? Er ist schmutzig und vernachlässigt. Er ist vergessen. Das Grab dort drüben ist kunstvoll geschmückt und verziert. Dieses hier ist schlicht und wird von niemandem beachtet. Wäre es nicht Ironie, wenn dies hier der Platz wäre, an dem unser Herr begraben wurde?"*

A. Was wäre ironisch an der Situation, die hier beschrieben wird? Warum wäre sie ironisch?

B. Lesen Sie Matthäus 27:57-61. Was wird konkret über das Grab gesagt? Was denken Sie, warum es nicht ausführlicher beschrieben wurde?

C. Vergleichen Sie Jesaja 52:14, Jesaja 53:2 und Lukas 2:7. Welche Aussage ist in diesen Versen gleich? Wenn man diese Verse zusammen betrachtet, was sagen sie dann zu der Frage, ob Gott es nötig hat, Dinge auf sensationelle Art und Weise zu tun? Warum handelt er Ihrer Meinung nach in der dargestellten Weise?

3. *Gott begab sich in einen dunklen, engen Raum, in dem man Platzangst bekam, und ließ zu, daß er von außen verschlossen wurde. Das Licht der Welt wurde in Leinentücher gewickelt und in eine Grabkammer gelegt, die so schwarz wie Ebenholz war. Die Hoffnung der Menschheit wurde in ein Grab eingeschlossen.*

A. Was löst die Aussage in diesem Zitat bei Ihnen aus? Warum?

B. Lesen Sie Matthäus 12:40. Erwartete Jesus, zu sterben? Erwartete er, begraben zu werden? Welche Haltung scheint er in diesem Vers im Blick auf jenes Geschehen einzunehmen?

C. Lesen Sie 1 Korinther 15:3-4. Warum ist es Paulus wichtig, die Information in diesem Abschnitt „als erstes" weiterzugeben? Welche entscheidenden Punkte spricht er an? Warum ist jeder von ihnen entscheidend?

4. *Und wenn Sie das Grab entdeckt haben, dann beugen Sie sich, treten still ein und schauen sich genau um. Denn dort, an der Felswand, können Sie vielleicht die verkohlten Spuren einer göttlichen Explosion erkennen.*

A. In welcher Hinsicht könnte man das leere Grab als ein besseres Symbol für den christlichen Glauben bezeichnen als das Kreuz? Welches Symbol vermittelt Gottes Macht besser? Warum?

B. Lesen Sie Apostelgeschichte 2:22-24. Was war nach Aussage von Vers 24 unmöglich? Warum war es unmöglich?

C. Lesen Sie 1 Korinther 6:14. Welches Merkmal Gottes wird in diesem Vers hervorgehoben? Was hat es bewirkt? Was wird es bewirken?

Kapitel 27

Ich glaube, diesen Weg vergesse ich nie

1. *Was soll man mit einem solchen Mann anfangen? Er nannte sich selbst Gott, aber trug menschliche Kleidung. Er nannte sich selbst Messias, aber führte nie eine Armee an. Er wurde als König betrachtet, aber die einzige Krone, die er je trug, bestand aus Dornen. Die Menschen ehrten ihn wie eine königliche Hoheit, aber das einzige Königsgewand, das er je trug, war aus Spott gewebt.*

A. Beantworten Sie die obige Frage: Was soll man mit einem solchen Mann anfangen?
B. Lesen Sie Matthäus 28:1-10. Was meinen Sie, warum sich der Engel in Vers 2 auf den Stein setzte? Warum sprach er zu den Frauen, nicht jedoch zu den Wachen? Wie ist es möglich, daß die Frauen von Furcht und Freude zugleich erfüllt waren (Vers 8)?

2. *Wo waren Sie in jener Nacht, als sich die Tür öffnete? Wissen Sie noch, wie der Vater Sie an die Hand nahm? Wer ging neben Ihnen an dem Tag, als Sie befreit wurden? Haben Sie das Geschehen noch vor Augen? Können Sie den Weg noch unter den Füßen spüren?*

A. Versuchen Sie, Max Lucados Frage zu beantworten. Wenn Sie können, dann beschreiben Sie das Geschehen.
B. Lesen Sie Apostelgeschichte 26:12-18. Führen Sie

die Elemente auf, die Paulus in seinem Zeugnis benutzt. Gibt Ihnen die Art seines Zeugnisses Anregungen, wie Sie Ihr Zeugnis geben können? Erklären Sie Ihre Antwort.

3. *Ich erklärte meinem Papa, daß ich bereit sei, Gott mein Leben zu geben. Er meinte, ich sei noch zu jung, um diese Entscheidung zu treffen. Er wollte herausfinden, was ich alles wußte. Ich sagte ihm, Jesus wäre im Himmel, und ich wollte bei ihm sein. Und das reichte meinem Papa.*

A. Wie können Sie beurteilen, ob jemand bereit ist, Gott sein Leben zu geben?

B. Lesen Sie Römer 10:9. Was sagt dieser Vers darüber, wie man Gott sein Leben gibt?

C. Lesen Sie 2 Korinther 6:1-2. Was sagt dieser Abschnitt darüber aus, wann der richtige Zeitpunkt gekommen ist, sein Leben Gott zu geben?

4. *Das Ziel ist noch nicht erreicht. Das letzte Stück des Wegs liegt noch vor ihm. „Ich komme zurück", hat er versprochen. Und um seine Worte zu beweisen, zerriß er den Vorhang im Tempel und zerschlug die Tore des Todes. Er wird zurückkommen. Wie der Missionar wird er zu seinen Anhängern zurückkehren. Und wie Tigyne werden auch wir dann außer uns vor Freude sein. „Der, der uns befreit hat, ist zurückgekehrt!" werden wir rufen. Und dann werden wir das Ende des Wegs erreichen, und wir werden an seiner Festtafel Platz nehmen – für immer. Bis dann – wir sehen uns an seinem Tisch wieder!*

A. Freuen Sie sich auf den Tag, der in diesem Zitat beschrieben wird? Wenn ja, inwiefern hat diese Erwartung Einfluß auf die Art und Weise, wie Sie jetzt Ihr Leben führen? Erwarten Sie, am Tisch zu sitzen? Wenn ja, warum? Wenn nicht, warum nicht?

B. Vergleichen Sie 1 Thessalonicher 3:12-13 und 5:23-24. Welche Verbindung stellt Paulus zwischen unserer Erwartung der Wiederkunft Christi und unserer Lebensführung in diesem Moment her? Wodurch erhalten wir die Kraft für ein Gott wohlgefälliges Leben (5:24)?

C. Denken Sie noch einmal über die Einsichten nach, die Ihnen dieses Buch vermittelt hat. Wenn Sie eine Erkenntnis nennen sollten, die für Sie besonders wichtig war, welche wäre das? Wird sich diese Erkenntnis so auf Ihr Leben auswirken, daß sie eine Veränderung bewirkt? Inwiefern?

D. Nehmen Sie sich Zeit, Gott dafür zu danken, daß er seinen Sohn auf diese Erde sandte, damit er an Ihrer Stelle starb. Danken Sie ihm für seine Liebe. Danken Sie ihm für seine Geduld. Danken Sie ihm dafür, daß er für Sie sorgt. Nehmen Sie sich Zeit, eine längere Zeit ohne Unterbrechung, und ruhen Sie einfach in der Gnade und Gegenwart des Einen, der alles gutmacht.

Anmerkungen

Ein Wort zuvor
1. Ich habe dieses Buch auf die Ereignisse der letzten Woche Christi beschränkt, wie sie im Matthäusevangelium berichtet werden.

Kapitel 1 – Zu klein, zu alt, zu gut für diese Welt
1. 1 Korinther 1:26.

Kapitel 2 – Von Jericho nach Jerusalem
1. Markus 10:32.
2. James Michener, *Texas,* New York, N.Y. 1985, 367.
3. Matthäus 20:18-19.
4. Apostelgeschichte 2:23.
5. Jeremia 29:11.
6. Römer 8:1 (Luther).
7. Hosea 11:9b (Elberfelder).
8. Epheser 3:18-19.

Kapitel 3 – Der General, der sich opfert
1. „D-Day Recalling Military Gamble that Shaped History", *Time,* 28. Mai 1984, 16.
2. Matthäus 20:28.
3. Daniel 7:4.
4. Daniel 7:5.
5. Daniel 7:6.
6. Daniel 7:7.
7. Daniel 7:13-14.
8. Weitere Hinweise finden sich im Buch Henoch, einem zwischentestamentlichen Buch, das um das Jahr 70 v. Chr. fertiggestellt wurde. Dieses alte Manuskript hilft uns zu verstehen, welche Assoziationen die Menschen damals hatten, wenn sie den Titel „Menschensohn" hörten.
Lesen Sie die nachfolgenden Auszüge aus dem Buch Henoch.
„Und dieser Menschensohn, den du gesehen hast, wird die Könige von ihren Thronen entmachten.

Und er wird die Stricke der Starken lösen.

Und die Zähne der Sünder zerbrechen.

Und er wird die Könige von ihren Thronen stoßen und aus ihren Königreichen, weil sie ihn nicht erhoben und gepriesen haben ..." (Henoch 46)

„Wenn sie diesen Menschensohn sehen, wie er auf dem Thron seiner Herrlichkeit sitzt.

Und die Könige und Mächtigen und alle, die die Erde besitzen, werden ihn, der über alles regiert und der bisher verborgen war, preisen und verherrlichen und erheben.

... alle Erwählten werden an jenem Tag vor ihm stehen.

Und alle Könige und Mächtigen und die Erhabenen und die, die die Erde regieren, werden vor ihm auf ihr Angesicht fallen und den Menschensohn anbeten und ihre Hoffnung auf ihn setzen und ihn bitten und ihn mit ihren Händen um Gnade anflehen.

... und er wird sie den Engeln zur Strafe übergeben, um Rache zu üben, weil sie seine Kinder und seine Erwählten unterdrückt haben" (Henoch 62).

„Denn dieser Menschensohn ist erschienen und hat sich auf seinen Thron der Herrlichkeit gesetzt, und alles Böse wird vor seinem Gesicht fliehen, und das Wort dieses Menschensohnes wird in alle Lande gehen und stark sein vor dem Herrn der Geister" (Henoch 69).

9. Matthäus 19:28.

10. Matthäus 24:30, Markus 13:26, Lukas 17:26,30.

11. Matthäus 26:64.

12. Markus 9:31.

13. Markus 9:32.

14. Matthäus 20:28 ist nicht der einzige Vers, der vom Dualismus Gottes spricht. Er ist der Herr, der „barmherzig und gnädig" ist, „aber ungestraft läßt er niemand" (Exodus 34:6,7). Er ist der einzige „gerechte Gott". Und gleichzeitig ist er der „Heiland" (Jesaja 45:21). Er ist gleichermaßen voll „Gnade und Wahrheit" (Johannes 1:14). Er ist der Gott, der in seinem Zorn an seine Barmherzigkeit denken kann. Micha hat eine tiefe Erkenntnis darüber und erklärt: „Wo ist solch ein Gott, ... der an seinem Zorn nicht ewig festhält, denn er ist barmherzig" (Micha 7:18). „Sieh die Güte und den Ernst Gottes", erklärt Paulus (Römer 11:22). Er allein ist „gerecht und spricht nur den von seiner Schuld frei, der an Jesus Christus glaubt" (Römer 3:26).

Es fällt uns schwer, sich vorzustellen, daß Gott gleichzeitig der strafende Richter ist und der liebende Gott, der vergibt. Doch so ist der Gott der Bibel. Er ist der Gott, „der uns auf wundervolle und göttliche Weise selbst dann noch liebte, als er uns haßte". (John R. W. Stott, *The Cross of Christ,* Downers Grove, Ill. 1986, 131.) Er ist zur gleichen Zeit zornig über unsere Sünde und von Herzen bewegt über unsere Notlage.

Kapitel 4 – Häßliche Religion
1. Matthäus 20:29-30.
2. Matthäus 20:34.
3. „Wilford Hall turf fight puts patients at risk" , *San Antonio Light,* 3. Februar 1990, A1, A16.
4. 2 Chronik 30:18-20.
5. 2 Chronik 30:20.
6. Jeremia 29:13.

Kapitel 5 – Sei nicht nur aktiv – halte an
1. Lukas 4:16, Hervorhebung durch den Autor.
2. Psalm 39:6.

Kapitel 6 – Risikobereite Liebe
1. Matthäus 26:10. Matthäus wartet bis zu Kapitel 26, um die Geschichte zu erzählen, die chronologisch gesehen schon zu Kapitel 20 gehört hätte. Wenn wir vom Johannesevangelium ausgehen, sehen wir, daß die Salbung durch Maria in Bethanien bereits am Samstagabend geschah (Johannes 12:1). Warum wartet Matthäus so lange, um die Geschichte zu erzählen? Er gibt manchmal bestimmten Themen den Vorrang vor der Chronologie. Die letzte Woche im Leben Christi ist eine Woche der schlechten Nachrichten. In Kapitel 26 und 27 ertönt das traurige Lied des Verrats. Zunächst wenden sich die Führer, dann Judas, schließlich die Apostel, dann Petrus, danach Pilatus und als letztes das ganze Volk gegen Jesus. Vielleicht wartet Matthäus bis Kapitel 26, um inmitten so vieler Geschichten des Verrats wenigstens eine gute Geschichte des Glaubens, die Geschichte von Simon und Maria, zu erzählen.
2. Matthäus 26:13.

Kapitel 7 – Der Mann mit dem Esel
1. Matthäus 21:2-3.
2. Matthäus 5:41-42.

Kapitel 8 – Händler und Heuchler

1. *Paul Harvey's For What It's Worth*, Hrsg. Paul Hervey, Jr., New York, N.Y. 1991, 118.
2. Markus 11:11.
3. Matthäus 21:12-13.
4. Titus 1:11.
5. Römer 16:17-18.
6. Mel White, *Deceived,* Zitat aus John MacArthur, Jr. in *The MacArthur New Testament Commentary, Matthew 1-7,* Chicago, Ill. 1985, 462.

Kapitel 9 – Mut, erneut zu träumen

1. Wenn man Matthäus mit Markus vergleicht, ist es offensichtlich, daß sich der Vorfall über zwei Tage erstreckt hat. Der erste Teil geschah am Montag, der zweite am Dienstag. Die Tempelreinigung ereignete sich zwischen den beiden Teilen.

   Warum die Unterschiede in den beiden Berichten? Matthäus hat beschlossen, den Vorfall thematisch orientiert zu berichten, Markus hingegen chronologisch. Markus berichet, daß Jesus den Baum am Montag morgen verflucht (11:12-14) und dann den Tempel gereinigt hat (11:15-19). Der zweite Teil der Feigenbaumgeschichte – das Erstaunen der Jünger (11:20-24) – geschah am Dienstag morgen, als die Jünger und Jesus wieder nach Jerusalem gingen.

   Matthäus hat seine Lehre thematisch aufgebaut. Er stellt die beiden Ereignisse zusammen, widerspricht darin jedoch nicht dem Bericht von Markus. Er will die Geschichte als Ganzes erzählen, ohne Unterbrechung. Er fängt mit folgenden Worten an: „Als er am Morgen ..." (21:18). Er sagt nicht „am nächsten Morgen". Und als er über das Erstaunen der Jünger berichtet, sagt er ganz einfach: „Und als das die Jünger sahen ..." (21:20).

   Wenn wir Matthäus und Markus nebeneinander betrachten, erkennen wir, daß die Verfluchung des Feigenbaums am Montag stattfand und die Erklärung von Jesus dazu am Dienstag geschah. Hier besteht kein Widerspruch. Der eine Schreiber orientiert sich an den Themen, der andere an der Zeitabfolge. Jede Weise der Berichterstattung hat seine Vorteile. (*Siehe* William Hendricksen, *The Gospel of Matthew,* Grand Rapids, Mich., 1973, 773.)
2. Matthäus 21:21-22.
3. Offenbarung 3:15-16.
4. Matthäus 21:22.

Kapitel 10 – Von Schwielen und Barmherzigkeit

1. Matthäus 21:33-45.
2. Matthäus 22:1-14.
3. Deuteronomium 4:32-34.
4. Hosea 11:8-9.
5. Römer 8:16.
6. 2 Samuel 7:19.
7. 2 Samuel 7:15.
8. Matthäus 21:43 (Luther).
9. Apostelgeschichte 13:46.
10. Matthäus 12:24.
11. Deuteronomium 4:35.
12. Römer 2:4.
13. Offenbarung 3:20.

Kapitel 11 – Sie sind eingeladen

1. Jesaja 1:18.
2. Jesaja 55:1.
3. Matthäus 11:28.
4. Matthäus 22:4 (Luther).
5. Markus 1:17.
6. Johannes 7:37.
7. Matthäus 21:28-32.
8. Matthäus 22:1-14.
9. Offenbarung 3:20.
10. Hebräer 9:27.

Kapitel 12 – Mund-zu-Mund-Manipulation

1. Matthäus 21:23.
2. Matthäus 21:26.
3. Matthäus 22:15-17.
4. Psalm 12:3 (Elberfelder).
5. Sprüche 28:23 (Elberfelder).
6. Paul Aurandt, *Paul Harvey's the Rest of the Story,* New York, N.Y. 1977, 123.
7. Dennis Tice, „Did Adam and Eve Have Navels?" Unveröffentlichtes Werk, Verwendung mit freundlicher Erlaubnis.

Kapitel 13 – Was niemand zu träumen wagte

1. Matthäus 22:42 (Luther).

Kapitel 14 – Der Cursor oder das Kreuz?
1. Matthäus 23:5.
2. Matthäus 23:5.
3. Matthäus 23:6.
4. Matthäus 23:7.
5. Matthäus 23:5.
6. Matthäus 23:13-24.
7. Matthäus 23:33.
8. Römer 3:28.

Kapitel 15 – Einfacher Glaube
1. Matthäus 18:2-3.
2. Matthäus 23:8-12.
3. Matthäus 23:8.
4. Matthäus 23:9.
5. Matthäus 23:10.

Kapitel 16 – Überleben
1. Matthäus 24:1-2.
2. William Barclay, The Gospel of Matthew, Band 2, *Daily Study Bible Revised Edition*, Philadelphia, Penn., 1975, 305.
3. Der Imperfekt wird benutzt, um eine beständige, fortlaufende Handlung zu beschreiben.
4. Matthäus 24:2, Umschreibung des Autors.
5. Matthäus 23:38 (Luther).
6. Barclay, 307.
7. Johannes 16:33 (Luther).
8. Matthäus 24:5.
9. Matthäus 24:6.
10. Matthäus 24:7-8.
11. Matthäus 24:9.
12. *The Wall Street Journal*, 15. Januar 1992, A-P1.
13. Matthäus 24:13.
14. Matthäus 24:14.
15. Apostelgeschichte 2:5.
16. Matthäus 24:14.

Kapitel 17 – Geschichten von Sandburgen
1. Matthäus 24:36.
2. Matthäus 25:1-13.
3. Matthäus 25:14-30.
4. Matthäus 25:31-46.

Kapitel 18 – Seid bereit

1. Matthäus 24:45-51.
2. Matthäus 25:1-13.
3. Matthäus 25:14-30.
4. Matthäus 24:42.
5. Matthäus 25:31.
6. Matthäus 24:44.
7. Apostelgeschichte 1:11.
8. Hebräer 9:28.
9. 1 Thessalonicher 5:2.
10. Matthäus 25:32-33.
11. Matthäus 25:41.
12. 1 Thessalonicher 5:9.
13. Hebräer 9:27.
14. Matthäus 7:24-27.
15. Matthäus 7:13-14.
16. Paul Lee Tan, *Encyclopedia of 7007 Illustrations,* Rockville, M.D. 1979, 1086.

Kapitel 19 – Die Leute mit der Rose

1. „Promises to Keep", *Focus on the Family Magazine,* Juni 1989, 21-22.
2. Matthäus 25:35-36.
3. Hebräer 11:6b.
4. Matthäus 25:40. Ich liebe Martin Luthers Kommentar zu diesem Vers: „„Hier nach unten, hier nach unten', sagt Christus, ,ihr findet mich bei den Armen: im Himmel bin ich zu hoch für euch, ihr klettert umsonst dort hinauf.' Deshalb wäre es eine sehr gute Sache, wenn dieses hohe Gebot der Liebe mit goldenen Buchstaben auf der Stirn eines jeden Armen geschrieben stände, damit wir sehen und begreifen würden, wie nahe uns Christus auf diesem Planeten ist." S. D. Bruner, *Matthew, V. II, The Churchbook,* Dallas, Tex., 1991, 923.
5. *San Antonio Express-News*, 3. April 1991, 2.

Kapitel 20 – Vom Besten bedient

1. Matthäus 26:18.
2. Johannes 13:5.
3. Ein Sakrament ist eine Gabe des Herrn für sein Volk.
4. Ein Opfer ist eine Gabe des Volkes für den Herrn.
5. Es gibt durchaus Opferelemente während des Abendmahls. Wir bringen Gott unser Gebet, unser Bekenntnis und unseren Dank

als Opfer dar. Aber es handelt sich hierbei um Lobopfer für eine Erlösung, die wir bereits empfangen haben, nicht um Opfer, die wir mit dem Wunsch darbringen, die Erlösung noch zu erhalten. Wir sagen nicht: „Sieh an, was wir vollbracht haben." Statt dessen sind unsere Augen auf Gott gerichtet, und wir beten ihn für das an, was er getan hat.

Sowohl Luther als auch Calvin besaßen eine ausgeprägte Meinung über die richtige Sicht des Abendmahls.

„Aus dem Sakrament und dem Testament Gottes, bei denen es sich um eine gute Gabe handelt, die wir empfangen sollten, haben sie (die religiösen Führer) eine gute Tat gemacht, die sie vollbringen müssen." (Martin Luther, *Luther's Works American Edition*, 36:49.)

„Er (Jesus) bittet die Jünger zu nehmen: Deshalb ist er selbst der einzige, der etwas darbringt. Wenn die Priester vorgeben, Christus im Abendmahl darzubringen, dann gehen sie von einer völlig anderen Auffassung aus. Welch ein Beispiel dafür, wie man eine Sache auf den Kopf stellen kann, daß ein sterblicher Mensch, um den Leib Christi zu empfangen, sich die Rolle aneignen sollte, diesen als Opfer darzubringen." (Johannes Calvin, *A Harmony of the Gospels*, 1:133.)

(Zitiert von Frederick Dale Bruner in *Matthew V.2, The Churchbook,* Dallas, Tex., 1991, 958.)

6. Römer 8:34.
7. Lukas 12:37.

Kapitel 21 – Er hat Sie erwählt
1. Johannes 17:20-21.

Kapitel 22 – Wenn sich die Welt gegen uns wendet
1. Matthäus 26:46.
2. Matthäus 26:56.
3. Matthäus 26:59.
4. Matthäus 26:50.
5. Matthäus 26:15.
6. Matthäus 26:48-49.
7. Matthäus 26:49.
8. Jakobus 1:2.
9. Matthäus 26:64.
10. Johannes 18:36.
11. Hebräer 13:5 (Luther).

Kapitel 23 – Wir haben die Wahl
1. Matthäus 27:22.
2. Johannes 18:34.
3. Johannes 19:11.

Kapitel 25 – Ein Gebet, das zu einer Entdeckung führt
1. Johannes 11:43.
2. Matthäus 8:32.
3. Matthäus 14:27.
4. Johannes 1:29.

Kapitel 27 – Ich glaube, diesen Weg vergesse ich nie
1. *My Folks Don't Want Me to Talk About Slavery*, Hrsg. Belinda Hurmence, Winston-Salem, N.C., 1984, 14-15.
2. Raymond Davis, *Fire On the Mountain,* Herausgeber unbekannt.

Weitere Titel in dieser Reihe:

Ray McCauley

Unser Gott regiert

Überlegungen zum Wesen Gottes

Best.-Nr. 1005, 260 Seiten, Pb.

George Carey –
Erzbischof von Canterbury

Was ich glaube

Best.-Nr. 1006, 216 Seiten, Pb.

Benny Hinn

Das Blut Jesu Christi

Best.-Nr. 1007, 208 Seiten, Hc.

ONE WAY VERLAG
WUPPERTAL UND WITTENBERG